JN032745

マネジメント検定試験公式テキスト III級

経営学の基本

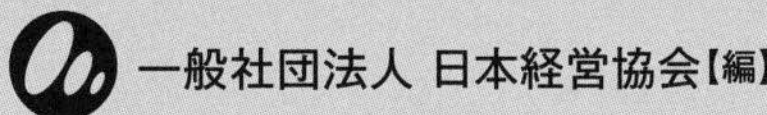

一般社団法人 日本経営協会【編】

中央経済社

公式テキストの刊行にあたって

マネジメント検定試験（旧称：経営学検定試験，以下略）は，経営に関する基礎的・専門的知識やその応用能力としての経営管理能力や問題解決能力が一定水準に達していることを，全国レベルで資格認定する検定試験としてスタートしました。この試験は，社会教育の推進を図るために設立された特定非営利活動法人経営能力開発センターが，日本マネジメント学会（旧称：日本経営教育学会）や全国主要大学の経営学関係の教員で構成する経営学検定試験協議会等の協力を得て，2003年に開発されました。その後，2011年より一般社団法人日本経営協会が実施・運営を引き継ぎ，企業・団体での次世代を担うコア人材の育成や昇進・昇格要件として，大学においては経営学を学ぶ学生の教材として，各方面の期待に応えるかたちで，検定試験制度やテキスト・教材内容を見直しつづけた結果，現在まで，多くの皆様に利用されつづけています。

マネジメント検定試験の内容を学び試験に合格することは，経営学を学ぶ学生の皆様にとって，在学時に経営学を学んだことの一つの証となり，企業における経営資源の考え方や企業活動のしくみ等の理解につながるでしょう。企業や官公庁などで働くビジネスパーソンにとっては，マネジメントに関する各分野の専門的知識や経営管理手法などを体系的に学び直し，それらが一定水準にあることを確認することで，自らのキャリアアップを後押しするものになるでしょう。また，イントレプレナー（組織内起業家）にとっては，その準備段階もしくはスタートアップ段階においての予備知識を得られ，経営者として求められるマネジメント能力や課題解決能力を高めることにもつながるでしょう。

こうしたご期待により一層応えるべく，2023年より試験制度ならびに内容を大幅に改定し，正式名称を「経営学検定試験」から「マネジメント検定試験」に改称しました。今回（2023年）の試験制度改定により，これまでよりも実践的で高い学習効果が期待される内容をめざし，体系的に理解しやすくなるよう構成しています。また，継続的な学習を促進するため，上位級の試験制度も見直し，「リカレント教育（recurrent education）」や「リスキニング（reskilling）」を支援するツールとしても活用いただける検定試験となりました。

（検定試験の詳細は巻末の試験ガイドをご覧ください）。

本書がマネジメント検定試験の受験者だけでなく，経営学・マネジメント系学群を学ぶ学生，現代ビジネスの第一線で活躍するすべてのビジネスパーソンに貢献する指標として，幅広く皆様に活用いただけることを切に願っています。

なお，本公式テキストの改訂は，下記のテキスト編集委員会の協力を得て一般社団法人日本経営協会が監修を行っています。

編集委員　委員長：小椋康宏（東洋大学名誉教授），松本芳男（元中央学院大学大学院特任教授），中村公一（駒澤大学経営学部教授），木下潔（経営コンサルタント，東洋大学大学院特任教授）

2023年１月

一般社団法人日本経営協会

まえがき

本書は，マネジメント検定試験Ⅲ級を受験しようとする人のための公式なテキストであると同時に，経営学の知見を体系的・網羅的に学びたいという学生や社会人の方々を対象とするマネジメントの基本書である。

経済社会やビジネスの変化に対応して，これまで数次の改訂を行ってきたが，今回，さらに大きな改訂を行うこととなった。今回の改訂では，全体の構成を大幅に変更してより現代的で体系的な内容にするとともに，読者にとって理解しやすいように，図表の点数を増やしたり，文章中のキーワード表記を明示化したり，編集上の工夫をすると同時に，平易な文章を用いることに配慮した。

本書の特徴は以下の点にある。

①経営学のアカデミックな知識と経営の実務の両方をバランスした内容となっており，実際の企業経営やマネジメントに役立つ知識を網羅している。

②特定の主義・主張に偏向することなく，できるだけオーソドックスな知見を取り上げ，経営学の初学者や実務に携わる社会人が理解できるような平易な説明を行っている。

③全体の構成は，マネジメント検定試験Ⅲ級の出題分野に対応している。ただ，企業論に始まり，経営戦略論，経営組織論など，マネジメント検定試験Ⅱ級の受験者にとっても，マネジメントの体系を理解するための基礎的な知識を提供する入門書となっている。

④各部のはじめに学習内容の体系を説明し，各章のはじめには「ポイント」や「キーワード」を掲載することで，学習の指針となるようにした。

本書は５部構成となっているが，これは経営学の体系的な知識や企業経営の実務的なマネジメントに役立つ基礎的な知識を網羅するためである。

第１部（企業論）では，経営学を学ぶ意義や企業のあり方，とくに現在の経済社会で大きな役割を果たしている株式会社の成り立ちや機構の理解を通じて，経営とは何か，企業とは何かについて学ぶ。

第２部（経営戦略論）においては，全社戦略や事業戦略について体系的に学ぶ。変化し続ける経営環境に適応しながら，企業が中長期的に存続・成長していくためには，戦略の論理を持つことが不可欠である。

第３部（機能別戦略）では，全社戦略や事業戦略を実現するための具体的な戦略であるマーケティング，研究開発と生産，財務について学ぶ。これらの分野は，今回の改訂においてとくに拡充を図った部分であり，よりプラクティカルな知識を獲得することをねらっている。

第４部（人的資源管理論・組織構造論）では，戦略を実行するために不可欠な人や組織のマネジメントについて学ぶ。いくら優れた戦略シナリオを持っていても，実行体制が伴わなければ，高い成果を生み出すことはできない。

第５部（経営管理論・経営組織論）において，マネジメント理論の発展を背景としながら，経営学の理論的な知見のうち，現代の企業経営に活かされているものを中心に理解を深める。

現在，企業経営をめぐる環境は，不確実性や不安定性に満ちている。その一方で，働き方が多様化しており，企業などの組織に勤め，個人では成し遂げられないような大きなプロジェクトに取り組む方もいれば，自ら起業して自己実現を果たそうという方もいる。このような時代だからこそ，これまでに積み重ねられてきた経営学の知見にもとづいて戦略的に思考することや，組織のマネジメントを行うことが求められている。

企業のあり方や戦略，マネジメントに関する基礎的な知識は，文科系，理科系を問わず，なるべく早期に身につけるべきである。本書が，経営学を専攻する学生だけでなく，多くの他学部学生やビジネスパーソンのキャリア形成に大いに役立つことを願っている。

2023年１月

一般社団法人日本経営協会

主筆　木下潔（テキスト編集委員）

目次

第1部 経営とは，企業とは

企業論

第2部 どうすれば企業は目標を達成できるか

経営戦略論

第3部 どのように戦略を実行に移すか

機能別戦略（マーケティング・研究開発と生産・財務）

第4部 人と組織をいかにマネジメントするか

人的資源管理論・組織構造論

第5部 マネジメント理論はどう展開してきたか

経営管理論・経営組織論

第 1 部

経営とは，企業とは

企業論

企業や官庁などに勤める人だけでなく，将来，組織で働く学生や起業家，フリーランスで働く人なども企業組織との関わりなしに生きていくことはほぼ考えられないのが現代の経済社会である。

そこでまず，第 1 章では経営学の成り立ちや経営学を学ぶ意義について考える。つづく第 2 章では，現代の経済社会において中核的な役割を果たしている株式会社を中心に企業の形態について学ぶ。そして，第 3 章においては株式会社の出資者である株主と経営者の関係性にかかわるコーポレート・ガバナンスについて，会社法上の大規模会社における具体的な機関設計などを学習する。さらに，第 4 章においては，日本型企業システムとして知られる終身雇用制や年功序列制とその変化などについて学ぶ。

第1章

経営学から何を学ぶか

ポイント

◉経営学は，企業だけでなく，学校や病院，行政組織など，さまざまな組織体の経営や管理を研究対象としており，経済学や統計学，心理学など他の学問領域の知見が活かされている。

◉経営学は，企業などの組織や，経営という活動，行為，プロセスを研究対象とするので，社会人だけでなく，これから会社に勤めたり，起業家やフリーランスとして経済社会に関わりを持っていく学生にとっても有用な学問である。

キーワード

NPO，企業，投資家，家計部門，企業部門，政府部門，ステークホルダー（利害関係者），マネジメント，MBA，経営学，DX（デジタル・トランスフォーメーション），SDGs（持続可能な開発目標），ナレッジ・ワーカー

企業の役割

経営学は，企業などの組織や，経営という活動，行為，プロセスを研究対象とする学問である。そこで，まず，企業が社会の中でどのような役割を果たしているのか，について考えてみたい。

（1）企業と社会

企業という組織（個人企業という形態もあるが）は，製品やサービスの生産や流通などを行い，経済社会の担い手になっている。

現代社会においては，とりわけ株式会社という形態を持つ企業が経済活動の重要な部分を支えている。また，営利目的ではないが，企業と同じように組織として活動を行っている**NPO**（non-profit organization）も，社会的な目的を果たすために活動している。

一般に，**企業**は製品やサービスを開発したり，生産したり，流通させることなどを通じて社会に貢献すると同時に，自らは売上や利益を得ている。売上の一部は，原材料や機械設備，備品などを供給する別の企業に対価として支払われる。また，企業が生み出す利益は，企業で働く人たちに労働の対価として分配されると同時に，企業に出資した投資家にも株式の配当などのかたちで分配され，企業に資金を貸し付けている金融機関に対しても元本や利子の支払いというかたちで還元される。

一方で，企業で働く人々や企業に出資する**投資家**は，消費者としての側面を持っており，労働や投資の対価として得たお金で，企業が生産・販売する製品やサービスを購入するので，企業は継続して売上や利益を得ることができる。また，企業は税金というかたちで，事業を営むことによる恩恵を社会全体に還元している。

（2）企業・家計・政府の関係性

企業と社会の関係性について，マクロ経済学では，国の経済をつかさどる主体を大きく，家計部門，企業部門，政府部門という3つの部門に分けて説明している（図表1－1）。

家計部門は企業が生産した製品やサービスを消費する一方で，企業部門や政府部門に労働力を提供し，その対価として賃金を得ている。**企業部門**は，家計部門から提供された労働力で生産活動や販売活動を行い，家計部門や政府部門，そして他の企業に対しても製品やサービスを提供している。**政府部門**は，家計部門から労働力を，企業部門からは製品やサービスの提供を受けながら，行政サービスを提供すると同時に，所得税や法人税などの税金というかたちで富の再分配を行っている。こうしてお金（賃金，代金，税金）と製品やサービスが循環していくことで，経済的な豊かさが生み出されているのである。

【図表1－1】家計部門・企業部門・政府部門の関係性

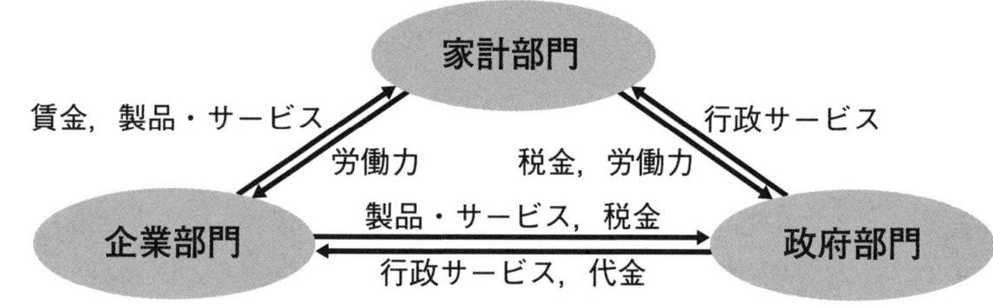

（3）企業とステークホルダーとの関係

企業は消費者や他の企業，行政組織などに対して製品やサービスを提供している。消費者は日常生活や文化，芸能，スポーツなどさまざまなサービスや製品から便益を受けている。一方で，消費者は製品やサービスの生産者として労働している場合が多い。従業員として企業に雇用されたり，非営利団体や公企業の職員としてサービスを提供する側に回ったりする。

このように企業との関わりを持ち，互いに影響を及ぼす関係にある人や組織

【図表１－２】 企業とステークホルダー

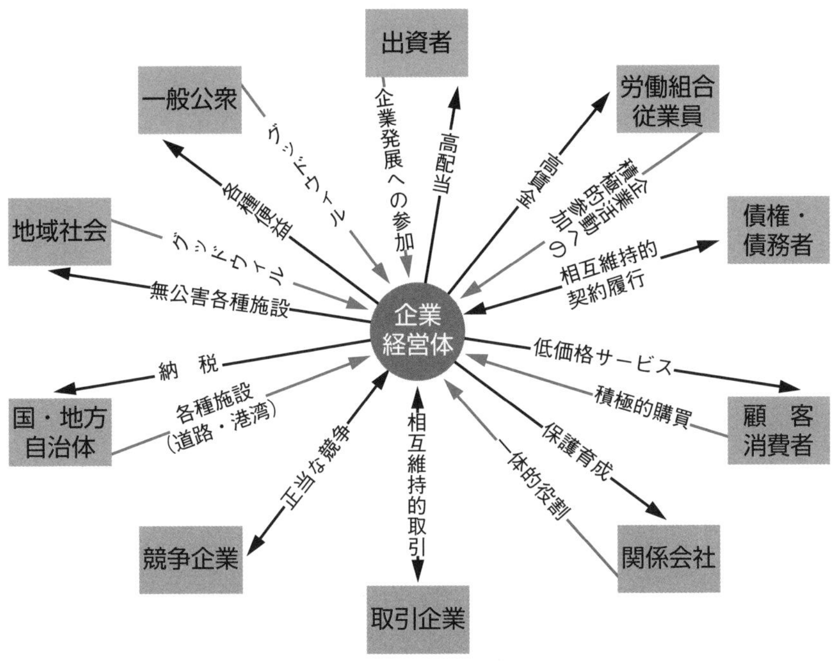

（出所） 藤芳誠一編著『図説経済学体系10　経営学〔新版〕』学文社，1983年，55頁をもとに一部修正。

を**ステークホルダー**（stakeholder）と呼ぶ。ステーク（stake）とは“出資”とか“利害関係”という意味で使われ，ステークホルダーを「利害関係者」と訳す場合がある。

図表１－２のように，ステークホルダーには，出資者や従業員，債権者，関係会社，取引企業，顧客たる消費者だけでなく，競合他社や国・自治体，地域社会なども含まれ，企業とステークホルダーは相互依存の関係にあるといえる。企業から見れば，さまざまな立場のステークホルダーと良好な関係性を築き，維持していくことが企業存続のために重要性を増している。

（４）企業内部における経営者や管理者の役割

経営者は，企業の最高指導者として，企業のビジョンを明らかにし，そのビジョンを実現するための経営戦略を策定し，実行の指揮をとる。同時に，社外のステークホルダーと良好な関係を維持するという役割も担っている。

実際の企業は，さまざまな部門で構成されており，部門ごとに効率的な管理が行われる（部分最適）。部門ごとにヒト，モノ，カネ，情報についての管理を行うのが管理者の役割である。実際には，管理者には課長，部長，グループリーダーなど企業によってさまざまな呼び方があり，管理対象となる組織単位の規模も異なる。管理者が部門における部分最適をめざすのに対して，経営者には，全社的な見地から企業の効率的な運営を維持・促進するという全体最適の視点が求められる。

（５）経営学の研究対象としての企業

経営学の対象としては，大規模な株式会社が取り上げられることが多い。

その理由は，大規模な株式会社が国家の経済において大きなウエイトを占め（企業数では0.3％である大企業が日本のGDPの約５割を占めるとされる），雇用の面でも社会に与える影響力が大きく，結果として政治的な発言力も高いからである。一方で，大規模株式会社においては経営のしくみや組織が整備されており，効率的に経営管理されていることも，経営学の研究調査の対象とし

【図表１－３】経営学がカバーする研究対象の範囲

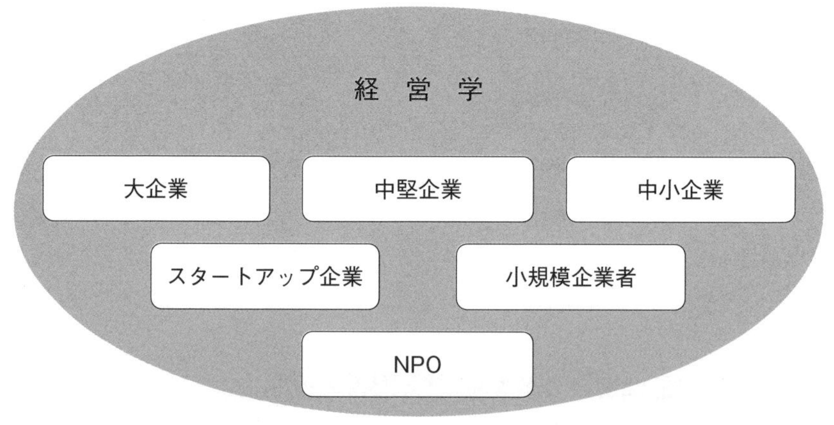

やすいことも挙げられる。

ただ，現在では，中小企業の企業数の多さや，従業者数の約7割を中小企業が占めること，そして，イノベーションを起こす力を有することなどから，中小企業やスタートアップ企業が研究の対象となることも多くなってきた。また，経営学の研究は多様化しており，会社組織だけでなく，公企業，NPO（非営利団体），広い意味ではNPOに含まれる病院や学校，図書館などのサービス分野にまで対象を拡げている（図表1－3）。

2 経営学を学ぶ意義

（1）経営学を学ぶこと

経営学は，経済学や商学，法学などと並んで，現実的な社会を分析し，社会で起こる事象について理論的な知識体系を構築することをめざす社会科学である。

これらの社会科学は，経営学，経済学，商学，法学とそれぞれ視点やアプ

【図表1－4】経営学と他の社会科学分野との関わり

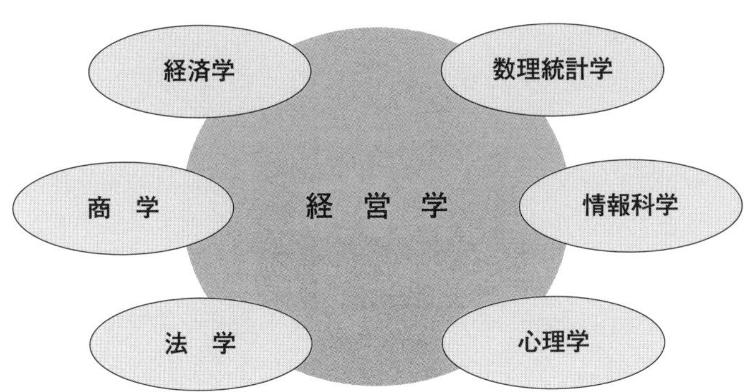

ローチは異なるが，社会現象を理解するという意味では共通の目的を持っている。そして，具体的な分析手法のレベルでは，数理統計学や情報科学，心理学など，他の自然科学や社会科学の分野の知見がさまざまな場面で活かされている（図表1－4）。

（2）経営学の研究対象

先に述べたように，経営学は，企業などの組織や，経営という活動，行為，プロセスを研究対象とする学問である。

また，最近では**マネジメント**（management）という表現をよく耳にするようになった。日本語に訳すと「経営」とか「管理」となるが，それぞれにニュアンスが異なる。「経営」が企業や組織の全体的な運営にかかわる活動のことであり，主に経営者が行う活動であると考えられているのに対して，「管理」とは企業や組織において問題が発生しないようにするプロセスや問題が発生した場合の対処に関する活動である。

おそらく，経営と管理をあわせて，一言で包括的に表現するのに，英語の「マネジメント」が適しているのであろう。英語では，management のほかに，administration という言葉も用いられる。経営学の修士号である **MBA** は，master of business administration の略である。

（3）経営学の成り立ち

経営学は他の学問，たとえば経済学や心理学，哲学，社会学などと比べると，歴史の浅い分野である。

経済学は，1776年にアダム・スミス（Smith, A.）が著した『国富論』に始まるとされる。哲学に至っては，紀元前5世紀のギリシャの哲学者であるソクラテスやその弟子のプラトンにルーツがある。これらに対して，経営学が実践的な学問領域として体系化されたのは19世紀末の米国とドイツであるとされる。ただし，経営学が研究対象とする企業は，すでに17世紀には大規模なものが成立していた。1600年に誕生したイギリス東インド会社や1602年に創設されたオランダ東インド会社は，資本家たちの共同出資によって設立され，貿易や植民地経営などの大規模な事業に携わった企業であった。

経営学には他の学問領域と比較して，総じて次のような特徴がある。

❶経営学は学際的である（学際性）

❷経営学は実践的な学問である（実践性）

❸経営学は時代の流れを大きく反映する（現代性）

❶経営学の学際性

経営学には，他の学問分野の知見にもとづいて理論が体系化されているという面がある。

たとえば，第5部で学ぶように，初期の経営管理論の基礎は“人間”をどのようにとらえるかという人間観にもとづいているが，そうした人間観は心理学や行動科学などの影響を受けている。具体的には，テイラーの科学的管理法では，“人間”を経済的動機に動かされ，合理的な判断で行動する経済人として（経済人仮説），人間関係論では，“人間”を社会的関係の中で行動する社会人として（社会人仮説），行動科学の知見にもとづくモチベーション理論では，“人間”は自ら積極的に自己実現に取り組むという人間観（自己実現人仮説）をもとにしている。また，第2部で取り上げる経営戦略論において，たとえばポーターの競争戦略論はミクロ経済学の一分野である産業組織論の影響を強く受けている。

❷経営学の実践性

経営学における各分野の中でも，とくに第2部や第3部で取り上げる経営戦略論は，企業経営の実務において活用されている。また，第5部で取り上げる経営理論にもとづいてモチベーションを上げることで，企業の生産性が向上したり，働く人々の職場における満足が得られたりする。このように，経営学の知見は，直接的に企業の業績に影響を与え，そこで働く人々の処遇に影響を及ぼし，組織と個人の関わり方についてさまざまな示唆を与えてくれる。

❸経営学の現代性

経営学は企業や経営を対象とする実践的な学問であり，その企業と経営は国や地域，社会とのつながりの中で存続しているため，現在の経済動向はもちろんのこと，社会情勢や技術革新などの変化にも敏感な学問である。

たとえば，景気の動向や株価の動き，国のGDP（gross domestic product：国内総生産）などの経済動向だけでなく，少子高齢化や感染症拡大，消費者の価値観の変化などの社会情勢の変化や，**DX**（digital transformation：デジタル・トランスフォーメーション）や情報のネットワーク化などの技術革新は，一企業だけでなく，経営学の発展にも大きな影響を与えている。

また，今世紀に入ってから**SDGs**（sustainable development goals：持続可能な開発目標）が大きく取り上げられている。これは，気候変動などの環境問題，労働問題，貧困問題，地域間格差の問題，処遇の男女格差，多様性（ダイバーシティ），グローバリゼーションなど社会的な意義のある問題に対する取り組みであるが，国だけでなく，企業部門はその重要な要素となっており，この分野で経営学の知見や企業の具体的な活動に期待する声は大きい。

（4）経営学を学ぶ意義

本書の読者が経営学を学ぼうとする動機は，さまざまであろう。経営学部に所属し，もっと幅広く経営学の基礎を学びたいと考えている人。経営学部以外の学部や専門的なことを学ぶ学校に所属し，企業などへ就職した後や自分の将来像をぼんやりと描きながら，経営学の知識を身につけておきたいと考えている人。企業や行政組織，NPOなどに勤めていて，実務経験だけでなく，経営学を学ぶことの必要性を感じている人。企業の経営者や管理者，もしくは，これから起業したいと考えており，戦略やマネジメントについて基礎から学びたいと考えている人。育児や家庭の事情による休職中で，改めて経営学を学んで次のキャリア形成に役立てようという人，など。

社会に出れば，実際に多くの人が企業や自治体，NPOなどの組織に所属しながら働いている。経営者か管理者か，現場の作業や業務に携わるのかなど，職種や立場はさまざまであるが，企業をはじめとする組織との関わりなしでいる人は少ない。弁護士や公認会計士，税理士，中小企業診断士，社会保険労務士，行政書士など，いわゆる士業としてフリーランス（または個人事業主）で働く人であっても，業務の依頼を企業や公的機関などから受け，そうした組織とのつながりの中で仕事をしている。つまり，現代社会は企業などの組織にたとえ自分自身が所属していなくても，個人は多くの関わりの中で仕事をし，生活をしているということである。

経営学を学ぶことの意義は，企業や経営，管理について体系的に学び，多くの人がこれまでに培ってきて理論化されてきたことから，個々の立場に応じて多くの知見を得ることができるという点にある。学生であれ，すでに組織で働く社会人であれ，自分が管理者や経営者という立場になったら，企業の経営や組織の管理をどのように行っていくか，という新たな視点を提供してくれる。

今，企業に数年～10年以上勤務してから，経営学の修士号であるMBAを取得しようと，大学院に通う社会人が少なくない。こうした動向は，社会人にとっても，学びつづけることの重要性が認識されていることを示している。

現在，気候変動，貧富の格差，感染症の拡大など，人々が直面する課題はグローバル化している。国際関係，政治，経済，社会などの情勢は日々刻々と変化しており，旧い価値観や既成概念では問題を解決できず，新たな思考の枠組み（ブレイク・スルー）が求められている。こうした時代の流れを受けて，実践性や現代性を有する経営学自体も日々進化している。

現代社会においては，**ナレッジ・ワーカー**（知識労働者）が経済社会の中核となっていくと指摘したのは，ドラッカー（Drucker, P. F.）であるが，知識やアイデアなどが重視される経済社会においては，一生涯，学び続けることが必要とされているともいえる。

（5）本書で取り上げる経営学の領域

一般に，経営学は大きく分けて，制度としての企業を扱う「企業論」，企業と経営環境の関わりを扱う「戦略論」，マネジメントの基礎を扱う「経営管理論」，そして，企業における人々を中心テーマとする「組織論」という4つの分野から構成される。これらのうち，戦略論は，さらにマーケティング論，生産管理論，人的資源管理論，財務管理論などの機能別戦略のレベルで細分化されることもある。

本書では，第1部において企業論を，第2部では戦略論，つづく第3部では機能別戦略の中からマーケティング戦略，研究開発戦略と生産戦略，財務管理の基礎となる会計を取り上げ，さらに第4部では組織論の一部である組織デザインにかかわる組織構造論，および，機能別戦略の1つである人的資源管理論を取り上げ，第5部において経営管理論と経営組織論を取り扱う。

このように，本書は経営学に関する基礎知識を広範にカバーするものである（図表1－5）。

【図表1－5】本書がカバーする経営学の領域

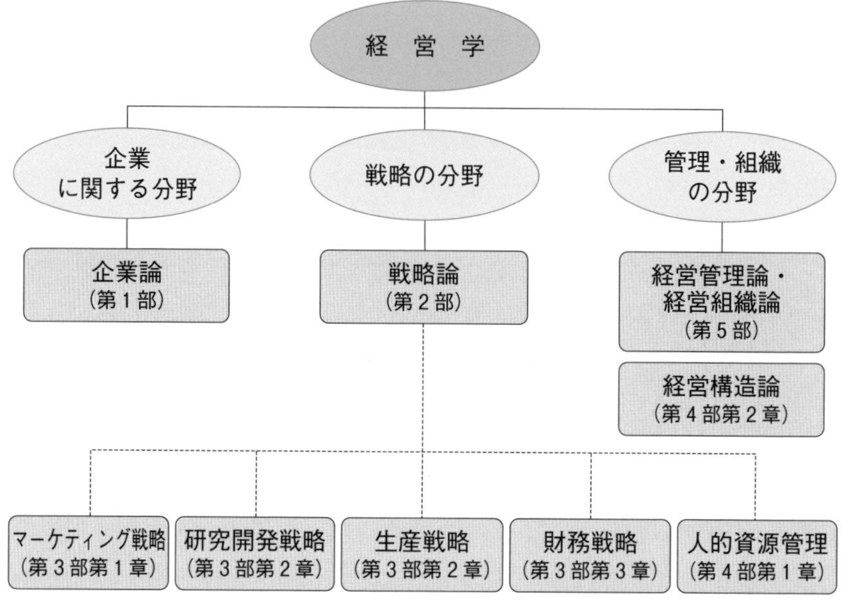

第 2 章

企業のかたち

ポイント

◉継続的に経済活動を行う企業という組織体には，さまざまな形態がある。
◉会社法では，合名会社，合資会社，合同会社，株式会社という4つの会社形態を定めている。
◉株式会社は，株主の出資に伴う責任が限定的である（有限責任）ため，多くの株主から資金を集めやすい会社形態であり，大企業の多くが株式会社という形態をとっている。

キーワード

会社法，合名会社，合資会社，合同会社，株式会社，相互会社，私企業，公企業，公私合同企業，無限責任と有限責任，所有と経営の分離，株主総会，LLP，第3セクター，PFI，NPO，ベンチャー企業，イノベーション，アントレプレナーシップ

1 企業の形態

(1) 企業と会社

企業とは,「継続的に経済活動を行う組織体」と定義することができる。そして,企業には一般によく知られる株式会社のほか,個人企業,協同組合,政府や自治体が経営している公企業などさまざまな形態がある。

それらの企業形態のうち,法律(**会社法**)で規定されている合名会社,合資会社,合同会社,株式会社のことを「会社」と呼んでいる。このように,一般的には「企業」と「会社」ということばが混在しているが,明確な定義が存在するのである。

(2) 日本における企業の形態

企業や会社についての制度は国によって異なる。企業を分類する基準としては,おおまかにいって,❶法律上の分類,❷誰が出資者なのかによる分類,❸企業の規模による分類がある。

❶法律上の分類

日本の法律上,企業という組織形態は,民法や会社法において規定されており,大きく個人企業,組合企業,会社企業に分けることができる。これらの中で,組合企業には民法上の組合や有限責任事業組合などがある。また,会社法で規定された企業には,合名会社,合資会社,合同会社,株式会社があり,その他の法律,たとえば保険業法に規定された企業形態である相互会社などがある。

❷誰が出資者なのかによる分類

企業には,法律上の分け方以外にも,出資者が誰かによる種類分けもある。

【図表1－6】企業のさまざまな形態

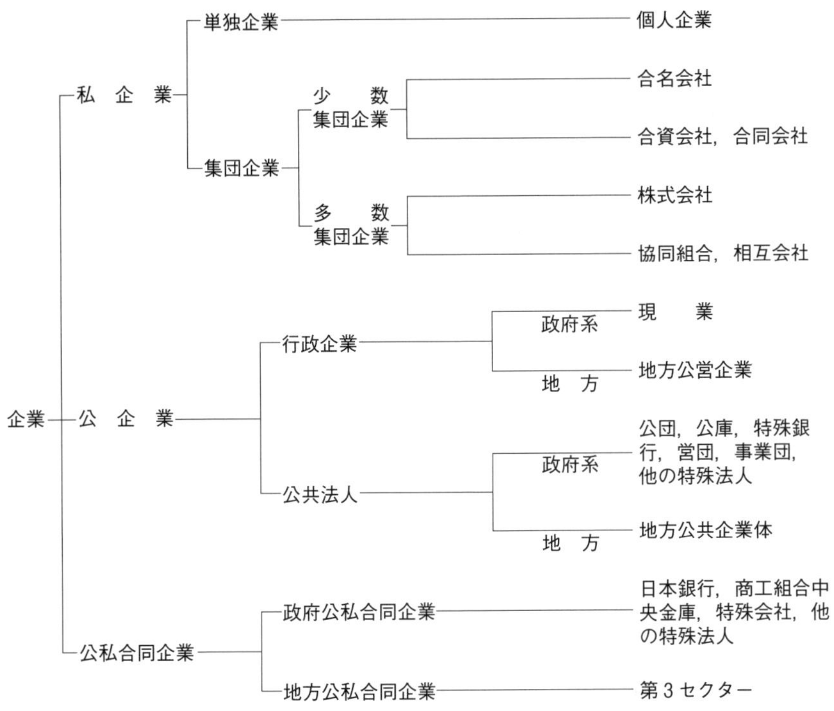

（出所）佐久間信夫・出見世信之編『現代経営と企業理論』学文社，2001年，3頁をもとに一部修正。

企業は，出資者が民間の私人であるか，国や地方公共団体であるかによって，大きく私企業，公企業，そして，公私合同企業の3つに分けることができる（図表1－6）。

これらのうち，私企業はさらに，出資者が単独なのか，それとも複数なのかによって，単独企業と集団企業とに分けることができる。単独企業のことを個人企業と呼ぶこともある。

一方，集団企業はさらに出資者が少数か多数かによって，または，営利を目的とするか否かによって，合名会社，合資会社，合同会社，株式会社，相互会社，協同組合に分けられる。これらのちがいについては法律形態による分類がされており，本章第2節において詳しく説明する。

❸企業の規模による分類

法律にもとづく分類や出資者による分類以外に，企業を，大企業，中堅企業，中小企業，小規模企業，零細企業などと，規模の面で分類する考え方もある。こうした呼び方は一般的に使われており，規模を判断する基準は，売上高や従業員の数などである。しかし，個別の法律において定義が決まっているものの，こうした区分の基準に明確なものがあるわけではない。

法律上の区分でいうと，たとえば，会社法においては，**大会社**とそうでない「非大会社」の区分は，資本金の金額または負債の金額をもとに決められている（第2節図表1－9）。また，「中小企業基本法」においては，中小企業の定義は，資本金と従業員数にもとづいて，製造業その他，卸売業，小売業，サービス業という大きな括りの業種ごとに決められている。同じ「中小企業基本法」において，小規模企業者の定義は，従業員数にもとづいて，製造業その他と商業・サービス業という2つの業種に分けて決められている。しかし，法律ごとに規定はあるものの，どの規模の企業が大企業にあたり，どの企業が中小企業にあたるのかという統一された定義は存在しない。

2 法律が定める会社の種類

（1）会社法と会社の種類

ここでは，会社法における企業形態の分類に則って，会社の種類とそれぞれの特徴について説明する。

法律上の企業形態は国ごとに定められており，日本の「会社法」では合名会社，合資会社，合同会社，株式会社という4つの会社形態が規定されている（図表1－7）。

【図表1－7】会社法上の「会社」の種類とそれぞれの特色

		株式会社		合同会社	合資会社	合名会社
		公開	非公開			
出資者	名称	◉株主	◉株主	◉社員	◉社員	◉社員
	責任	◉出資の義務にとどまり会社の債権者に対しては責任を負わない	◉出資の義務にとどまり会社の債権者に対しては責任を負わない	◉出資額を限度として責任を負う	◉無限責任社員―会社の債権者に直接無限の責任を負う ◉有限責任社員―出資額を限度として直接責任を負う	◉会社の債権者に直接無限の責任を負う
	員数	◉1名以上	◉1名以上	◉1名以上	◉無限責任社員と有限責任社員1名以上	◉1名以上
	譲渡制限	◉原則譲渡自由	◉譲渡につき会社の承認が必要	◉他の社員全員の承諾が必要	◉無限責任社員―他の社員全員の承諾が必要 ◉有限責任社員―無限責任社員全員の承諾が必要	◉他の社員全員の承諾が必要
意思決定	最高	株主総会	株主総会	総社員の同意	総社員の同意	総社員の同意
	重要な業務	取締役会	取締役会	総社員の過半数（ただし兼務執行社員を定めたときはその者の過半数）	無限責任社員の過半数（ただし業務執行社員を定めたときはその者の過半数）	総社員の過半数（ただし業務執行社員を定めたときはその者の過半数）
	業務執行	代表取締役＊	取締役（取締役会設置は任意）			

＊指名委員会等設置会社においては代表執行役。
（出所） 岸田雅雄『ゼミナール会社法入門』日本経済新聞社，2006年，50頁をもとに一部修正。

2006年5月に会社法が施行される以前は，法律上の会社は人的会社（合名会社，合資会社）と物的会社（株式会社，有限会社）に区分されていた。それが会社法では，会社を株式会社と持分会社に大きく区分し，持分会社の中で，さらに合名会社，合資会社，合同会社という3つの形態を規定している。

ここで，持分会社とは，出資者が社員として経営に携わる会社のことであり，出資者と経営者が別人であってもかまわない株式会社とは異なる。

なお，現在でも「有限会社」を名乗る企業があるが，これは会社法施行以前に有限会社として設立された企業であり，新たに有限会社を設立することはできない。会社法施行以前に有限会社であった企業は，法律上株式会社として扱われることとなった。

（2）無限責任と有限責任

会社法に規定された4つの会社形態のちがいを考える際に重要な視点が，出資者が無限責任を負うのか，有限責任を負うのかという点である。

無限責任とは，会社の経営がうまくいかず，債務を負って倒産したときに，出資した金額以上の債務を無限に返済する義務を負うことを意味する。これに対して，**有限責任**とは会社が債務を負った場合に出資者が出資した金額を超えて債務を負担しなくてよいことを意味する。

会社に資金を提供する出資者の立場から見ると，無限責任の会社に投資することには出資額以上の債務を背負うリスクが伴う。それに比べると，有限責任の会社に出資する場合，当初の出資額以上の債務を負うことはなく，投資がしやすい。

これを会社の側から考えると，一般的に，出資者を多く募るには有限責任が規定されている会社形態のほうが適切で，会社設立の際，成長を目論む場合には有限責任となっている株式会社や合同会社が望ましいと考えられる。

これに対して，無限責任となっている合名会社や合資会社には，出資者と経営者が一体化しており，利益分配の自由度が高いということが特性となる。

（3）合名会社

合名会社は，出資者全員が無限責任を負い，出資者が自ら経営も行う企業形態である。

こうした企業形態では，出資者が複数になると，経営支配の統一性を維持することが難しくなる場合があるが，合名会社では出資者全員の話し合いによって意思統一が図られる。合名会社は出資者が複数となるが，実態としては，個人企業とあまり変わらない。経営は出資者間の個人的な信頼関係にもとづいて行われるため，出資者の数は限られ，結果として集まる資金の大きさにも限界がある。

社員の出資持分を第三者に譲渡する場合には，他の社員全員の承諾を必要とする。会社の経営や負債に対して全社員が連帯責任を持つことから，出資者たる社員間の人間関係が重視され，社員は親族やきわめて親しい人で構成される場合が多い。

（4）合資会社

従来，**合資会社**は，会社の経営を担当する無限責任出資者と，会社の経営を担当しない有限責任出資者という，２種類の出資者から構成されていた。2006年に施行された会社法では，有限責任出資者も経営を担う（業務執行権を有する）ことになった。

そもそも，合資会社という企業形態には，合名会社のように全員が無限社員として経営に携わるのではなく，経営に参加しない出資者（有限責任社員）という新しい種類の出資者をつくり出すことによって，出資者数を拡大しつつ，無限責任社員による経営の一貫性の維持も同時に図ろうとする意図があった。

しかし，当初から，合資会社は出資金を返還する制度を持たないため，たとえ有限社員であってもいったん出資した資金を回収することがきわめて困難であった。したがって，有限責任社員という新たな出資形態を創始しても，合資会社の出資規模には限界がある。

無限責任社員がその持分を譲渡する場合には，他の社員全員の承諾を必要とする。

なお，合名会社や合資会社，そして後で説明する合同会社において，法律上，出資者のことを「社員」と呼ぶが，これは一般的に使われている「会社員」（会社に勤める人）という意味での社員とは意味が異なるので留意したい。

（5）株式会社

❶株式と経営の支配

株式とは，会社の資本金のすべてを，均一で小額の単位に分割したものを意味する。出資者は株式を購入することによって株主となる。株主，つまり，株式会社の出資者は有限責任を有するため，出資によるリスクは株式を購入した際の出資額を超えることがない。したがって，**株式会社**は，株式を不特定多数の株主に買ってもらい，多くの資金を集めることに適した会社形態である。また，❹で述べる公開会社の株式は，証券市場において積極的な売買取引が行われており，投資家自身にとっては株式を売却して換金したり，別の株式取引の原資として利用したりすることが可能となっている。

このように，株式会社の資本金を構成する株式は，①出資責任の有限性，②株式の分散化，③株式売買の自由性という特徴から，不特定多数の個人投資家だけでなく，金融に関する専門的な知識を有する銀行などの機関投資家からも，巨額の資金を集めることが可能であり，株式会社が大きな事業を推進するのに最適な企業形態となっている（図表1－8）。

【図表1－8】**会社法に定めた企業形態と株式会社の特性**

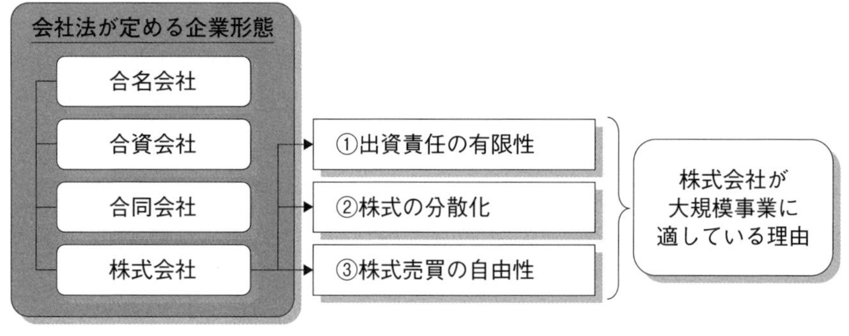

❷株式会社における所有と経営の分離

株式発行による資金調達を基礎とする株式会社においては，株式の保有数，つまり，出資額に応じて会社に対する発言権（支配権）が決まるため，大量に株式を保有する大株主の経営に対する発言権が強くなる。

株主が集まって，会社の経営に関して重要な決議を行う機関が株主総会である。株主総会においては，１株につき１票という議決権が与えられ，多数決原理にもとづいて経営の大きな意思決定が行われるため，会社の株式の過半数を保有していれば，会社の支配権を獲得することができる。過半数とはいわず，株式の３分の１以上を保有していれば，株主総会における拒否権を発動できるため，実質的に会社の支配権を確立することができる。

ただし，会社が発行する株式の中にはいくつかの種類があり，その中には議決権を有しない株式もある。

❸株式会社の設立要件の変遷

株式会社を設立するためには，かつては7人以上の発起人が必要とされていたが，1991年からは1人でも株式会社を設立できるようになった。また，この年から最低資本金制度が導入され，株式会社を設立する際には1000万円以上の資本金の払い込みを必要とすることになった。

しかし，2002年に「中小企業挑戦支援法」が制定され，1円の出資でも株式会社を設立できるようになった。その理由は，1990年代を通じて，中小企業の廃業率が高くなる一方で新規開業率が低くなり，これが日本経済が停滞した一因であるとされ，創業をより活発にしようという政府の意図があったためである。この「中小企業挑戦支援法」は，2008年までの時限立法であり，しかも最低資本金が猶予されるのは会社設立後5年間だけであった。

その後，商法や有限会社法，さまざまな特例法の中に分散していた会社関連の法律が「会社法」として一体化された。2006年に施行された「会社法」においては，最低資本金制度そのものが撤廃され，資本金1円での株式会社の設立が恒常化されることになった。

❹会社法による株式会社の種分け

会社法では，ア）会社の規模と，イ）株式を公開している会社か否か，という2つの基準にもとづいて，株式会社を分類している（図表1－7参照）。

まず，ア）会社の規模という基準については，図表1－9にあるように，資本金5億円以上または負債200億円以上の企業は大会社と定義されている。それ以外の会社は非大会社（中小会社）となるが，この分類は，中小企業基本法などに規定されている「中小企業」の定義とは関係がないので，留意が必要である。

次に，イ）株式を公開している会社か否か，という基準については，株式会社の中で，発行する株式の全部または一部について譲渡制限をしていない会社

【図表1－9】会社法における大会社と非大会社の定義

	大会社	非大会社（中小会社）
資本金の金額	5億円以上	5億円未満
負債の金額	200億円以上	200億円未満

を**公開会社**という。ここで，**譲渡制限**とは，株主が自分の株式を第三者に渡すときに，取締役会あるいは株主総会の許可が必要となることを意味する。一方の**非公開会社**とはすべての株式に譲渡制限に関する規定がある会社のことである。

つまり，公開会社においては株式の一部であっても，経営者の意向にかかわらず，第三者に株式が渡る可能性があるということである。逆に，非公開会社においては，すべての株式に譲渡制限があるため，たとえば，家族経営の企業の場合，家族以外で経営に非協力的な第三者に株式が渡ることを防ぐという効果がある。

❺株式会社における機関

株式会社には，国の三権分立の考え方と似通ったようなかたちで，権限が分化した機関を設置することになっている。それぞれの機関の役割は以下のとおりである（図表1－10）。

a）株主総会

株式会社における最高意思決定機関が**株主総会**であり，出資者たる株主が会社の基本的な事項について決定権を持つ。国の機関にたとえると，国会に似ている。

b）取締役（もしくは取締役会）

会社の業務執行（経営）を行う機関である。国の機関にたとえると，内閣（行政府）に似ている。

c）監査役（もしくは監査役会）

取締役（会）の行う経営について監視する機関である。国の機関にたとえる

【図表1－10】株式会社の基本的な機関とその役割（国の三権分立にたとえた場合）

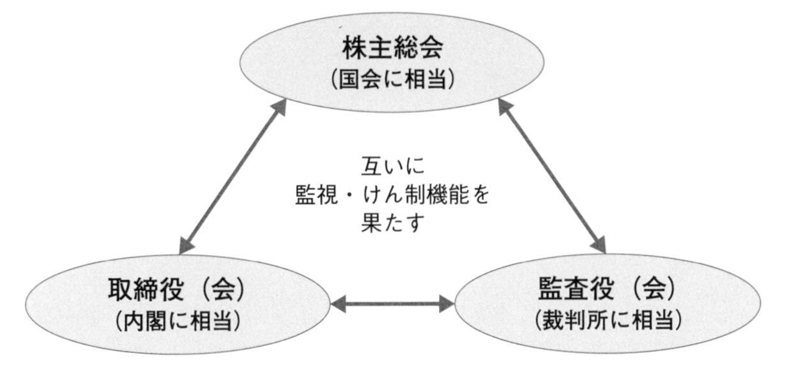

と，裁判所（司法）に似ている。

上記のうち，どの株式会社にも必ず設置しなければならない機関は株主総会と**取締役**だけである。また，監査役（会）という機関に代わって，会社の計算書類を監査して会計監査報告を作成する機関として会計監査人を置く株式会社もある。

株主総会と取締役以外の機関については，会社の規模（大会社か否か）と公開会社かどうか，という2つの基準で選択肢が決められており，実際の機関設計には何十という多くのパターンが考えられる。そうしたパターンのうち，大会社における機関設計については第3章第3節で詳しく説明する。

（6）合同会社

❶合同会社の特徴

株式会社は，一般に多数の出資者が資本を提供して設立され，1株につき1票の議決権を持つ。そうなると，保有株式数，つまり出資額の多い出資者ほど多くの配当を受け取ることができ，経営に対する発言権も強くなる。

これに対して，2006年に施行された会社法において，新たに規定された**合同会社**では，資金だけでなく，特許やアイデアなどの知的財産を会社に対して提供することが認められ，事業のルールや利益分配のルールは出資者間で自由に決めることができるようになった。

つまり，株式会社では原則として金銭出資（条件を満たせば動産・不動産などの現物出資も可能）が行われ，一方，合同会社では金銭出資と現物出資が認められている。ただし，いずれの会社形態においても「役務」（サービスのこと）というかたちの出資は認められていない。

合同会社において，知的財産のかたちでの出資が認められたことによって，たとえば，特許などの知的財産を持つ研究者や学識経験者が，多額の資金を持つ投資家からの出資を受けて会社を設立し，研究者や学識経験者の側にも利益を分配しやすくなった。研究機関や大学などに眠っている知的財産を活用して起業し，研究開発型ベンチャー企業が増えることが期待されている。

❷日本版LLC（合同会社）とLLP

合同会社において，出資者はすべて有限責任を持つが，株式会社とちがって株主総会や取締役会などの会社機関を設置する必要はない。

この合同会社という会社形態は，米国の**LLC**（limited liability company：有限責任会社）をモデルとして考えられたことから，日本版LLCと呼ばれることがある。LLCは，米国での州法にもとづいて設立される会社形態であり，日本の合同会社と同じように（税法上の細かなちがいを除いて），出資者の有限責任や出資者間で利益分配方法を自由に決めることができる。

一方，会社の一形態というわけではないが，経済産業省によって2005年に創設された，**有限責任事業組合**（**LLP**：limited liability partnership）という制度がある。

LLPは，株式会社の長所と民法上の任意組合の長所を取り入れた制度である。出資者は全員が有限責任であり，法人税を納める必要がなく，利益配分等のルール（内部自治ともいう）は出資者間で決めることができる。創業を促進し，企業間のジョイント・ベンチャーや専門的な能力を持つ人材が集まって行う共同事業を促進することがLLPという制度の目的である。

（7）相互会社

会社法に規定された会社形態ではないが，法律の定める会社の形態としては，他に**相互会社**がある。

相互会社は，保険業法によって定められる組織形態であり，加入者（社員）どうしの相互扶助を目的とすることから，保険会社以外の企業では認められない。保険加入者が保険契約にもとづいて出資者となり，保険料を支払うかたちとなっているが，社員である加入者には保険料を限度とする有限責任が適用される。相互会社では，会社に利益が出た場合，剰余金分配というかたちで保険加入者に還元される。

相互会社の最高意思決定機関は社員総会と呼ばれるが，保険加入者たる社員の数は，株式会社における株主総会の人数とは比べものにならないくらい多い。そこで，実質的には社員（保険加入者）の中から「総代」と呼ばれる代表者を選出し，彼らが構成する総代会が重要な意思決定機関となっている。

しかし，近年，この総代会の形骸化による監視機能の不全が問題視されるようになり，コーポレート・ガバナンスの強化を図るという目的から，また，市場を通してより大きな資金を調達して経営基盤の安定化を図る必要性などから，すでに損害保険業界では株式会社化が進み，生命保険会社の中でも株式会社に転換する企業が出ている。

3 公企業と私企業（誰が出資者なのかによる企業の分類）

（1）公企業と私企業

「公企業」と「私企業」という区別は，その定義が法律で定められているものではないが，対になる用語として使われることが多い。

一般に，**公企業**は，次のような特徴を持つ企業であるとされる。

- 国や地方公共団体が出資や経営を行う企業である
- その目的は，公益性の高い事業や営利活動になじまない事業，つまり，公共的な意味合いの強いサービス提供を遂行することにあり，非営利性を特徴とする

- 企業としての活動は特別な法律などによって規制されている

一方の**私企業**には，公企業と比較して，以下のような特徴がある。

- 個人や私的団体などの民間が出資や経営を行う企業である
- 私企業は利益追求を目的とする営利組織である
- その企業活動は，公企業とちがって特定の法律で規制されることはない。ただし，商法などの法律によって全般的な規制は受ける

（2）民営化と第3セクター

❶第3セクター

公企業の中には，国や地方公共団体などの行政組織に組み込まれているもの（行政企業という）のほかに，国や地方公共団体が100％出資をして法人を設立し，事業を営むもの（公共法人という）がある（図表1－6）。

こうした公企業については，近年，独立行政法人への転換や民営化が進んできた。その理由は，競争の促進による効率性の追求や，民間の事業ノウハウを取り入れて効果的に事業を行うことなどが挙げられる。旧来は公企業が担っていた事業が独立行政法人化，民営化された分野としては，交通，電信電話，郵政，水道などが挙げられる。

また，地方自治体と民間が共同出資して事業を行う組織を一般に**第3セクター**と呼ぶ。地域の鉄道，地場産業の振興，観光，教育文化，エネルギーなどさまざまな分野で全国に第3セクターがあり，本来，自治体が行うべき事業分野に民間の資金とノウハウを導入して効率化を図ろうとする場合が多い。しかし，地方自治体の資金に依存しており，経済的に自立できていない組織も多くある。

第3セクターは公私共同部門と呼ばれることもあるが，それは公企業（公共部門）を第1セクター，私企業（民間部門）を第2セクターと呼ぶことから付けられた呼称である。

❷PFIという制度

公共施設の建設や維持管理，運営など，公共性の高い事業に，民間の資金を

導入し，民間の有する経営能力や技術的能力を活用する手法として，**PFI**（private finance initiative：プライベート・ファイナンス・イニシアティブ）が制度化されている。PFIは，民間の資金や能力を活用することで，国や地方公共団体が直接に実施するよりも，効率的かつ効果的に公共サービスを提供することをめざすものである。日本では，1999年に「民間資金等の活用による公共施設等の整備等の促進に関する法律」（PFI法）が制定され，PFIの枠組みが制度化されている。

このPFIは，具体的には，社会教育施設や文化施設など教育と文化にかかわる施設の建設や維持，道路・交通・下水道設備などのまちづくり，医療施設や廃棄物処理施設など健康と環境にかかわる施設の建設や維持といった分野で活用されている。

（3）非営利法人

公企業と同じように利益追求を目的としないが，民間の組織であり，法律にもとづいて設立される組織を非営利法人と呼ぶ。非営利法人には，前節**（7）**で説明した相互会社のほかに，❶公益法人，❷NPO法人，❸協同組合などがある。

❶公益法人

公益法人とは，民法の規定によって祭祀，宗教，慈善，学術，技芸その他の公益を目的とする社団法人や財団法人のことである。また，広義では，民法以外の法律にもとづいて設立される学校法人，宗教法人，社会福祉法人も公益法人に含まれる。

これらのうち，**社団法人**とは，２人以上の集団組織であり，出資構成員（社員という）が存在し，彼らから集める会費で運営され，総会の議決にもとづいて運営される団体のことである。

一方，**財団法人**とは，社団法人のように人ではなく，一定の目的のもとに拠出された財産の集まりである。そのため，社員という構成員が存在せず，基本財産の運用益で運営され，設立者が定めた寄付行為という文書にそって運営される団体である。社員という構成員が存在しないといっても，実際には，組織として運営するために，雇用されて実務に携わる者が必要であることはいうまでもない。

こうした特徴を持つ財団法人や社団法人であるが，公益性の定義が曖昧(あいまい)で，官僚や補助金の天下り先になっていたという反省から，一定の要件を満たすことで法人格を取得できるようになっている。こうして，法人格を取得した団体は，一般財団法人や一般社団法人と呼ばれる。その一方で，政府の第三者機関から公益性を認められ，一定の基準を満たした法人は，公益財団法人や公益社団法人と呼ばれて区別されている。

❷NPO 法人

NPO とは，non-profit organization の略語で，民間が出資する非営利団体を意味する。NPO 法人とは，特定非営利活動促進法（NPO 法）にもとづいて設立された民間の非営利組織のことである。

公益法人を設立するには，所轄の官庁の認可が必要であるのに対して，NPO 法人は一定の要件を満たし，認証を受ければ設立することができる。ただし，「非営利」という主旨からして，利益を得たとしても，出資者や役員に分配することができない。また，特定非営利活動促進法では，NPO 法人の活動分野について，保健・医療や福祉の増進，社会教育，まちづくりの推進，観光の振興，学術・文化・芸術やスポーツの振興，環境保全，災害救援，地域安全，人権の擁護や平和の推進，国際協力，男女共同参画社会の形成促進，情報化社会の発展，科学技術の振興，職業能力の開発や雇用機会の拡充，消費者保護などしぼっている。

NPO と似た名称を持つ組織に，**NGO**（non-governmental organization）がある。こちらは，非政府組織という意味であり，地球環境，開発，人権などの国際的な課題解決に取り組む組織の呼称となっているが，明確な定義はない。

❸協同組合

農業協同組合，漁業協同組合，生活協同組合，事業協同組合，森林組合など，個別の法律にもとづいて設立される組織が**協同組合**である。共通の目的のために組合員から出資金を集め，事業体を設立して共同で所有し，管理運営も自分たちで行う相互扶助的な組織である。協同組合は人々の結びつきにもとづいた組織であり，出資者と顧客はどちらも同じ組合員であり，総会の議決は出資金の多寡にかかわらず一人一票の原則が貫かれている。この点で，出資者（株主）と顧客が異なり，議決権は一株一票で，株式の所有比率に応じて発言権も変わる株式会社とは大きく異なる。

（4）法人格を持たない企業

法人格とは，団体としての権利義務を有することをさす。法人格を持つ企業を総称して法人企業と呼び，法人格を持たない企業を非法人企業という。われわれが目にする企業の多くは，法人企業であるが，法人格を持たない非法人企業には，以下に述べる民法上の組合や有限責任事業組合などがある。

❶民法上の組合

文字どおり，民法で定められた組合組織のことである。２人以上が金銭や労務を拠出し合って，共同の事業を営む，契約にもとづく団体のことである。

具体的には，マンションの管理組合や，ビルなどの工事現場で目にする共同事業体（１つの工事や事業を複数の建設企業などで受注する合弁事業のこと）などがある。

❷有限責任事業組合（LLP）

これについては，日本版 LLC と称される合同会社との関連性という観点から，24ページにおいて説明した。

4 ベンチャー企業とアントレプレナーシップ

（1）ベンチャー企業の定義

ベンチャー企業という表現をよく耳にするが，はっきりとした定義が定まっているわけではない。

1971年に出版された『ベンチャー・ビジネス』（清成忠男・中村秀一郎・平尾光司著）において，「スモール・ビジネス」と「ベンチャー・キャピタル」の合成語として「ベンチャー・ビジネス」という概念を作り出したのが起源とされる。英語では，起業したばかりの企業という意味で，“start-up company”または“start-up”と呼ぶことが一般的であり，日本でも**スタートアップ**という表現を使うこともある。

一般に，ベンチャー企業には次のような特徴があるとされている。

- 革新的な技術や新しいビジネスモデルを製品やサービスの提供に活かしている（革新性）
- 成長意欲，成長志向が強い（成長性）
- 失敗のリスクを恐れずに，大きな成果をめざして事業に果敢に取り組んでいる（ハイリスク・ハイリターン）
- 上記のような特徴を強力に押し進める起業家が経営している（起業家精神）

一方で，「どのくらいの規模まで会社が大きくなればベンチャー企業と呼べなくなるのか」とか「創業してからどのくらいの期間がベンチャー企業であり，それ以降はベンチャーでなくなるのか」といった量的な面では，定義は曖昧である。

(2) ベンチャー企業とイノベーション

ベンチャー企業と親和性の高いことばとして，**イノベーション**がある。イノベーションは「技術革新」と訳されることもあるが，単に技術面のことをさすだけでなく，ことばの解釈としてはより広い範囲を含む場合が多い。

イノベーションの定義としてよく用いられるのが，経済学者シュンペーター(Schumpeter, J. A.) による定義である。彼は，イノベーションは「創造的破壊」であるとし，具体的には，①新しい製品の開発，②新しい生産方式の導入，③新しい販路の開拓，④原材料の新しい供給源の獲得，⑤新しい組織の実現，という5つの形態の「新結合」であるとしている（図表1－11)。

つまり，製品やサービスが革新的である（プロダクト・イノベーションと呼ばれる）というだけでなく，②のようなプロセス・イノベーションなどもイノベーションに含まれるということである。

【図表1－11】イノベーションの5つの形態

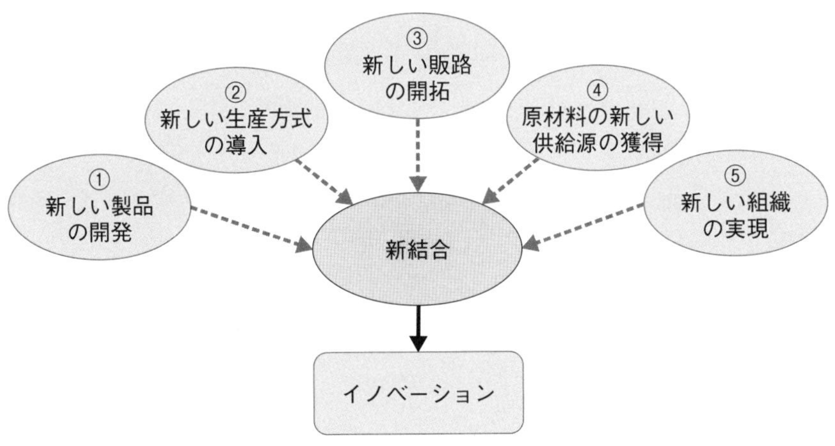

(3) イノベーションのジレンマ

かつては技術革新や新たなビジネスモデルの導入によって大きな成長を遂げ，その後，規模が大きくなった企業が，その革新性を失い，かつての自社のような新興企業に対抗する競争力を喪失してしまう場合がある。

クリステンセン（Christensen, C. M.）は，こうした現象を**イノベーションのジレンマ**と名づけた。彼は，大企業においてイノベーションのジレンマが起こりやすい原因を以下のように理由づけた。

- 大企業になると，既存の顧客ニーズに応えようとし，既存製品の改良に依存した持続的イノベーションを重視するようになるから
- 組織面では，持続的イノベーションに適応した組織に変化していくため，より安価で簡便な機能を求めるような顧客の潜在的なニーズに対応できないから
- 大企業が進める持続的イノベーションのペースは，顧客からの需要を超えてしまうことがあり，そうなると顧客は過剰な機能や性能を持つ製品ではなく，新たな価値を与えてくれる新興企業の製品に目を向けるようになるから
- イノベーションの初期の段階においては，市場規模が小さすぎて，大企業にとっては経済的な価値の低い市場に見えてしまうから

（4）アントレプレナーシップ

「起業」とは，「創業」や「開業」と辞書的な解釈ではほとんど同じ意味である。しかし，とくにベンチャー企業の創業を「起業」と呼び，ベンチャー企業を創業する人を「起業家」（**アントレプレナー**）と呼ぶことが多い。その起業家が持つ起業家精神のことを**アントレプレナーシップ**という。

ティモンズ（Timmons, J. A.）は，アントレプレナーシップについて，何もないところから価値を創造する過程であり，起業機会を創り出す，あるいは適切にとらえて，資源の有無にかかわらず，これを追求するプロセスである，としている。

ティモンズは，起業に必要な要素として，①創業者，②市場機会，③経営資源，④チームという4つを挙げた。そして，図表1－12に示したように，創業者が市場機会と自社の経営資源，チーム組織という他の要素をうまく活かすことが，新たな価値を創造し，起業を成功に導くのに欠かせないとしている。

一方で，起業をめぐる環境としては，曖昧さ（ambiguity），不確実性

【図表１－12】 起業のプロセス

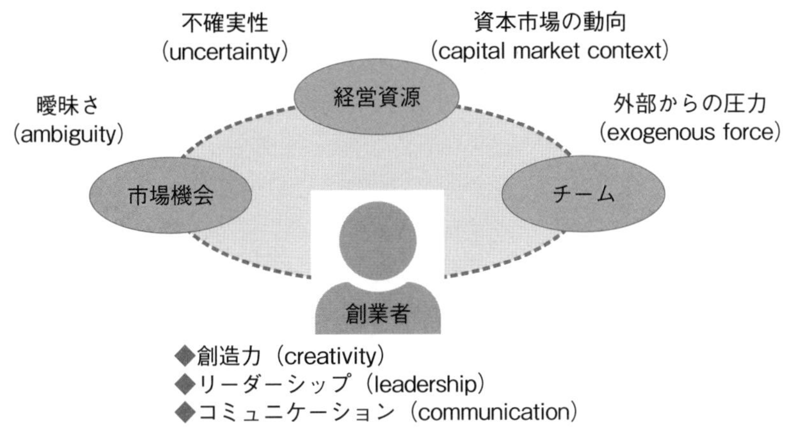

(uncertainty)，資本市場の動向（capital market context)，外部からの圧力（exogenous force）の存在を指摘している。創業者には，このような環境に対応して，創造力（creativity)，リーダーシップ（leadership)，コミュニケーション（communication）という３つの力を発揮することが求められているとされる。

参考文献

植竹晃久『企業形態論』中央経済社，1984年。

清成忠男・中村秀一郎・平尾光司『ベンチャー・ビジネス―頭脳を売る小さな大企業』日本経済新聞社，1971年。

小松章『企業形態論』サイエンス社，1990年。

佐久間信夫・出見世信之編『現代経営と企業理論』学文社，2001年。

C. M. クリステンセン著，玉田俊平太・伊豆原弓訳『イノベーションのジレンマ〔増補改訂版〕』翔泳社，2001年。

J. A. シュンペーター著，八木紀一郎・荒木詳二訳『経済発展の理論〔初版〕』日本経済新聞出版社，2020年。

J. A. ティモンズ著，千本倖生訳『ベンチャー創造の理論と戦略』ダイヤモンド社，1997年。

第3章

大規模な株式会社における企業統治

ポイント

- ◉大規模な株式会社においては，所有と経営の分離が進んでいる。
- ◉所有と経営の分離が進み，経営者支配に至った企業においては，出資者である株主が経営者を監視する機能として，コーポレート・ガバナンスの必要性が高まる。
- ◉会社法で定められた大規模な株式会社の統治形態としては，監査役設置会社，指名委員会等設置会社，監査等委員会設置会社の3種類がある。

キーワード

株式の分散化，所有と経営の分離，コーポレート・ガバナンス，コンプライアンス，監査役設置会社，指名委員会等設置会社，監査等委員会設置会社，株主総会，
コーポレートガバナンス・コード，
スチュワードシップ・コード，株式持ち合いの解消

1 大規模な株式会社における経営と所有

(1) 株式の分散化

株式会社は，均一で少額の単位に分割した**株式**を発行することで，資本金を集める。

株式が少額であること，購入しても有限責任を負うだけですむこと，そして，株式市場において保有する株式を売買できること，などの理由から，投資家にとっては株式投資という出資手段は非常に容易なものとなった。その結果，株式会社の株式は，多数の少額出資者によって所有されるようになった。また近年では株式市場における取引の国際化が進んでおり，外国人投資家も国内の株式市場で株式の売買を積極的に行うようになっている。このように，株主の数が多くなったこと，そして，出資者の地域的分散が進むことをあわせて，「株式の分散化」と呼ぶ。

このことは，資金調達を行う企業の側からすれば，資金調達が容易になったということでもある。そうした結果，多くの企業が株式会社というしくみを採用するようになり，今や株式会社という企業形態は経済社会に広く浸透するようになった。

(2) 大規模な株式会社における所有と経営の分離

中小規模の株式会社には，個人または同族などの少数が株式を保有し，株主が直接的に経営にも携わっている形態がよくみられる。こうした企業を一般的に「オーナー企業」と呼ぶ。

しかし，オーナー企業としてスタートした企業でも，事業を拡大し，従業員を増やし，規模を大きくしていく中で，新たな株式の発行による資金調達（増資という）や家族間の相続などを繰り返す中で，個人や同族の持つ株式の比率が低下していく。

企業規模が大きくなると同時に，株式の分散も進んだ大規模企業においては，企業の経営や管理活動は複雑化していく。そこには，専門的な知識や能力を備えた経営者が必要とされるようになる。

経営者としての能力は，専門的な教育を受け，大きな組織の中で経験を積み，大きな業績をあげ，昇進競争にも勝ち残ってきた人物がふさわしいであろう。企業の規模が大きければ大きいほど，こうした専門経営者が株主の代わりに経営を担うことに株主自体も期待するようになる。ここで，会社の出資者で株式会社における会社の所有者と考えられる「株主」と，経営に専念する「経営者」の役割分担が明確になり，**所有と経営の分離**（資本と経営の分離ともいう）が完成される。

また，このような株主と経営者の関係は，株主が専門経営者に経営を委託しているかたちとなっていることから，経営の受託／委託関係とたとえられることもある。

ここで，経営者はもはや会社の所有者である株主と同一ではなく，経営者は株主に雇用されるという関係が成り立つ。その場合，経営者が株主の意向にそわない行動，たとえば，会社の価値を下げて株主の利益を損なうような行動をとった場合，経営者は株主から解雇されることになる。

（3）バーリーとミーンズの研究

バーリー（Berle, A. A.）とミーンズ（Means, G. C.）は，1932年に著した『近代株式会社と私有財産』において，株式会社の発達とともに，株主数の増加と，最大株主が所有する持ち株比率の低下，つまり，株式の分散化が進み，結果として株主ではなく，経営者が会社を実質的に支配する状況になることを示した（**株式会社の経営者支配**）。

そして，経営者支配が行われている大規模企業では，その目的が私的利益を追求することではなくなり，公的サービスに似たようなサービスを提供する「準公的会社」に変化しているとした。そして，そうした大規模企業における経営者の役割は，従業員，出資者，消費者，公衆などの利害の調整をすることである，と述べている。

（4）持ち株比率と会社の支配権の関係

株式の分散化と会社の支配権の関係について，１人の株主が保有する株式の比率（**持ち株比率**）の程度に応じて，段階的に説明していく（図表１－13)。

なお，ここでは経営学の議論で使われている「支配」ということばを使うが，一般的に使われるような「従属させる」「占領する」という意味とはニュアンスが異なり，企業組織における権限に関する支配のことである。

❶私的所有の段階

まず，いわゆるオーナー企業のように，個人がたとえば80％以上の株式を所有し，経営にも直接携わっている段階では，会社の所有者と経営者が等しいだけでなく，所有者は会社の重要な意思決定を行い，会社を支配しているといえる。

❷過半数所有支配の段階

増資によって株式の分散化が進むと，持ち株比率は低下していくが，それでも個人が50％以上の株式を所有している段階では，会社の所有者である株主がその企業を支配することができる。

❸少数所有支配の段階

株式の分散化がさらに進むと，個人で50％以上の株式を所有するためには莫大な資金が必要となり，現実的には稀なケースといえる。こうした段階になると，まとまった株式を所有する大株主は，他に比肩する大株主が存在しない場合，５％以上の持ち株比率であっても会社の支配が可能だとされている。

しかし，一方で，この段階になるともはや株主が経営に携わることはなくなり，経営のスキルが高く，経験も豊富な**専門経営者**に経営を任せるようになるのがふつうである。つまり，会社の所有者である株主の中で大株主が支配する一方で，専門経営者の出現によって所有者と経営者は一致しなくなる。

❹経営者支配の段階

さらに株式の分散化が進み，5％以上の株式を所有する大株主がいなくなると，会社の所有者である株主が会社を支配しているとはいい難くなる。また，少数所有支配の段階と同じように，経営は専門経営者に委託されているので，所有と経営は完全に分離している。

このような状態を経営者支配と呼ぶが，経営者支配の段階にある経営者は，自ら株式を所有することがなくとも，事実上，過半数の議決権を握り，株主総会の決定権を持つことが可能となる。つまり，会社の本来の所有者である株主の利益よりも，専門経営者の意向が優先される可能性が高まり，ここで改めて「会社は誰のものか」というコーポレート・ガバナンスがクローズアップされる可能性がある。

【図表1－13】持ち株比率と会社の支配権の関係

支配形態	所有・経営・支配の関係	キーワード
私的所有 (80%以上の株式を個人が所有) ↓ 株式の分散(増資)	所有者（大株主）支配 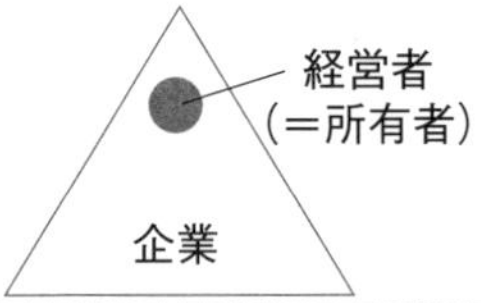 経営者(＝所有者) 企業	所有経営者 (所有者＝経営者) (所有者＝支配者)
過半数所有支配 (50%超の株式を個人が所有) ↓ 株式の分散(増資) 少数所有支配 (５%以上の株式を個人が所有) ↓ 株式の分散(増資)	所有者（大株主）支配 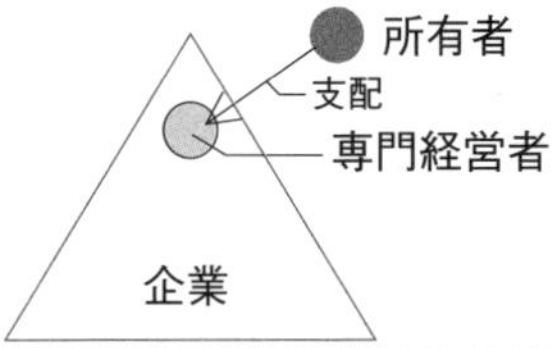 所有者 支配 専門経営者 企業	所有と経営の分離 (所有者≠経営者) (所有者＝支配者) 専門経営者の出現
経営者支配 (５%以上の株式を所有する大株主がいない)	経営者支配 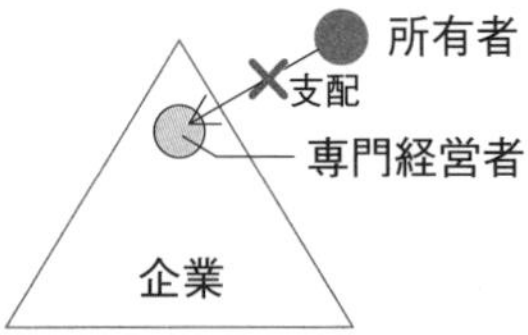 所有者 ×支配 専門経営者 企業	経営者支配 所有と支配の分離 (所有者≠経営者) (所有者≠支配者)

2 コーポレート・ガバナンス

(1) コーポレート・ガバナンスとは

コーポレート・ガバナンスとは，企業経営を監視するしくみのことであり，本質的には「会社は誰のものか」という命題にかかわる。とくに経営者支配が進んだ大規模な株式会社においては，会社の出資者である株主から経営者に対する監視機能のことを意味する。

本章第1節で述べたように，大規模な株式会社においては，所有と経営の分離が進み，経営者の行動が必ずしも株主の利益に一致するとは限らない状況となる。また，所有と経営の分離が進んだ大規模な株式会社の経営者は，強大な権力を持つようになることが一般的で，経営者が不正行為に及んだ場合に制止することが困難になりがちである。そうなると，企業不祥事と呼ばれるようなスキャンダルに発展して，企業イメージを大きく傷つけるリスクがある。このような事態が起こらないように，**コンプライアンス（法令遵守）**やリスク・マネジメントの面からも，経営者を監視するシステムが必要とされる。

経営者を監視するシステムとしては，次のようなものがある。

- 証券会社や監督官庁，株式市場全体の参加者による外部的な監視
- 株主総会や取締役会などの企業内部の機関による監視

これらのうち，株主総会や取締役会などの機関による監視については，これまで繰り返し法改正などが行われてきた。以降に，現状の会社法などにおける企業統治について説明していく。

（2）大規模な株式会社におけるコーポレート・ガバナンス（企業統治）

日本の大規模な株式会社の多くでは，株式が広く分散し，単独で経営者を任命したり，経営意思決定に影響を及ぼすことができるような大株主が存在しない。このような企業では，経営者が企業の最高意思決定を行い，現経営者が次期経営者を任命するようなことがある。

こうした経営者支配が定着している企業において，経営者は自らの地位の安定を第1の目的とするようになる。そして，経営者の経営意思決定が株主の利益と一致しないような事態も起こる。

たとえば，収益の中から株主への配当に充てる額を減らし，内部留保に充てることや，経営陣が巨額の報酬を獲得することによって株主に不利益をもたらすというようなことが起こる。

コーポレート・ガバナンスとは，このような状況にならないように，経営者の行動を株主の利益に一致させるように監視していく活動であるといえる。

日本では，会社法が成立する前から，図表1－14のようにコーポレート・ガバナンスにかかわる制度的な改革が段階的に行われてきた。

図表1－14のうち，2015年から運用されているコーポレートガバナンス・コードとは，上場企業が行う企業統治について具体的に取り組むべき事項を示すガイドラインとして作成されたものであり，東京証券取引所（東証）に上場する企業に適用される。コーポレートガバナンス・コードは，①株主の権利・平等性の確保，②株主以外のステークホルダーとの適切な協働，③適切な情報開示と透明性の確保，④取締役会等の責務，⑤株主との対話，という5つの基本原則で構成されている。

【図表1－14】日本におけるコーポレート・ガバナンス改革の変遷

年	改正・変化	内容
1993年	商法改正	• 社外監査役の義務づけ • 株主代表訴訟の訴訟手数料を1律8,200円とする
1997年	執行役員制	• ソニーで初めて導入され，その後大企業の多くで導入される
2001年	商法改正	<監査役の機能強化> • 大会社の監査役を3名以上とし，そのうち半数以上を社外監査役とする • 監査役の任期を3年から4年に延長
2002年	商法改正	<委員会等設置会社の導入> • 委員会等設置会社に移行した企業には最低2名の社外取締役の設置が義務づけられた
2005年	会社法制定（施行は2006年）	• 定款自治の拡大で経営の自由度が高まる • 内部統制システムの構築と公表が義務づけられた • すべての会社が委員会等設置会社に移行でき，名称も委員会設置会社に変更された
2014年	改正会社法（施行は2015年）	• 監査等委員会設置会社の導入 • 委員会設置会社を指名委員会等設置会社に名称変更
2015年	2つのコードの適用	• 上場企業に対して，コーポレートガバナンス・コードが適用される • 機関投資家に対して，スチュワードシップ・コードが適用される
2021年	会社法一部改正	• 株主総会資料の電子提供制度の創設 • 株主提案権の濫用を制限するための措置の整備 • 取締役の報酬に関する規律の見直し • 会社補償，役員等のために締結される保険契約に関する規律の整備 • 社外取締役の活用等

大規模な株式会社における機関設計

会社法に定められた大会社の統治形態には，（1）監査役設置会社，（2）指名委員会等設置会社，（3）監査等委員会設置会社という3種類がある（図表1－15)。どれを選択するかは任意であり，それぞれの統治形態における設置機関やその機能は以下のように異なる。

【図表1－15】大会社における統治形態

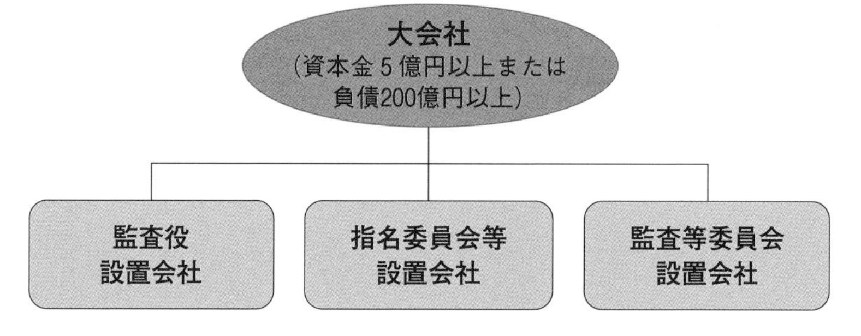

（1）監査役設置会社

監査役設置会社には，❶株主総会，❷取締役会，❸監査役（会)，❹代表取締役などの機関を設置することが法律で義務づけられている。

❶株主総会

株主総会は株式会社の最高機関とされ，定款の変更や解散，合併といった会社の基本的重要事項，配当などの株主の利益にかかわる事項，そして，取締役や監査役の選任・解任などの権限を持つ。

ここで，**定款**（ていかん）とは，会社の目的や組織などについての規則をまとめた書類であり，その会社が発行できる株式の数（授権資本）や取締役の数なども定款で決められている。

❷取締役会

取締役会は，株主総会で選任された取締役によって構成され，株主に代わって会社の業務が適正に運営されるように監督すること，そして，重要な意思決定を任務としている。

取締役会は意思決定機関であり，業務の執行に携わるわけではない。業務執行にあたるのは，取締役会によって選任される代表取締役をはじめとする少数の役員である。

❸監査役（会）

監査役は，会社の業務監査および会計監査を任務とし，監査を行うことと監査報告を作成することを職務とする。

監査役は株主総会で選任され，その任期は4年である。監査役にはその会社からの独立性と中立性が求められており，監査役の解任には，株主総会の特別決議を必要とする（通常決議は過半数の賛成で可決されるが，特別決議は議決権の3分の2以上の賛成が求められる）。

大規模な公開会社（資本金5億円以上または負債200億円以上の会社で，株式譲渡制限会社以外の会社）においては3名以上の監査役を選任し，そのうち半数以上が社外監査役でなければならない（図表1－16）。

❹代表取締役

代表取締役とは，株式会社を代表する権限（代表権という）を有する取締役のことである。

代表取締役は，株式会社における意思決定機関である株主総会や取締役会の決議にもとづいて，単独で会社を代表して契約などを行うことができる。会社法によれば，取締役会を設置している会社においては，取締役の中から代表取締役を選出しなければならない。ただし，代表取締役の数には制限がなく，代表取締役が必ずしも社長というわけではない。代表取締役という法律上の職位と，社長という法律上の規定がない呼称は，同一のものではない。大規模な企

【図表１－16】監査役設置会社における機関設計（例）

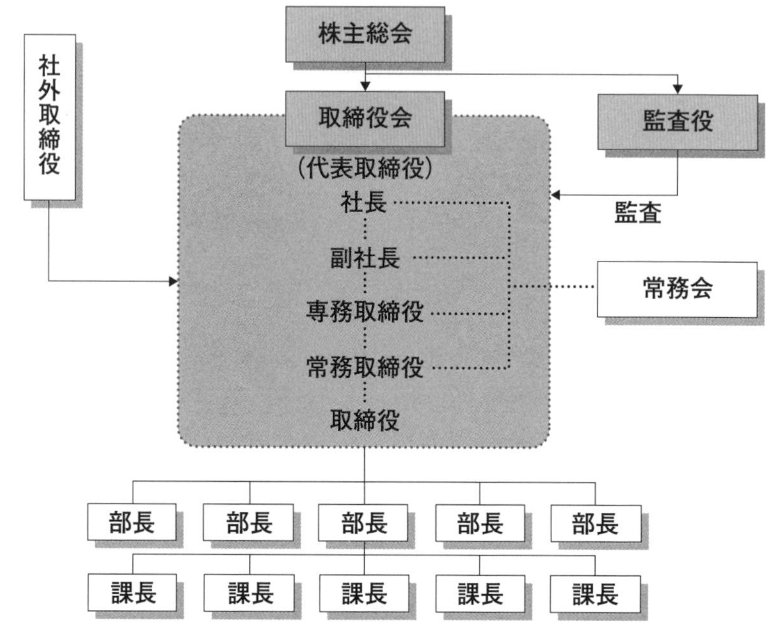

業の中には，取締役会の長としての代表取締役会長と，業務執行の長としての代表取締役社長を分けているところもある。

（２）取締役改革と執行役員制（1990年代以降のガバナンス改革）

❶取締役会の問題点

1990年代まで，日本の取締役会には企業統治の観点から次のような問題点が指摘されていた。

ａ）業務執行機能と監視機能の未分化

本来，取締役会は全社的見地からの意思決定と業務執行の監督を行う機関であり，代表取締役以下の役員が業務執行に当たることになっている。しかし，わが国の株式会社の取締役会はほとんど業務執行担当者で占められており，意思決定および監督と業務執行の機能が人格的に分離されていなかった。

b）社外取締役の少なさ

わが国では**社外取締役**を選任している企業がもともと少ないうえに，社外取締役を選任していたとしても１～２名と全取締役の中に占める割合が低かった。これに対して，先進国では社外取締役が取締役会の過半数を占めるのが一般的であり，しかも社外取締役はその会社や経営陣と利害関係を持たない独立取締役であるのが普通である。日本では，関連会社や同一企業集団内の経営者，メイン・バンクの役員などが社外取締役に就任することが多かった。

c）取締役会の構成者数の多さ

わが国の取締役会は，かつて，メンバーが50～60名という企業もあったが，これが取締役会が本来の機能を果たしていない一因であるといわれていた。

このような**取締役会の形骸化**，つまり，コーポレート・ガバナンス上の欠点を改善するために，図表１－14のような法改正がたびたび行われてきた。また，改革を進める企業の中には執行役員制を導入して取締役の形骸化を防ごうとする企業が現れた。

❷執行役員制

執行役員制は，1997年６月にソニーグループで導入されたのをきっかけとして，その後数年のうちに大企業の半数で採用されるようになった。

執行役員制とは，執行役員という役職を作り，取締役会から切り離すことである。執行役員制を導入する目的は，①会社の業務執行機能と全社的意思決定・業務執行に対する監視機能を分離すること，そして，取締役会の構成員数を減らすことによって，②取締役会の議論を活発にして機能強化と活性化を図ること，③意思決定の迅速化を図ること，にある。一般的に，執行役員は取締役会の下位機関に位置づけられる。こうすることで，取締役会が意思決定と経営の監視を，執行役員が業務執行を担当するというように，２つの機能を分離している。

執行役員制を導入企業において上記のような改革の目的が効果的に達成されているかどうかについては異論もあるが，少なくとも取締役数の削減については大きな効果を上げた。執行役員制を導入したほとんどの企業において，取締役の数は導入前の半数程度に減少している。たとえば，執行役員制を導入した当時のソニーは，38名いた取締役を10名に削減した。そして，従来取締役であった者のうち18名と新たに選任された９名の合計27名が執行役員に就任した。また，代表取締役である７名も執行役員を兼務することになった。これによって，執行役員は業務執行を担当し，取締役会はソニーグループ全体の経営方針の決定と監督を担当する，というように役割分担を明確にした。

（３）指名委員会等設置会社

❶指名委員会等設置会社の組織

指名委員会等設置会社には，取締役会の中に指名委員会，報酬委員会，監査委員会という３つの委員会を設置しなければならない（図表１－17）。また，３つの委員会はそれぞれ３名以上で構成され，それぞれの委員会の過半数が社外取締役によって占められなければならない。指名委員会等設置会社の中に監査委員会が存在するしくみであるため，先に説明した監査役設置会社のように取締役会のほかに監査役（会）を置く必要はない。

指名委員会等設置会社における取締役の任期は１年であり，株主総会で毎年チェックを受けなければならない。

また，指名委員会等設置会社では業務執行を担当する執行役が置かれる。これは，全社的意思決定や経営の監視を担当する取締役と，業務執行を担当する執行役の役割分担を明確化するためである。この執行役は，取締役会において選任・解任される。さらに，業務執行の長として代表執行役の設置が義務づけ

【図表１－17】監査役設置会社と指名委員会等設置会社の比較

	監査役設置会社	指名委員会等設置会社
経営の監視機構	取締役会と監査役（会）	取締役会と監査委員会
業務執行	取締役	執行役
業務執行の最高責任者	代表取締役	代表執行役
取締役会内の委員会の構成	規定なし	指名・報酬・監査の３委員会の設置を義務化

られている。執行役は，取締役と同様に株主代表訴訟の対象となる。

なお，上記の「執行役」と混同しやすい制度として，前述した「執行役員制」がある。執行役員制のほうは，会社法のような法律で規定された制度ではない。経営の監視機能と執行機能を分離する目的で，企業が任意に導入する制度であり，業務執行の重要人物に対して執行役員という役職を与えるものである。執行役員は，法的な制度としての取締役を兼任するケースもあれば，取締役でない場合もあり，その実態は企業ごとに異なる。

以降に，指名委員会等設置会社において設置される3つの委員会（指名委員会，報酬委員会，監査委員会）の機能分担について説明する（図表1－18)。

a）指名委員会

指名委員会は，取締役の選任や解任についての議案を決定する権限を持つ。

指名委員会が決定した議案を，取締役会がくつがえすことはできない。日本企業の多くでは，従来，業務執行の最高責任者である代表取締役社長が，事実上，他の取締役を選任したり，業務執行の要職にある者を指名することが慣習的に行われていた。社長が選任した取締役が，社長が指名した業務執行の要職者を厳正に監視することはできないのがふつうである。その点，指名委員会というしくみは，取締役の選任に社長が介入するのを防止するという意味を持つ。

b）報酬委員会

報酬委員会は，取締役や執行役の報酬を決定することが任務であり，その過半数は社外取締役である。

従来，取締役や監査役の報酬は，社長などの最高経営者によって決められていた。しかし，取締役や監査役が自らの報酬や退職金の決定権を握る社長の顔色をうかがっていたのでは，厳正な経営監視はできない。その点，報酬委員会の独立性が保たれていることで，経営者の過度な権限行使を抑制しているといえる。

c）監査委員会

監査委員会は，取締役や執行役が行う職務執行について，監査や会計監査人の選任・解任の議案の決定を行うことを任務とする。

【図表1－18】指名委員会等設置会社における機関設計

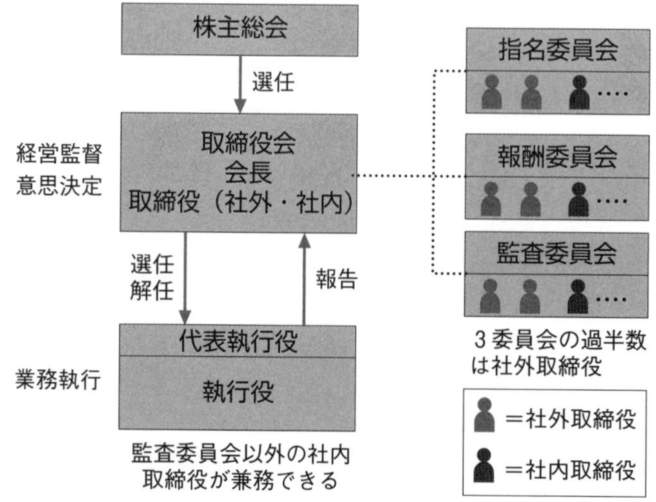

粉飾決算事件が起こる場合，経営者と会計監査人のなれ合いや癒着が原因となることが多く，不正防止の観点から会計監査人の選任・解任の権限を経営者に与えるのではなく，独立性を持つ監査委員会に委ねることが必要になる。この独立性を保つため，他の2つの委員会とは異なり，業務執行を担当する取締役が監査委員会の構成員となることは禁じられている。

❷指名委員会等設置会社という制度ができるまでの経緯

2002年の商法改正によって，大企業（資本金5億円以上または負債200億円以上の企業）は，監査役を持つ従来の監査役設置会社，または，監査役会を廃止した米国型企業統治モデルである委員会等設置会社のいずれかを選択することができることになった。さらに2005年に会社法が成立し，大企業に限らずすべての会社が委員会（等）設置会社に移行することが可能になり，名称も委員会設置会社に変更された。さらに，2014年の改正会社法では，再度名称が変更され，それまでの委員会設置会社は，指名委員会等設置会社と呼ばれることになった（図表1－14参照）。

（4）監査等委員会設置会社

監査等委員会設置会社は，監査等委員と呼ばれる特別な権限を持つ取締役によって構成される監査等委員会を持つ株式会社である。この監査等委員会は3名以上の取締役で構成され，その過半数が社外取締役でなければならない。監査等委員である取締役は，他の取締役と区別され，株主総会で選任され，その任期は2年である。監査等委員会設置会社においては，監査役設置会社と同様に，代表取締役が業務執行を担当する（図表1－19）。

わかりやすくいえば，監査等委員会設置会社は，指名委員会等設置会社から指名委員会と報酬委員会を取り除き，監査の機能を持つ監査委員会だけを残した組織形態であり，業務執行は執行役でなく取締役が担当することから，監査役設置会社と指名委員会等設置会社の中間に位置づけられる形態と考えることができる。

【図表1－19】監査等委員会設置会社における機関設計

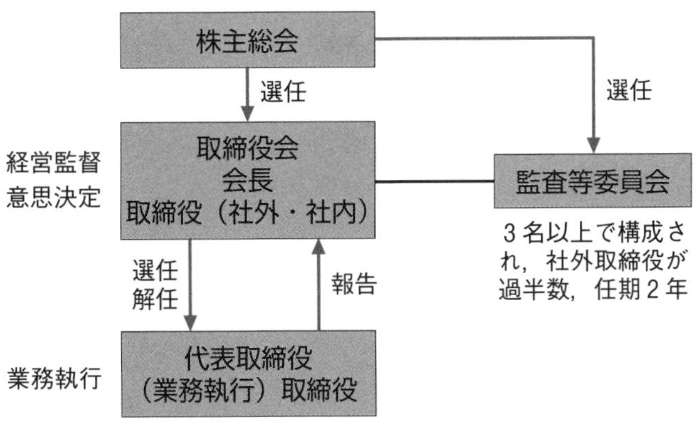

（5）コーポレートガバナンス・コードとスチュワードシップ・コード

先に図表1－14で示したように，2015年には改正会社法の施行，日本版スチュワードシップ・コードとコーポレートガバナンス・コード（企業統治指針）の適用が始まり，日本企業のコーポレート・ガバナンス改善への取り組みが本格化した。

コーポレートガバナンス・コードは，企業と経営者に，スチュワードシップ・コードは機関投資家に持続的なコーポレート・ガバナンスの改善を求めるものである。

❶コーポレートガバナンス・コード（企業統治指針）

2015年3月5日に作成され，同年6月1日から運用が開始されることになった**コーポレートガバナンス・コード**は，東京証券取引所（東証）の有価証券上場規程の別添として設けられ，東証の全上場会社に適用される。

日本版のコーポレートガバナンス・コードでは，遵守すべき規範が記されているものが，遵守しなかったとしても罰則があるわけではない。しかし，遵守しない理由について説明しなければならない。これは「遵守せよ，さもなければ説明せよ（コンプライ・オア・エクスプレイン：comply or explain）」という考え方（プリンシプルベース・アプローチ）にもとづいている。つまり，法律による厳格な規律ではないが，経営者による説明が市場や株主，その他のステークホルダーの評価を通じて経営者にフィードバックされることによって，経営者が常に自発的にコーポレート・ガバナンス改革の実践に取り組むことになり，コーポレート・ガバナンスの形骸化を持続的に抑止する効果が期待される。

コーポレートガバナンス・コードは，ア）基本原則，イ）原則，ウ）補充原則という3つの層で構成されている。これらのうち，基本原則としては，①株主の権利・平等性の確保，②株主以外のステークホルダーとの適切な協働，③適切な情報開示と透明性の確保，④取締役会等の責務，⑤株主との対話，という5つがある。これらの基本原則を具体化したものが「原則」であり，さらに詳細に規定したものが「補充原則」である。

個々の原則等の詳細な説明は避けるが，主要なものを取り上げると，まず第1は，政策保有株式についての原則（原則1－4）である。この原則は，株式相互持ち合いに関する原則であり，会社は政策保有に関する方針を開示し，保有の目的や便益・リスクについて精査し，保有の適否を検証・開示すべきとしている。従来，日本のコーポレート・ガバナンスにおいて大きな問題の１つとして挙げられてきた株式相互持ち合いについて，解消すべきであるとは述べていないが，持ち合いのねらいや合理性について説明を求める，一歩踏み込んだ内容となっている。これを受けて，日本企業では2015年以降，株式相互持ち合いの解消への動きが進んでいる。

第２は，独立社外取締役についての原則（原則４－８）である。ここでは，独立社外取締役を２名以上（プライム市場上場会社では少なくとも３分の１）置くべきであると述べており，独立社外取締役のみを構成員とする会合（補充原則４－８①）や，筆頭独立社外取締役の選任（補充原則４－８②）などを推奨している。

東証は上場企業のコード遵守状況を公表してきたが，ほとんどの企業が全部または一部を遵守している状況である。1990年代以降，20年以上にわたってほとんど進まなかった日本のコーポレート・ガバナンス改革が，コーポレートガバナンス・コードの適用開始によって大きく進んでいることは間違いない。コードはその後も部分改正されており，今後はその実効性の向上が課題といえよう。

❷スチュワードシップ・コード

金融庁は，2014年２月に**スチュワードシップ・コード**を独自に作成し，翌2015年から適用を開始した。この日本版スチュワードシップ・コードとは，「責任ある機関投資家」として，機関投資家がとるべき行動原則のことであり，2010年にイギリスで導入されたものをモデルとして作成された。

日本版スチュワードシップ・コードにおいても，日本版のコーポレートガバナンス・コードと同様に，「遵守せよ，さもなければ説明せよ」というプリンシプルベース・アプローチが採用されている。

日本版スチュワードシップ・コードには，機関投資家の７つの責務が明記されている。従来，日本の機関投資家は企業の株式に投資するだけで，株主総会で発言することもない「モノ言わぬ株主」として存在する傾向が強かった。日本版スチュワードシップ・コードは，機関投資家が誰に対して責任を負い，その責任を遂行するためにどのように行動すべきであるのかを明確化した。すなわち，金融機関や保険会社，年金基金などの機関投資家は，資金の出し手の利益のために行動し，投資先企業の経営者との対話を通して，長期的企業価値の向上に向けて努力することが求められることになった。

株主総会の変化と株式持ち合い

（1）株主総会の変化

すでに図表1－18（指名委員会等設置会社の機関設計）や図表1－19（監査等委員会設置会社の機関設計）でも示したように，会社の機関組織図においては，必ず株主総会が最上位に置かれる。これは，株主総会が株式会社における最高意思決定機関と位置づけられているからである。

ところが，かつては，日本の株主，とくに機関投資家（生命保険会社，損害保険会社，銀行，信用金庫，年金基金，共済組合など人から拠出された大口の資金を管理・運用する法人投資家）と呼ばれる人たちは，企業の株式を所有するだけで，株主総会で発言することがない「モノ言わぬ株主」として存在することが多かった。これに対しては，経営者に対する株主側からの監視機能，つまり，コーポレート・ガバナンスの面での問題が指摘されていた。こうした状況は，いわゆるバブル経済崩壊後の1990年代後半以来，大きく変化している。その経緯について，以降に説明する。

（2）株式の相互持ち合いと株主総会の形骸化

かつて，日本の株主は，株式の大半を長期にわたって保有する**安定株主**が主流であった。安定株主としては，取引銀行，取引先企業，従業員持株会などがあり，A社がB社の株式を持ち，B社もA社の株式を持ち，互いに第三者に株式を売却せず保有しつづけるというかたちの安定株主も多く見られた。

このように，会社どうしがお互いに株式を持ち合うことは，「**株式相互持ち**

合い」あるいは「株式相互所有」と呼ばれ，1990年代まで多くの企業が株式の相互持ち合いによって強固な関係を維持していた。

株式相互持ち合いは，**敵対的買収**（いわゆる，会社の乗っ取り）を防ぐという効果を持っていた。しかし，その反面，コーポレート・ガバナンスの面では，経営者の権力を強め，経営者に対する監視機能を弱めるというデメリットもあった。

また，株主総会において株主が積極的に経営者の方針などについて質問をするということも少ないため，株主総会に出席する株主の比率が非常に低かった。そのため，経営者は株主総会の定足数を満たすために，株主に対して委任状の提出を求めることが慣例化していた。通常，安定株主は株主総会に出席せず，経営者に白紙の委任状を送り，経営者が事実上，株主総会の議決権の過半数を握ってしまうことになる。その結果，経営者の提案事項には，特段の反対者がなく，承認されることになる。

こうした慣行の中で，株主総会の議長を務める代表取締役が，株主総会における決定権を握り，また，取締役や監査役の人事権も握ってしまうので，株主総会や取締役会は形骸化し，社長をはじめとする経営陣に対する監視機能はほとんど働かないという批判がされた。事実，1990年代までの株主総会は著しく形骸化しており，意見を述べる株主が参加できないように特定の日時にいっせいに株主総会を開催する一斉開催，30分程度で終了する短時間総会，個人株主の発言を妨げる非民主的運営などの問題が指摘されていた。

（3）株式持ち合いの解消と外国人機関投資家による監視

株式持ち合いは，時価会計の導入や銀行の株式所有に対する規制などにより，1990年代後半には緩和が進んだ。それ以前は，企業が所有する株式や土地などの固定資産は，資産を取得したときの価額（取得価格）で評価されてきた。しかし，この価額を決算時の時価で評価するのが時価会計である。資産が時価で評価されるようになると，株価の低い企業の株式や地価の下がった土地を所有している企業は大きな損失を計上しなくてはならないため，多くの企業は株式や土地などの資産売却を積極的に行った。

長らく企業が保有していた相互持ち合いの株式もその例外ではなく，とくに，それまで企業と銀行の間でみられた株式相互持ち合いの緩和が急速に進められた。

上記のような環境変化に加えて，1990年代後半から，株式の取引市場である証券市場では，**外国人機関投資家**や個人投資家の株式所有比率が大きく上昇していった。外国人機関投資家は米国流の厳しいコーポレート・ガバナンスの価値観を持っており，日本の株式を取得した外国の機関投資家は経営者に対する監視を強めている。

参考文献

加護野忠男『経営はだれのものか—協働する株主による企業統治再生—』日本経済新聞出版，2014年。

加美和照『新訂 会社法〔第９版〕』勁草書房，2007年。

出見世信之『企業統治問題の経営学的研究』文眞堂，1997年。

増地昭男・佐々木弘編『現代企業論』八千代出版，1994年。

村田稔『経営者支配論』東洋経済新報社，1972年。

森淳二朗・吉本健一編『会社法エッセンシャル』有斐閣，2006年。

第4章

日本型企業システム

ポイント

◉戦後まもない時期から，日本的な雇用慣行として，終身雇用制，年功序列制，企業別労働組合が挙げられてきたが，近年これらの雇用慣行は大きく変わりつつある。

◉戦前の財閥や戦後の企業集団は，経済社会の中で大きな地位を占めていたが，1990年代以降，旧財閥系グループや金融グループの枠を超えた企業提携やM&Aが珍しくなくなった。

◉メイン・バンク制は，日本企業と金融機関の緊密な関係を象徴するつながりであり，経営のモニタリング，リスク対処，情報交換などの機能を持っている。

キーワード

終身雇用制，年功序列制，企業別労働組合，財閥・企業集団，メイン・バンク制，（金融機関の）モニタリング機能，エージェンシー・コスト，稟議制度，起案，回議，日本型の企業統治（コーポレート・ガバナンス）

 日本的雇用慣行

（1）日本的雇用慣行とその変化

米国における企業マネジメントとの比較から，日本企業のマネジメント上の特徴は日本型経営として取り上げられることが多い。

アベグレン（Abegglen, J. C.）は，すでに『日本の経営』（1958年）の中で，日本の企業における制度面の特徴として，①終身雇用制，②年功序列制，③企業別労働組合があることを指摘した。

これら3つの特徴について，以下に説明するが，日本企業に典型的な雇用慣行であるとされてきた終身雇用制や年功序列制は，2000年代以降，現在に至るまでに大きく変化している。

（2）終身雇用制

終身雇用制とは，法的な制度ではなく，慣行として，企業が倒産でもしない限り，若年期に入社した正社員を定年まで雇用する日本的な雇用慣行のことである。

働く側から見れば，雇用と収入の安定が得られて安心して働くことができる一方で，自分が望まない職種や就業場所であっても受け入れるしかない場合が多かった。企業側から見れば，いったん採用した正社員が転職する割合が低いため，学卒者を一括採用して企業で職業教育や**ジョブ・ローテーション**（配置転換）を盛んに行い，自社に適した人材を育成することが可能であった。その結果，日本では欧米の企業に比べて，専門職や技師などのスペシャリストの割合が少ないとされる。

終身雇用制の裏返しとして，かつては，とくに大企業においては，中途採用が活発ではなかった。しかし，近年，終身雇用という考え方が崩れつつあるとされている。

（3）年功序列制

年功序列制とは，給与水準や昇進昇格という処遇面で，年齢が高い人，勤務年数の多い人，高学歴の人が優先されるしくみである。年齢や勤務年数に関係なく，能力次第で給与や昇進昇格が決まる能力主義と相対するものである。

「年功」とは，長年勤務したことがもたらす功績や功労という意味であり，年齢や勤務年数が高くなるほど，仕事上の経験や実績，スキルやノウハウが身につくはずである，という考え方を前提としている。

近年，給与や昇進昇格などの処遇面において，能力主義の考え方を導入する企業が多くなっているとされ，年功序列の考え方は以前ほど強力ではない。

（4）企業別労働組合

企業別労働組合とは，欧州において一般的な産業別労働組合とは異なるものである。欧州では，産業レベルで結成された労働組合（産業別労働組合）が賃金などの労働条件について交渉を行い，労働協約という規範が作られ，産業単位で経営者と労働者それぞれの代表が問題解決を図る。これに対して，日本においても現在，企業別労働組合，産業別労働組合，**ナショナル・センター**（全国中央組織のこと。1989年に結成された「連合」がこれにあたる）という3つ

【図表1－20】**日本型経営の特徴**

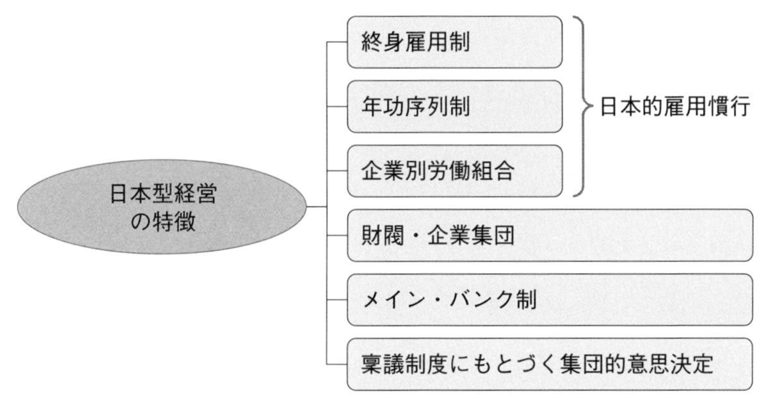

の階層で構成されているが，企業レベルで個別に経営者と労働者それぞれの代表が問題解決を図るという傾向が強い。

2 日本型企業システムを支えた制度

(1) 財閥・企業集団

終身雇用制，年功序列制，企業別労働組合という日本的雇用慣行と並んで，長らく日本的経営の特徴とされてきたものに，①財閥・企業集団と②メイン・バンク制がある（図表1－20）。

戦後，米国の意向によって財閥解体が進められたとはいえ，戦前から戦後しばらくの間の日本経済は，財閥（戦後は旧財閥系）と呼ばれるいくつかの企業グループの緊密な連携を基盤として発展を遂げたといってよい。また，一部には財閥ではなく銀行を中心とする企業グループが形成された。

しかし，1980年代末にバブル経済が崩壊したことをきっかけとして，1990年代においては旧財閥系グループや金融グループによる企業連携では経営のグローバル化に対応できなくなり，旧財閥系グループや金融グループの枠を超えた企業提携やM&A（買収・合併）が行われるようになった。

(2) メイン・バンク制

メイン・バンクとは，企業が資金調達を行っている主たる銀行という意味である。転じて，企業と強固なつながりを持つ金融機関のことをさす。メイン・バンク制とは，このようなメイン・バンクと企業との間における，次のような特別な関係が慣例化している状況のことである。

- メイン・バンクは，その企業に最も多額の融資をしている
- メイン・バンクと企業は，相互に株式を持ち合っている
- メイン・バンクからは，企業に取締役等の役員を派遣している

- 融資以外にもさまざまな取引関係があり，長期的に取引を行っている
- 企業が経営危機に陥った場合には，メイン・バンクである銀行が追加融資や役員派遣などによって，全面的な支援を行う

メイン・バンク制は，近年における資金調達方法の変化，つまり，借入金による間接金融から株式や社債の発行による直接金融へという流れや，企業と銀行の株式相互持ち合いの解消，1990年代の不良債権や金融不祥事を原因とする金融危機，財閥や金融機関を中心とする企業グループの再編などの環境変化を受けて，徐々に強固な制度ではなくなっていった。しかし，メイン・バンク制が戦後の日本経済のめざましい復興と成長において重要な役割を果たしてきたことは評価されるべきであろう。メイン・バンク制が果たす機能には，主に❶～❹の4つがあるとされている（図表1－21）。

【図表1－21】**メイン・バンクの果たす機能**

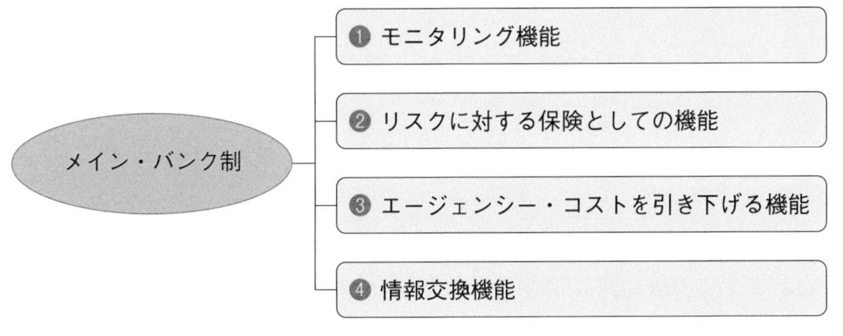

❶モニタリング機能

企業経営者は，自社の財務内容や経営計画などについて，当然のことながら誰よりも豊富な情報を有している。これに対して，企業に資金を融資する銀行の側が有する企業情報は格段に少ない。これを経済学の用語で「情報の非対称性」というが，企業と銀行の間に情報の非対称性が顕著であると，銀行の側はそのリスクを金利に上乗せするという行動をとるようになる。結果的に，これは企業経営者の側にとっても望ましいこととはいえない。

一般に，メイン・バンクは企業側に対して，定期的に財務情報の開示や経営計画書の提示などを求める。また，メイン・バンクは企業に取締役や監査役などを派遣しているので，資金の流れなど企業情報の入手がしやすくなる。このように，メイン・バンクが企業経営者の行動に対して一定の監視機能を果たすことを，メイン・バンクによる経営の**モニタリング機能**という。

ただし，1990年代前半にバブル経済が崩壊し，不良債権や金融不祥事が表面化した際には，メイン・バンクが企業の経営情報をしっかりと把握しておらず，モニタリング機能が実際には機能していない場合があったことが明らかになった。

❷リスクに対する保険としての機能

メイン・バンクの機能としては，リスクに対する保険機能も重要である。

企業が経営危機に陥った際に，メイン・バンクは積極的に資金供給を行って救済する例がよくみられるが，このような保険機能は，借り手である企業にとって最も重要な機能であろう。メイン・バンクをもたない企業が経営危機に際して，しばしば経営破綻に陥ることは，保険機能の重要性を示唆している。

❸エージェンシー・コストを引き下げる機能

情報の非対称性によって，情報が少なくリスクを負っていると感じる金融機関は企業に対してより高い金利を要求するであろう。この際にかかる余分な金利のように，情報の非対称性が原因となって発生する非効率性を**エージェンシー・コスト**という。しかし，金融機関がメイン・バンクとして企業の情報を完全ではないにしてもより多く収集することができれば，より高い金利を要求する必要がなくなり，エージェンシー・コストを引き下げることになる。

❹情報交換機能

メイン・バンクは，企業に対して資金の効率的な調達と運用について助言することができる。また，メイン・バンク内には，リサーチや業界分析を行っている専門の部署が存在するため，市場の変化や顧客のニーズ，業界の動向などについての有用な情報を企業に提供することができる。一方，メイン・バンクにとっても，企業から関連企業における取引の斡旋や業界動向の変化などについての情報提供を受けることができる。このような情報交換機能は，メイン・バンクと企業の双方の中長期的な信頼関係のもとに成り立っている。

3 日本的な集団的意思決定と稟議制度

欧米の企業と比べた日本企業の内部における特徴としては，稟議制度にもとづく集団的な意思決定が挙げられる。

（1）稟議制度とは

現在でも，内部における意思決定は**稟議制度**というプロセスにそって行っている企業は多い。

稟議制度とは，図表１－22で示すように，❶起案→❷回議→❸決裁・承認→❹記録という一連のプロセスである。

稟議制度は，日本の大企業の多くに顕著な集団主義意思決定の特徴をよく表している。

❶起案

稟議制度は，米国の多くの企業で行われているようなトップダウン（経営者層が重要な意思決定を行う）による意思決定ではなく，ボトムアップ（現場や管理層から上層部へ案件が上がっていく）型の意思決定プロセスである。

起案は，現場や現場に近い管理層から行われるもので，業務上の意思決定や提案に関する上司への「お伺い」に近い。たとえば，高額な機械装置を購入する場合や，新たに始める顧客開拓の活動を実行したい場合など，上位者の決裁・承認が必要な事項や自分の権限を越える意思決定事項について行われる。

【図表1－22】稟議のしくみ

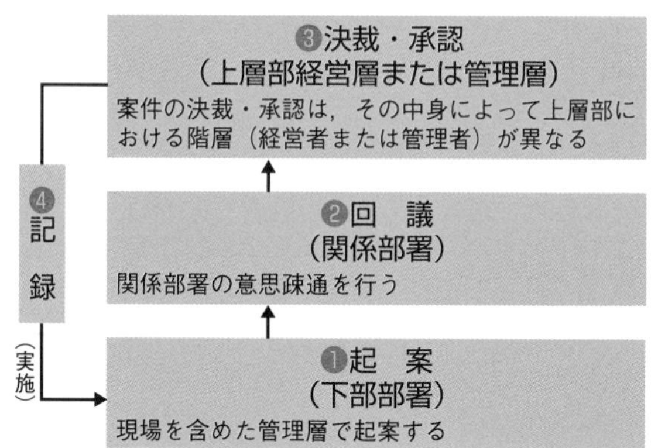

❷回議

とくに大企業においては，直接的なライン管理者である課長や部長などの決裁を受けると同時に，「回議」と呼ばれるプロセスを通じて，他の関係部署との間でも意思疎通や同意・承認が行われる。

こうしたプロセスには，時間がかかり，非効率的であるという指摘もあるが，日本の企業組織に顕著な集団主義的な意思決定の表れとして，組織に一体感を持たせることに役立ってきたという側面もある。

❸決裁・承認

稟議的経営の第3プロセスは「決裁・承認」である。この段階は，長（管理者）が判断するプロセスであり，「起案」と「回議」によって下部から提案された計画案に対する決裁を行う。従来は，起案を承認した証左として「捺印」（印鑑を押すこと）が行われていたが，最近では管理者による署名だけですむ場合や，電子印鑑が用いられる場合も多い。

「決裁・承認」の段階における長（管理者）の意思決定は，現場や部下からの起案に対して受動的判断となる。しかし，「決裁・承認」がなされた後は，即時にその提案が実行に移される。

❹記録

起案された稟議書は，多くの場合，総務部門において文書として保存される。記録用紙である「稟議書」には，起案された内容はもとより，関係部署の長の署名もしくは押印，審査機関としての総務部門の推進にかかわる記録が文書で証明されるのである。

（2）稟議制度のメリット・デメリット

長らく大企業や公的機関を中心に行われてきた稟議制度であるが，以降のようなメリットがあると同時に，デメリットも指摘されている。

❶稟議制度のメリット

- 日本的な経営の根幹にある集団的な意思決定を支えるしくみであった
- 会議などの場で意思決定を行う前に，根回しというかたちで合意形成を図ることができる
- 回議を行うことによって，多くのメンバーが集まる会議を省略することができるので，関係者の時間調整などの手間が省ける
- 関係者一同が集う会議を行わなくても，関係者全員に企画や案件の内容を理解してもらうことができる

❷稟議制度のデメリット

- 回議や多くの人の決裁が必要であり，時間と手間がかかる
- 集団的な意思決定の特徴でもあるが，全員が合意するしくみであるため，決済・承認後に問題が発生した場合に，責任の所在が曖昧となる
- 直接の押印や署名を前提としている企業の場合，在宅勤務やリモートワークが定着するような仕事の環境に合わなくなっている

4 日本型の企業統治（コーポレート・ガバナンス）

米国企業におけるコーポレート・ガバナンスは，先に説明したように，株主の利益を損なうような経営者を監視するという明確さがある。これに対して，実際の日本企業におけるコーポレート・ガバナンスは，企業ごとにちがいはあっても，全体的に見れば，明白な株主優先というわけではない。

今日ある企業は，社会的存在としての意味を持っており，多くのステークホルダーに対して主体的な関係（対境関係）を維持しながら経営活動をしているのである。図表1－23は，シャーマーホーン（Schermerhorn Jr., J. R.）が示した企業と多数のステークホルダーの関係を表したものである。

【図表1－23】企業をめぐるさまざまなステークホルダー

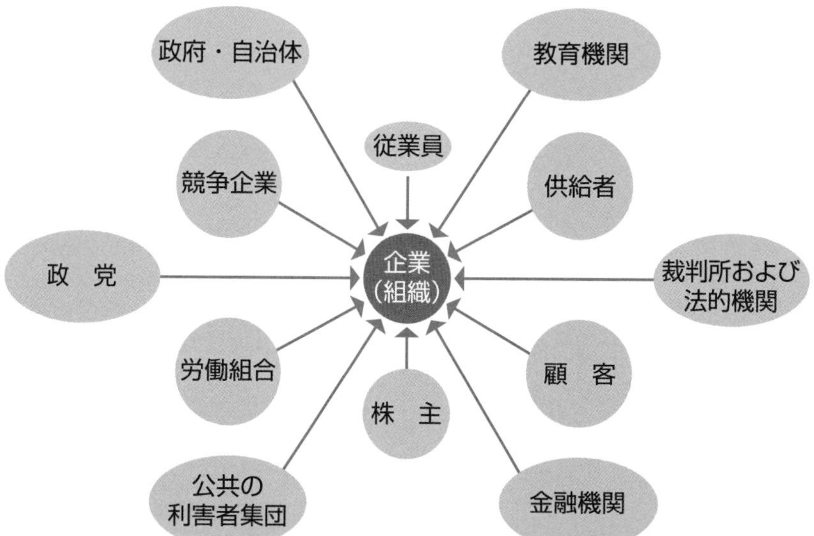

（出所） Schermerhorn Jr., J. R., *Management*, 5th ed., John Wiley & Sons, 1996, p.115.

この図に示されたステークホルダーのうち，典型的な日本型企業システムでは，従業員が株主以上に大きな影響力を与えてきた，といわれている。これは，日本企業における経営体は従業員と経営者が一体となって経営活動する組織体であり，稟議制度による意思決定を含めた集団主義を重視する企業文化が根強いことによると思われる。また，日本企業には，社会組織としての考え方，家族的な考え方，共同体としての考え方が企業文化の基礎にある。とくにこうした考え方は中小企業において根強く，中小企業が発展して大企業になった企業においても企業文化として定着している場合も多い。この点において，株主主体といわれる米国型の企業のように「会社は株主のものである」と単純明快にはならないのである。

参考文献

小椋康宏『経営学原理〔第2版〕』学文社，2002年。

加護野忠男『経営はだれのものか―協働する株主による企業統治再生―』日本経済新聞出版，2014年。

『経済社会政策 ESP』No. 292（経済企画協会，1996年8月）第3章「転換期にある日本的経済システム」187頁。

J. C. アベグレン著，山岡洋一訳『日本の経営〔新訳版〕』日本経済新聞出版社，2004年。

第 **2** 部

どうすれば企業は目標を達成できるか

経営戦略論

一般にビジョンと呼ばれる企業の将来のあり方や目標を描き出し，それに向かって組織が一体となって行動するためには，「戦略」が必要である。

ここでは，第1章で企業経営と戦略の関係や，おおまかな経営戦略の策定プロセス，全社的な戦略の中核をなすドメインの決定について学ぶ。そして，第2章～第3章において，成長戦略や経営資源の配分などについて学習する。つづく第4章では，異なる顧客や競合企業が存在する事業ごとの競争戦略について学ぶ。第5章では，ともすれば複雑な経営戦略論を時代ごとの経営に対する考え方の変化にそって理解する。

第2章から第5章までの経営戦略の体系的な流れは，第3部（機能別戦略：マーケティング・研究開発と生産・財務）や，第4部で学ぶ人的資源管理論につながっていく。

第1章

企業経営と全社戦略

ポイント

◉経営学でいう「戦略」にはいくつか定義があるが，企業と経営環境との関わり方の中で，将来の方向性やあり方を示し，さまざまな意思決定の基準となり，いかにして競争優位を獲得するのかを表すものである。

◉一般に，経営戦略は，全社戦略，事業戦略，機能別戦略という3つのレベルで構成される。

◉自社の経営資源の強みと弱みを把握し，外部環境の機会と脅威を分析するモデルとして，SWOT分析が幅広く用いられている。

キーワード

戦略と戦術，経営戦略，全社戦略，事業戦略，機能別戦略，経営理念，ミッション，ビジョン，コア・コンピタンス，CSR（企業の社会的責任），経営資源，情報的資源，持続的競争優位，SWOT分析，ドメイン（事業領域），近視眼的マーケティング

1 戦略とは何か

（1）戦略の定義

もともと，**戦略**（strategy）ということばは軍事の分野で使われており，古代ギリシャの時代には「軍隊を統帥（とうすい）する術（すべ）」を意味していたという。現在のように，企業間競争や企業経営の分野で用いられるようになったのは1960年代以降である。

今日，「戦略」ということばは，企業経営者やコンサルタントなどの実務家，経営学の研究者だけでなく，さまざまな意味で用いられており，人によってその意味づけが異なることに注意しなくてはならない。

一般的に「戦略」の意味に共通することとしては，以下の要素が挙げられる。

①企業と経営環境との関わり方に関するものであること

②企業の将来の方向性やあり方に一定の指針を与える構想であること

③企業におけるさまざまな意思決定の指針を示したり，決定ルールとしての役割を果たしたりしていること

④企業がいかにして競争優位を獲得するのかにかかわるものであること

（2）戦略ということばの多様性

企業経営に「戦略」という概念を初めて導入したのは，経営史研究の第一人者であった**チャンドラー**（Chandler Jr., A. D.）といわれている。彼は，『経営戦略と組織』（1962年）の中で，「企業の基本的な長期目的を決定し，それら諸目的を実現するために必要な行動の方向を選択し，諸資源を配分すること」と，経営戦略を定義している。

後に**ミンツバーグ**（Mintzberg, H.）は，さまざまな意味で用いられる「戦略」の考え方に，次の５つのレベルがあることを指摘した。

①計画（plan）：将来に向けての行動指針や，目標を達成するための行動のコース
②行動パターン（pattern）：過去からの一貫した意思決定のパターンや環境変化などへの反応のパターン
③ポジション（position）：市場における自社の競争上の位置，すなわち，ポジショニング
④視点（perspective）：ビジョンやコンセプトなどの将来に向けた基本的な行動のあり方
⑤策略（ploy）：競合他社を出し抜くための具体的な方策

（3）戦略と戦術のちがい

軍事の分野だけでなく，企業経営においても「戦略」と似たことばとして**戦術**（tactics）を用いることがある。「戦略」が勝利という目的のために最適な資源の配分を決めることであるのに対して，「戦術」は当面の競争状況に応じて最適な方策を示し実行することである。野球やサッカーなどのチームスポーツにたとえると，強いチームを作り，リーグ戦に勝利するための全体的な構想が「戦略」，試合中に個々の局面に応じた最適な行動を考えることが「戦術」であるといえる。

企業経営の実務においては，戦略と戦術のちがいは曖昧であり，戦術レベルの問題を「戦略」としていることが多い。

2 経営戦略の策定

（1）経営戦略策定のプロセス

経営戦略の策定をどのようなプロセスで行うのかについては，特段のきまりやルールがあるわけではない。ただ，実務では戦略の３つの階層にあわせるよ

【図表２－１】戦略策定の一般的なプロセス

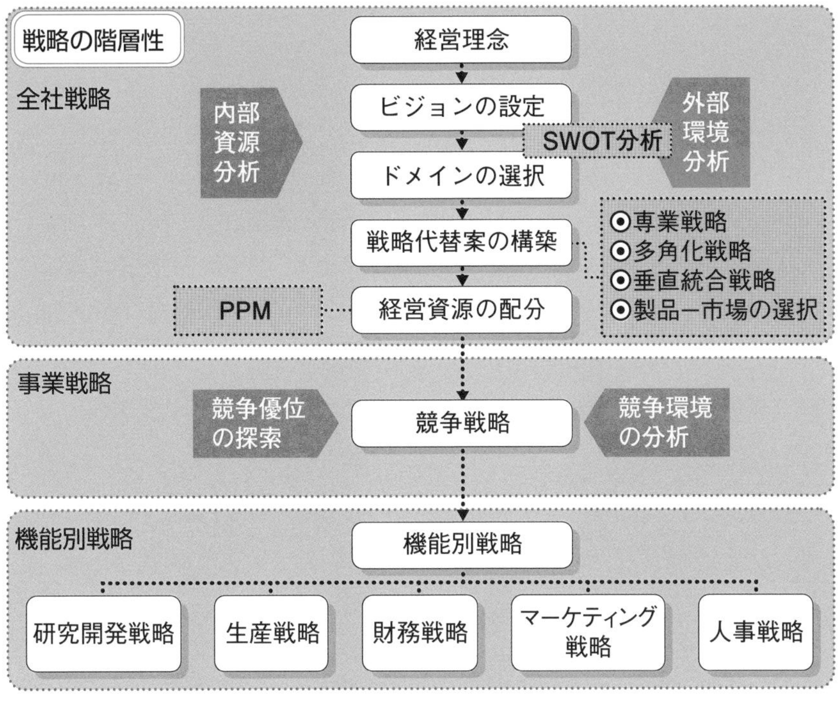

うに，全社戦略のレベル→事業戦略のレベル→機能別戦略のレベルの順で戦略を策定していくのが一般的である（図表２－１）。

（２）戦略の階層性（３つの戦略レベル）

一般に，企業の戦略は，❶**全社戦略**，❷**事業戦略**，❸**機能別戦略**，という３つの階層に分けることができる。

❶全社戦略

事業領域を意味するドメインの決定や，現在から将来にわたる成長戦略，各事業分野にどのように資源配分をするかといった全社的な課題に関する戦略である。その意味で，全社戦略のことを企業戦略と呼ぶこともある。

❷事業戦略

企業が営む個々の事業分野で，いかにして競合他社に勝るだけの競争優位を生み出すかという，事業レベルの課題に関する戦略である。したがって，事業戦略は競争戦略とほぼ同じ意味で使われることが多い。

❸機能別戦略

事業戦略を実行するために必要な，研究開発，生産，マーケティング，販売，財務，人的資源管理，情報化など，さまざまな機能の実行に関する戦略である。機能別戦略のレベルにおいては，限られた経営資源をいかに効率的に利用するかという点が重要となる。

企業戦略，事業戦略，機能別戦略というどの階層の戦略策定においても，戦略を策定しようと思えば，経営の外部環境と内部資源に関する十分な分析が必要である。

本書では，全社戦略と事業戦略はこの章で説明を行い，機能別戦略については第3部（マーケティング，研究開発と生産，財務），および，第4部の一部（人的資源管理論）で取り扱う。

（3）3つの戦略階層の整合性

一般的には，事業戦略は全社戦略からの制約を受け，機能別戦略は全社戦略と事業戦略の双方から制約を受ける。ただし，企業をめぐる経営環境は常に変化していて，事業の拡大・縮小や多角化を模索している企業においては，全社戦略が変わらなくても，事業戦略や機能別戦略の変更を迫られる場合がある。

そうした場合であっても，企業全体としては，全社戦略，事業戦略，機能別戦略（マーケティング戦略，人事戦略，財務戦略など）は相互に調和し，一貫したものであることが望ましい。事業戦略や機能別戦略が有効に機能するためには，まず全社戦略を社内外に明確に示し，事業戦略や機能別戦略へと連係させていくことが重要である。

3 全社戦略の策定

全社戦略は，先に挙げた図表2－1にあるようなプロセスを経て策定されるが，ここでは各段階の概要について説明する。

(1) 経営理念やビジョンの設定

全社戦略（企業戦略）の策定は，経営理念を確立することから始まる。

経営理念は，企業理念，基本理念などとも呼ばれ，企業経営の基本的なコンセプトを企業の内外に表明するものである。そして，経営理念には，**ビジョン**（将来に向けてめざす方向性）や**ミッション**（企業が事業を通じて果たすべき使命），**レゾン・デートル**（企業の存在意義），**バリュー**（企業が製品・サービスなどを通じて生み出す普遍的な価値）などの要素が含まれることが多い。ただし，経営理念，企業理念，ビジョン，ミッション，バリューなどは，企業によって呼び方がさまざまであり，明文化している企業もあればとくにこれらを謳（うた）っていない企業もある。また，多くの企業では，経営理念などのコンセプトとともに，売上高や利益率などの定量的な目標も明示している。

(2) 経営環境分析（外部環境分析と内部資源分析）

経営戦略を策定するにあたっては，①企業を取り巻く**外部環境**についての分析と，②自社の経営資源の状況を把握する内部資源分析が欠かせない。

外部環境を構成する要素にはさまざまなものがあるが，政治，制度，文化，自然，技術革新など，企業経営に間接的に影響を与えるマクロ的外部環境の要素と，競合他社や提携企業との関係，顧客など，経営に直接的な影響を与えるミクロ的外部環境の要素に分けて考えると把握しやすい。

一方，内部資源分析は自社の能力の源泉となる経営資源について分析し，中核的な能力（**コア・コンピタンス**）は何かを考えたり，強みや弱みを把握したりすることを意味する。

外部環境と内部資源をうまく整理し，戦略の方向性を見い出すための分析手法として広く用いられているのが**SWOT分析**である（詳細は本章第6節で説明）。このSWOT分析は全社戦略レベルのみならず，事業戦略レベルでも用いることができる。

(3) 事業領域（ドメイン）の決定と成長戦略の代替案の構築

SWOT分析などの経営環境の分析を踏まえて，事業領域（ドメイン）の選択が行われる。そして，現在のドメインにおける企業行動や，将来の成長に必要な新しいドメインにおける展開を具体的に示す戦略代替案が策定される。次章で説明する製品－市場マトリックスは，このような企業の成長戦略の代替案をパターン化したモデルである。

(4) 経営資源の配分

さらに，次のステップとして，戦略を実行するための経営資源の配分が行われる。経営資源のうち，キャッシュの流れに着目して，自社の製品や事業の最適な組み合わせを導き出すモデルが，第3章で扱うPPM（Product Portfolio Management：プロダクト・ポートフォリオ・マネジメント）である。

4 企業全体の方向性

(1) 経営理念・ミッション・ビジョン

企業全体の方向性を示すものに，①経営理念，②ミッション，③ビジョンがある。

①経営理念：経営理念は，企業がどのような経営姿勢を貫くかという基本的なスタンスを明確にしたものであるが，その内容は企業目的，経営の基本方針，社是，社訓，行動指針など，企業によってさまざまである。

②ミッション：社会における企業の存在意義や使命を示したものである。

③ビジョン：自社のめざす将来の具体的な姿を社員や顧客，社会に対して表したものである。

近年，多くの企業が経営理念やビジョン，ミッションなどを明文化し，消費者や従業員，社会全体に向けて，企業と社会の関わり方についてのメッセージを発信している。そこには，経営理念を明確に表すことによって，社内外のさまざまなステークホルダー（利害関係者）に企業の存在意義（レゾン・デートル）を示し，社会的存在としての企業を認知してもらおうという意図が見られる。

（2）経営理念とCSR（企業の社会的責任）

現代企業には，**CSR**（corporate social responsibility：企業の社会的責任）という考え方が浸透してきている。

CSRとは，企業が自らの利潤追求だけを目的とするのではなく，さまざまなステークホルダー（消費者，地域社会，行政，投資家，社会全体などの利害関係者）との関係性の中で，社会的な責任を意識して活動するということである。

企業をめぐる具体的な課題として，日本ではこれまで，CO_2排出抑制やごみ処理などの環境問題，過剰な時間外労働やそれを抑制しようとする働き方改革に象徴される労働問題，悪徳商法や過大な広告宣伝のような消費者問題などが取り上げられてきた。

国際的なレベルでは，**SDGs**（持続可能な開発目標）ということばもよく聞かれるようになった。SDGsは，2015年9月に国連で開かれたサミット（主要国首脳会議）で世界の政治的リーダーによって決められた，2030年までに達成をめざす国際社会共通の目標である。

その内容としては，貧困や飢餓の撲滅，健康や福祉の増進，質の高い教育の提供，男女の平等，クリーンなエネルギーの推進，働きがいと経済成長の両立，産業と技術革新の基盤づくり，気候変動への具体的な対策，海洋資源の保護，循環型社会の構築，人種や国籍などによる差別の撤廃など，一国だけでは解決の難しい問題が挙げられている。日本でも政府や自治体，そして企業の取り組みが行われているが，企業部門については，大規模な投資を行う企業や金融機関などの機関投資家が，ESG（environment：環境，social：社会，governance：ガバナンス）の問題に取り組む企業への投資を積極的に行う**ESG投資**といった動きがある。

5 経営資源

（1）経営資源とは

「資源」というと，一般には石油や天然ガス，木材などの天然資源をさすが，企業経営における**経営資源**は，企業経営に不可欠なヒト，モノ，カネ，情報を意味する。ヒト，モノ，カネ，情報はそれぞれ，人的資源，物的資源，資金的資源，情報的資源と呼ばれ，ヒト・モノ・カネという物的資源と，技術やブランド，ノウハウ，スキル，信用などの情報的資源に大別される（図表2－2）。

経営資源が不足している場合，企業は内部で調達・育成する場合もあれば，

【図表2－2】経営資源とは

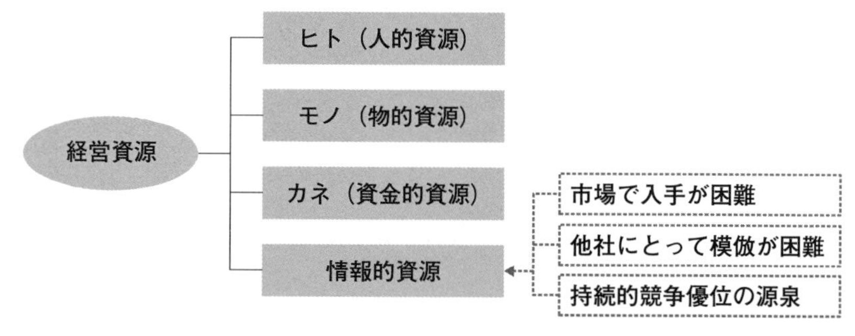

市場から調達することもある。「市場からの調達」とは，ヒトという経営資源であれば採用や人材派遣会社との契約を行うことなど，モノであれば購入すること，カネであれば株式市場で新たに株式を発行したり，銀行から借り入れたりして資金調達をすることを意味する。また，他企業との連携によってノウハウや人材の調達を行う場合もあれば，M&A（merger and acquisition：合併・買収）によって他社の経営資源のほとんどすべてを獲得してしまう方法もある。

（2）情報的資源の重要性

こうした4つの経営資源の中で，近年とくにその重要性が注目されているものが**情報的資源**である。情報的資源の定義は明確ではなく，ヒト・モノ・カネ以外のすべてが情報的資源と考えられる。

企業にとって重要な情報的資源は，ブランド，技術や販売のノウハウ，卓越した技術力，グッドウィル（goodwill：業務上の信用）など，無形資産（intangible assets）がほとんどである。こうした無形資産は，市場で手に入れることが難しく（売ったり買ったりできない），他社にとっては模倣することが困難であるため，他社との差別化要因となりやすい。そのため，情報的資源は中長期的な企業の競争優位を支える，**持続的競争優位**（sustainable competitive advantage）の源泉であるととらえられている。

（3）経営資源と戦略の関係性

企業活動を経営資源との関連からとらえた研究者がペンローズ（Penrose, E. T.）である。ペンローズは，企業の目的は，自社の経営資源と外部から獲得した経営資源を組織的に利用して，製品・サービスの創出を行うことである，とした。また，企業は一定の管理組織をもった経営資源の集積体であり，物的資源と人的資源をうまく結合してさまざまなサービスを提供することが企業活動である，という考え方を示した。

ここで，物的資源とは，工場，生産設備，土地，天然資源，原材料，半製品，在庫品などのことである。また，人的資源とは，熟練労働者，未熟練労働者，財務・法律・技術・経営などそれぞれの分野に精通したスタッフなどが含まれる。

また，ペンローズは経営資源と戦略の関係性についても言及し，企業の成長は，その過程において生み出される未利用の経営資源を有効活用するプロセスであるとして，多角化，垂直的統合，吸収，合併などによる企業の成長過程の理論化を図った。

6 SWOT分析

（1）SWOT分析とは

経営戦略を策定するには，自社内部の経営資源（内部資源）の分析だけでなく，自社を取り巻く外部環境の分析が欠かせない。内部資源の強み（Strengths）と弱み（Weaknesses），外部環境の機会（Opportunities）と脅威（Threats）を明らかにして，経営戦略策定に役立てる方法を，4つの要素の頭文字をとって**SWOT分析**（スウォット）という。

1960年代にハーバード大学によって開発されたとされるSWOT分析は，現在では多くの実務家やコンサルタントによって，戦略の方向性や代替案を導き出すフレームワーク（思考の枠組み）として活用されている。SWOT分析は，単に内部資源の強みと弱みを特定し，外部環境の機会と脅威を並べるだけのモデルではない。4つの要因を組み合わせ，以下のような思考で戦略を考えていくことである（図表2－3）。

- 外部環境の機会をとらえて，いかに自社の強みを活かしていくか（SとOの組み合わせ）
- 外部環境の脅威に対して，どうやって自社の強みを維持し，新しい製品やサービスの創出につなげていくか（SとTの組み合わせ）
- 外部環境の機会の中で，どうやったら自社の弱みを補完していくか（WとOの組み合わせ）

【図表2－3】SWOT分析

		外部環境	
		機会 （Opportunities）	脅威 （Threats）
内部分析	強み （Strengths）	S×O （機会の中で強みを活かす戦略）	S×T （強みを活かして脅威を低減する戦略）
	弱み （Weaknesses）	W×O （機会の中で弱みを低減する戦略）	W×T （脅威と弱みを回避する戦略）

●外部環境の脅威や自社の弱みを回避する戦略（WとTの低減）

（2）SWOT分析を用いる場合の留意点

SWOT分析を用いる場合，同じ要因であっても，良い方にも悪い方にもとらえることができる場合があることに留意する必要がある。

たとえば，「熟練労働者が多い」ということは内部資源の強み（S）と考えられるが，それによって技術の可視化（見える化）が進んでいない企業であれば，逆に弱み（W）となる場合もある。また，どんな要因が機会となるか脅威となるかは，企業によって異なる。たとえば，“インターネットの普及”という外部環境要因は，在宅でも買い物ができるという意味で消費財メーカーにとっては機会（O）であるが，従来型の店舗を構える流通業者にとっては大きな脅威（T）となるだろう。

そもそも，企業にとって何が強みとなるか，弱みとなるか，は実のところ，採用する戦略次第である場合が多い。戦略を導き出すためにSWOT分析を用いているのに，その要因が戦略の影響を受けるというところに論理的な矛盾がある。

このようにSWOT分析は，比較的わかりやすい手法であることから広く用いられているが，個々の要因を特定するには注意が必要である。

（3）SWOT 分析の例

たとえば，東京都心のターミナル駅を中心に出店している家電量販店について SWOT 分析を行ってみると，図表2－4のようになると考えられる。

【図表2－4】SWOT 分析の例（都心に立地する家電量販店）

内部分析	強み（Strengths）	•都心に立地していて，鉄道やバスなど公共交通機関によるアクセスが良い •たくさんの商品を扱っており，顧客に選ぶ楽しみを提供している •販売員の知識が豊富なので，顧客にとって商品の比較情報を得やすい
	弱み（Weaknesses）	•自家用車での来客に対応する駐車場が少ない •中型～大型家電を持ち帰ってもらうことが難しい •週末や帰宅時間帯に来客が集中する傾向がある
外部環境	機会（Opportunities）	•スマートフォンやタブレット PC などの需要が好調である •家電製品は機能の多様化が進んでおり，消費者の需要をまだまだ開拓できる •ドラッグストアやホームセンター，衣料品など他の業界で業際的な連携が進んでいる
	脅威（Threats）	•インターネットの普及によってネット販売業者が台頭してきた •消費者の高齢化が進むと，店に足を運んでくれる顧客が少なくなる •テレワークが浸透すると，ターミナル駅の乗降客数が少なくなる可能性がある

7 事業領域を表すドメインの決定

（1）事業とは何か

企業（company, corporation）とは，事業を営み，この事業活動によって得られた利益をもとに，その存続と発展を図る存在である。**事業**（business）とは，企業が提供する個々の「製品」や「サービス」よりも広い考え方であるが，産業（industry）との関係においては，「産業＞企業＞事業＞個々の製品やサービス」という関係にある。

産業に関して言えば，第１次産業（農林水産業），第２次産業（鉱工業・建設業），第３次産業（サービス業）という一般的な分類がある。これに加え，統計上は「日本標準産業分類」（総務省）における大分類，中分類，小分類，細分類という４つの分類がある。

「せんべいの製造業者」を例にとると，産業としては第２次産業にあたるが，日本標準産業分類上の大分類では「製造業」となり，次いで中分類では「食料品製造業」に該当する。そして，小分類では「パン・菓子製造業」に分類され，細分類では「米菓製造業」となる。業界や企業に関するリサーチを行う場合に，このような分類方法を知っておくと便利である。

（2）ドメインとは

ドメインとは，端的に言えば「事業領域」のことである。もともとは，“領土，範囲，生育圏”などの意味を持つ用語であるが，企業経営の分野では，企業にとっての生存領域，つまり，事業領域という意味で用いられている。

ドメインには，現在の事業領域に加えて，まだ事業化されていない潜在的な事業領域を含むこともある。また，ドメインは永久に不変というものではなく，大きな環境変化に対応して変更していくことが多い。

（3）ドメインを定義するメリット

企業がドメインを明確に決めることには，以下のような意義があると考えられている。

①企業の意思決定者たちの注意の焦点が限定され，その領域での必要な情報を効率的に収集できる
②必要な経営資源の蓄積と配分についての指針が得られる
③企業全体に組織としての一体感を醸成することができる

とくに，多くの事業を展開している多角化企業においては，企業全体の一体感を醸成することが難しい。それぞれの事業によって，顧客層や業界の慣習などが異なり，その影響で従業員の考え方や働き方も異なる場合が多いからである。M&A（合併・買収）を繰り返して成長したような企業では，もともとの会社にあった企業文化が残っていて，なおさら全社的な一体感を醸成することが難しいのである。

そこで，そうした企業はドメインを限定することを避ける場合がある。また，経営理念やビジョン，共有する価値観などを文章化したり，共通のロゴマークやキャラクターを使ったりして，企業グループとしての一体感の醸成に苦心しているのである。

（4）ドメインの範囲

1つの事業を営む企業の場合，ドメインの定義は容易であり，文章化することも難しくないように思える。しかし，ドメインの範囲が狭すぎると，潜在的な事業活動の領域が限定されてしまい，企業にとっての新たな成長のチャンスを逸することもある。

たとえば，かつての米国の鉄道産業は，"鉄道事業"という物理的な定義だけでドメインを決めたために，自動車や航空機など他の交通手段を営む企業との競争に負けて衰退していったといわれる。これは，時代のちがいはあるものの，現在の日本のJRが駅構内に店舗を盛んに出店したり，ホテル業を営んだり，決済機能を持つカードを発行するなどして，事業の多角化を進めているこ

と対照的である。

かつての米国の鉄道産業のように，物理面だけでドメインを考える場合に陥る失敗のことを，レビット（T. Levitt）は**近視眼的マーケティング**（marketing myopia）と呼んだ。近視眼的マーケティングに陥らないためには，企業は製品やサービスという物理面の定義だけでなく，市場のニーズや提供するサービスの本質を見抜いて，機能的な視点から適切な範囲でドメインを定義することが必要である。

また逆に，多角化企業の場合など，ドメインが広すぎても経営資源が分散化してしまったり，事業間の相乗効果（シナジー）が発揮されずに，企業全体としての効率的な運営ができなくなったり，一体感の醸成が難しくなったりすることが考えられる。

（5）ドメイン定義の方法

ドメインを定義するにはいくつかのアプローチがあるが，その代表的なものは，エーベル（Abell, D. F.）が考案したとされる，市場（顧客層）・技術（独自能力）・顧客機能（顧客ニーズ）という3次元でとらえる手法である。市場の次元を“who”，技術の次元を“how”，顧客機能の次元を“what”と考えてドメインを定義し，各々の次元における広がりを考えることによって，事業コンセプトを明確にすることができる（図表2－5）。

【図表2－5】**ドメインの定義**

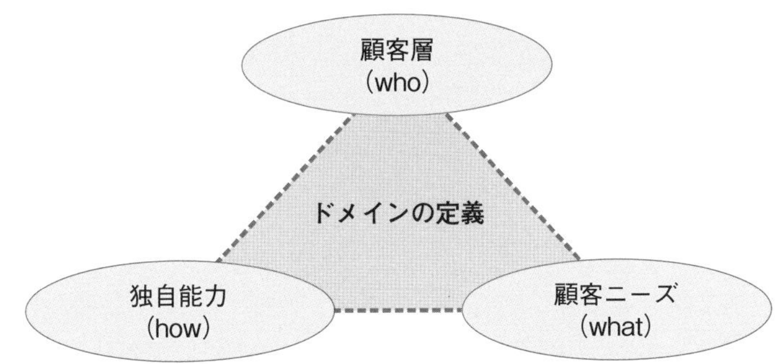

この方法を用いると，たとえば，カレー店を開業することを考えている起業家にとって，顧客層（who）＝都会で働くビジネスパーソンに対して，技術（how）＝調理のできるキッチンカーを用いて，顧客機能（what）＝オフィス街の広場で出来立てのカレーを食べる，といったような事業コンセプトをまとめることができる。

参考文献

石井淳蔵ほか『経営戦略』有斐閣，1985年。
伊丹敬之・加護野忠男『ゼミナール経営学入門〔第3版〕』日本経済新聞出版社，2003年。
A. D. チャンドラー著，有賀裕子訳『組織は戦略に従う』ダイヤモンド社，2004年。
A. D. チャンドラー著，三菱経済研究所訳『経営戦略と組織―米国企業の事業部制成立史』実業之日本社，1967年。
B. D. ヘンダーソン著，土岐坤訳『経営戦略の核心』ダイヤモンド社，1981年。
D. F. エーベル著，石井淳蔵訳『新訳 事業の定義』碩学舎，2012年。
H. ミンツバーグ，B. アルストランド＆ J. ランベル著，齋藤嘉則監訳『戦略サファリ〔第2版〕』東洋経済新報社，2012年。

第 2 章

全社戦略としての成長戦略

ポイント

◉企業の成長戦略には，大きく分けて専業戦略と多角化戦略があり，多角化の代表的な戦略として垂直的統合がある。
◉アンゾフは，製品－市場マトリックスというモデルを用いて，企業の成長戦略には市場浸透戦略，製品開発戦略，市場開拓戦略，多角化戦略という 4 つのパターンがあることを示した。
◉企業が成長するための戦略には，M&A，アライアンス，戦略的アライアンスなどの具体的な方法がある。

キーワード

成長戦略，多角化戦略，内部成長方式と外部成長方式，
垂直統合，水平統合，製品－市場マトリックス，
成長ベクトル，シナジー，M&A（合併・買収），
アライアンス，OEM，EMS，戦略的アライアンス，
デファクト・スタンダード

成長戦略

企業が事業を存続させ，さらに成長していくためには，どのような事業を選び，編成していくか，という**成長戦略**が重要である。成長戦略は大きく専業戦略と多角化戦略に分けることができる。

（1）専業戦略

専業戦略とは，全社売上高に占める最大規模の事業の売上構成比が95％以上を占める企業の戦略である。売上高や従業員数の少ない小規模な企業の多くが専業戦略をとっているが，中堅企業や大規模企業にも見受けられる。1つの事業に特化することで経営資源を集中させ，効率的な経営を志向するものである。

（2）多角化戦略のタイプ

多角化戦略とは，企業規模を拡大するのに，既存事業を拡げていき，事業の多様化を志向する成長戦略のことである。

企業が多角化していく方法としては，大きく分けて，企業内部の経営資源を用いて新規事業をゼロから育成する**内部成長方式**と，合併や買収（M&A）によって既存の他企業の経営資源を活用する**外部成長方式**がある。

既存事業との関連性という面から考えると，多角化は，①**関連型多角化**（既存事業との関連性が深い），②**非関連型多角化**（既存事業とは関連がない）に大きく分けることもできる。

また，ルメルト（Rumelt, R. P.）は，最大規模の事業が売上高全体に占める割合などを基準として，①専業型（ほとんど多角化を行わない），②垂直型多角化（生産や流通工程の垂直的統合度が高い），③本業中心型多角化（主力の本業を中心とした多角化），④関連型多角化（中核的事業を持たず，各事業の関連が高い），⑤非関連型多角化（相互に関連の低い事業群の集合），という5つのタイプに多角化を区分した。

（3）多角化戦略としての垂直統合

❶垂直統合とは

多角化の1つの方向性として，**垂直統合**がある。

垂直統合とは，原材料の調達→素材や部品の生産・加工→製品の生産→流通→小売という過程を川の流れにたとえた場合，川上・川中・川下という商取引関係で結ばれた企業間の統合化を志向する戦略である。ルメルトによれば，垂直統合とは「1つの最大事業で全社売上高の95%を超えず，かつ垂直的に統合化された一連の加工活動から得られるすべての副産物，中間製品そして最終製品の売上合計額が全社売上高に占める比率（垂直化率という）が0.7以上となっている企業」と定義される。実務上は，こうした厳密な定義に関わりなく，たとえば，製品生産を行っている企業が原材料の生産を行っている企業を買収したり，自ら小売業チェーンを始めるようなことを垂直統合と呼んでいる。

垂直統合には，より上流に向かって統合を進めていく**後方統合**（backward integration）と，より下流に向けて統合を進めていく**前方統合**（forward integration）の2種類がある。

たとえば，アパレル（衣料品）小売業を営む企業が製造から行うことは後方統合であるのに対して，飲料メーカーが販売会社を設立して卸売業務を始めることは前方統合にあたる。古くから分業体制が定着していたアパレル産業において，生地仕入→縫製→染色→物流→販売までを一貫して行う企業のことを**SPA**（specialty store retailer of private label apparel：アパレル製造小売業）と呼ぶ。これは垂直統合の1つの例と考えることができ，近年急速に業績を伸ばしている業態である。

❷企業が垂直統合を行う動機

企業が垂直統合を進める動機としては，以下のような要因が考えられる。

- 原材料や中間製品などを常に安定的に調達できる
- 流通経路を押えることで，物流コストを低減できる
- 川下に進出することで，製品の販路を確保する
- 垂直的に統合することで，取引コストを内部に取り込んで軽減する

【図表２－６】垂直統合と水平統合

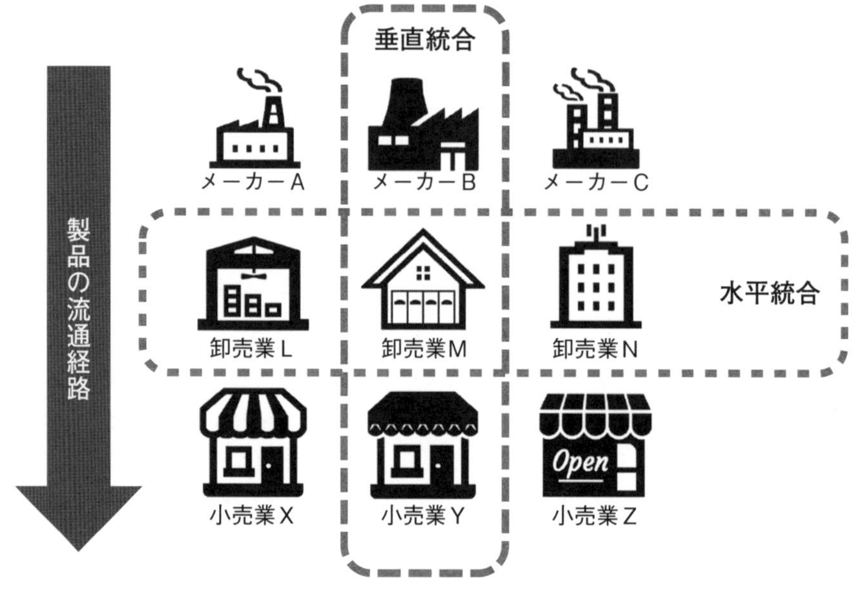

なお，垂直統合と対比される戦略として，水平統合がある。水平統合とは，同じ業種や業態の企業が一体化することである。垂直統合とちがって，水平統合は企業規模やシェアの拡大をめざして行われることが多く，同業者間なので一般に多角化戦略の１つとは考えられていない（図表２－６）。

（４）多角化とシナジー，リスク

企業がどのような戦略で多角化を行うかを検討する場合，鍵となるのが「シナジー」と「リスク」である。

シナジー（synergy）とは相乗効果のことで，ある既存事業において蓄積・獲得されたノウハウや経営資源，顧客との関係性などが，他の既存事業や新たな事業において活かされることを意味する。

また，**リスク**（risk）は，一般的には「危険性」と考えられがちであるが，経営に関することばとしては，成功や失敗の「不確実性」という意味で用いられる場合が多い。

たとえば,「ハイリスク・ハイリターンの株式投資」という場合,その会社の株式に投資するときに,失敗して損をしてしまう可能性が高いものの,反対に成功して大きな儲けを出す可能性もあることを示している。

多角化戦略について言うと,一般的には,既存事業との関連性が深い関連型多角化ではシナジーが働きやすく,リスクも低い。一方で,既存事業とは関連がない分野に進出する非関連型多角化では,既存事業とのシナジーが得られにくく,リスクも相対的に高いものとなる。

(5)企業が多角化を行う動機

企業が成長戦略として多角化を行う理由としては,以下のような動機が考えられる。

①主力製品に対する需要が停滞していて,新しい事業領域を求めているため
②1つの事業に依存していることのリスクを低減させ,収益を安定化させるため
③経営資源を有効活用し,異なる事業間のシナジー(相乗効果)を働かせて経営の効率化を図るため
④未利用の経営資源(過剰な人員,余剰設備,製造ロスタイム,利益の内部留保などのことで,あわせて組織スラックという)を活用するため

上記のほかにも,米国など独占禁止法の適用が厳しい国において,市場占有率(市場シェア)があまりにも高くなってしまうと法的に企業を分割しなくてはならない場合や,経営者の意向で株価の上昇や自身の野望のために合併や買収(M&A)を押し進める結果として多角化する場合もある。

(6)多角化の課題

多角化を戦略として採用する場合の課題としては,以下のような点が挙げられる。

- 十分な検討を行わずに実行した場合に,新事業分野における競争に敗れたり,新事業への投資が回収できなくなるといったリスクがある

- シナジーのはたらかない分野に進出した場合，企業全体として収益性が低下するリスク（不確実性）がある
- 新たな事業分野においては，業界内の文化やビジネス環境が異なるので，これまで蓄積してきた知見やノウハウが活かせない場合がある
- 新たな事業に着手するにあたって，不足する経営資源をどうやって調達するかが大きな課題となる

これらの問題点に関連して，多角化を目的として合併・買収（M&A）を行った場合，異なる業務プロセスの統合，コミュニケーションの醸成，従業員意識の統一，人事面の処遇，企業文化の融合などが，M&A 実行後に課題となることがある。そうしたM&A 後に統合の効果を高めるプロセスを**PMI**（post merger integration ＝直訳すれば，合併後の統合）という。とくに，敵対的買収によって企業統合を行ったとき，被買収企業（買収される側の企業）のモラール（士気，やる気）が低下する場合があり，買収前からPMI を計画化しておく必要がある。

2 アンゾフの成長ベクトル

（1）製品－市場マトリックス

アンゾフ（Ansoff, H. I.）は，企業の成長戦略のあり様を，図表2－7に示す製品－市場マトリックスというモデルを用いて，4つの戦略に類型化した。

アンゾフによれば，どの企業も，製品－市場マトリックスで表すことのできる4つの戦略を組み合わせたり，1つか2つの戦略に特化したりして，自社の成長の方向性を描いているという。このような考え方を**成長ベクトル**という。

【図表2－7】製品ー市場マトリックス（成長ベクトル）

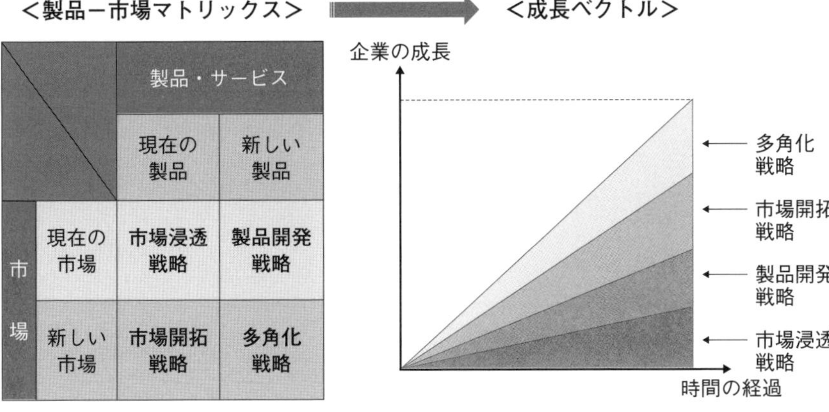

（2）製品ー市場マトリックスと4つの戦略パターン

製品分野が既存なのか新規なのか，ターゲットとするのが現在の市場なのか新市場なのか，という基準で考えると，図表2－7のように❶市場浸透戦略，❷製品開発戦略，❸市場開拓戦略，❹多角化戦略という4つの戦略パターンが導かれる（**製品ー市場マトリックス**）。

❶市場浸透戦略

既存の製品分野と現在の市場分野を維持して，より浸透を図る戦略である。具体的には，販売促進やPRのほか，製品の改良などマーケティング戦略を中心に行っていくことになる。

❷製品開発戦略

現在の市場分野（地理的な市場や顧客層）を維持しながら，新しい製品やサービスを投入する戦略である。たとえば，内燃機関のエンジンを積む自動車メーカーが，電気自動車や水素ガスを燃料とする自動車を作る場合などの戦略である。

❸市場開拓戦略

既存の製品を，新しい市場（新しい場所や顧客層）に売り込む戦略である。たとえば，販売地域の拡大や海外進出，新たな顧客層の開拓などをめざすものである。

❹多角化戦略

新たな製品を新たな市場に投入する戦略である。つまり，既存の製品やサービス，現在の市場のどちらにも関連性のない分野に進出することを意味する。たとえば，IT 技術を活用してインターネットで物販を仲介している会社が，金融サービスに進出するケースがこれに該当する。

アンゾフのいう**多角化戦略**（新規製品／新規市場の組み合わせ）は，一般的な意味の「多角化」よりは狭い意味で使われている（狭義の多角化）。実務では，企業が現在の事業を拡張して新しい市場や新しい製品・サービスを手掛けること，つまり，アンゾフのいう市場開拓戦略や製品開発戦略も含めて，多角化と呼ぶこともある。

3 M&Aと企業連携

（1）M&Aとそのメリット

M&A（merger and acquisition）とは，合併および買収のことであり，新しい事業を始めるのに経営資源を外部から調達するという意味では，典型的な外部成長方式による多角化の手法である。

企業が多角化しようとすれば，新しい事業を一から立ち上げるという方法もあるが，その場合は事業を一定の規模にするためには長い時間とコストが必要となる。それに比べて，M&A による多角化には自社内部にない経営資源（人材，販路，生産設備，ブランドなど）を一瞬にして手に入れることができるというメリットがあり，このことを**M&Aの時間節約効果**と呼ぶ場合がある。

M&Aには，上記の時間節約効果のほかにも，当事者企業どうしが保有する未利用経営資源の活用，範囲の経済や規模の経済の実現，企業全体としてのリスク分散などのメリットがある。

（2）M&Aと買収防衛策

合併（merger）と買収（acquisition）をまとめて「M&A」と呼ぶのは，どちらも2つ以上の会社を1つの会社に統合するという意味では同じであり，共通点が多いからである。

合併には，ある企業が他の企業を統合してしまう吸収合併と，新たに別の会社を創設して2つ以上の企業を統合してしまう新設合併がある。

一方，買収は，投資銀行などの第三者から借り入れた資金で買収を実行する**LBO**（leveraged buy out）や，株式市場で株式公開買付を行って株式を集める**TOB**（take over bit）などの方法で行われる。また，**MBO**（management buy out）といって，現経営陣が株式を取得して買収を行うこともある。買収には，相手企業の事業再構築や救済などを目的とする友好的買収と，相手企業の取締役会の同意を得ないで行う敵対的買収がある。

（3）敵対的買収への対抗策

敵対的買収をしかけられた企業は，その対抗策として以下のような戦術をとることがある。

❶ポイズン・ピル

ポイズン・ピルは「毒薬条項」と訳されるが，英語をそのまま使うことのほうが一般的である。敵対的買収をしかけられ，買収者の株式比率が一定以上になると，新株発行を行って買収者の株式保有比率を低下させることである。

❷ゴールデン・パラシュート

現経営陣の解任に際して巨額の退職金を支払うことを規定し，買収コストを引き上げることを**ゴールデン・パラシュート**という。

❸ホワイト・ナイト

白馬の騎士（**ホワイト・ナイト**）のような友好的な企業に買収してもらい，敵対的買収を回避することである。

❹ゴーイング・プライベート

大株主や，経営陣と外部投資家が出資した特別目的会社などが，上場企業の株式をTOBやMBOなどの手段で取得し，証券取引所における上場を廃止して株式を非公開化（**ゴーイング・プライベート**）することがある。これによって，買収企業は対象となる会社の株式を買えないようになる。

（4）企業連携

M&Aとは異なり，各々の企業が独立性を維持しつつ，連携して市場シェアの拡大や経営資源の相互補完をめざすことを**アライアンス**（alliance：企業連携）という。

アライアンスには，業務提携，ジョイント・ベンチャー（J. V.），アウトソーシング，コンソーシアム，OEM，共同開発をはじめ，販売委託，生産委託，技術提携などさまざまな形態があり，企業間連携のあり様や程度の点で異なる。

（5）OEM

OEMとはoriginal equipment manufacturingの略であり，「相手先ブランドによる製造」と訳される。製造業者が自社のブランドをつけて製品を販売するのではなく，他の企業のブランドで販売される商品の製造を担うという，アライアンスの一形態である。OEMを行う製造業者のことを，OEMメーカーと呼んだり，略語は同じとなるがOEM（original equipment manufacturer）と呼ぶ。

OEMでは，製品の仕様（形状，デザイン，味など）については，委託する企業が決定する場合もあれば，受託する製造業者が自社の仕様で製造した製品を委託企業が買い取るケースもある。また，OEMの委託企業は自動車会社や大手家電メーカーのように製造業者である場合もあれば，委託企業が小売業などの流通業者である場合もある。

OEMは，アパレル，自動車，食品，家電，化粧品などの業界で普及している。

たとえば，コンビニエンス・ストアやスーパーマーケットに並ぶ菓子などの商品には，製造業者のブランドで並んでいるものもあるが，コンビニエンス・ストアのオリジナル商品として並べられ，実際の生産は製造業者に委託されている商品もある。前者をナショナル・ブランド（NB），後者をプライベート・ブランド（PB）と呼ぶ。PB商品のほとんどはコンビニエンス・ストアやスーパーマーケットのチェーンが別の製造業者に委託して生産しているものであり，これもOEMの一形態と考えることができる。

OEMには，委託する企業，生産を受託する企業の双方に，図表2－8のようなメリットやデメリットがある。

【図表2－8】OEMのメリットとデメリット

	OEMメーカー（受託製造業者）	委託企業（発注元企業）
メリット	•販売量を増やし，売上を大きくすることができる •工場の生産設備の稼働率を上げることができる •複数の企業に対して類似した製品を納入できる場合は，生産効率が上がる	•自社で生産設備を持たなくてもよいので，投資の負担が少なくてすむ •受託企業には小ロット生産に対応できるところが多く，在庫リスクを低減できる •デザインやパッケージの仕様決定やブランド維持に，自社の経営資源を集中することができる
デメリット	•自社ブランドで販売する場合よりも，利益率が低い場合がある •委託企業の交渉力が強い場合，下請け取引のように厳しい取引条件を強いられる（価格面や納期面で）	•生産のノウハウを蓄積することができない •受託企業が製品づくりのノウハウを学習して，将来的に競合企業になってしまう可能性がある •受託企業との関係が長期化し，他に受託企業が見つからない場合は，受託企業に価格交渉力を与えてしまう場合がある

（6）ODMとEMS

OEMと似たアライアンスの形態に**ODM**がある。ODMは，original design manufacturingの略語で，委託者のブランドで製品を設計・生産することである。受託製造業者が生産だけを担うOEMと異なり，ODMでは製造する製品の設計から製品開発までを受託製造企業が行う。ODMは，OEMが進化した形態であるといえよう。

一方，**EMS**とは，electronics manufacturing serviceの略語で，電子機器の製造受託サービス，もしくは，受託する企業のことをさす。OEMでは，受託製造業者は生産だけを担うが，EMSでは生産だけでなく，設計や部品調達，配送なども担う。

ODMとEMSのちがいについては，一般的に，委託する企業との関係性において，ODMでは委託する側の企業との相談やすり合わせが行われるのに対して，EMSでは委託する側の企業が設計・部品調達・生産・配送などの一貫した工程をすべて受託企業に任せてしまう点にあるとされる。

ODMやEMSは1990年代以降に製造工程の国際的な分業化が進んだ結果として生まれたもので，パソコンや携帯電話，電化製品などの業界で幅広く行われているアライアンスの形態である。EMSの中には，急速な成長を遂げ，元は発注側にあった完成品メーカー側の企業を買収するような企業も出現している。

ODMやEMSが広まった理由としては，電化製品やデジタル機器の完成品メーカーにとって，技術革新や製品寿命の短命化が進む中で，製造工程に大規模な投資を行うことが合理的でなくなったことや，あまり付加価値のつかない組立工程に経営資源を割くのではなく，デザインやマーケティングに経営資源を集中して収益性を高めたいといったことが挙げられる。

（7）アライアンスと外注のちがい

アライアンスの形態には，OEMのほかに**アウトソーシング**がある。他社に業務の一部を委託することを外注というが，アウトソーシングは単なる「外注」とは区別して考えられている。いちばんの相違点は，その動機が単なる業

【図表２－９】企業間のさまざまな連携関係

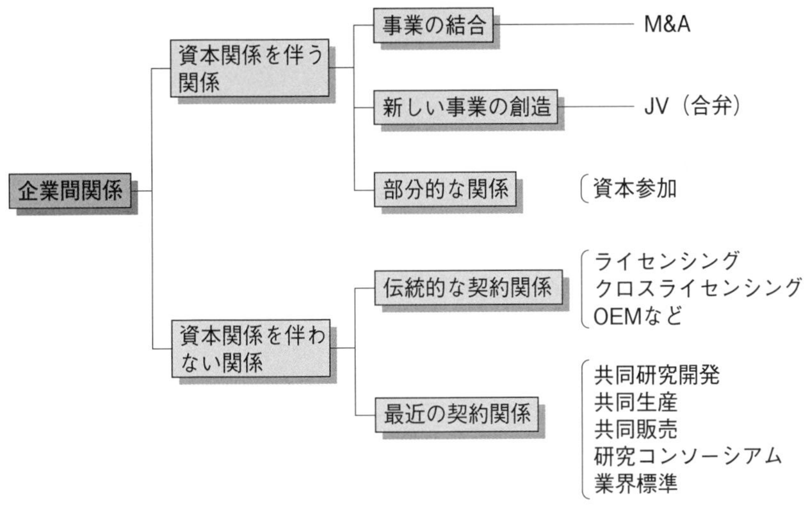

務コストの低減だけにあるのではなく，外部企業が持つノウハウや高度の専門性を活用することによって，自社の有限な経営資源をコア・コンピタンス（中核的な能力）のある分野に集中させることにある。

アライアンスやM&Aなど，企業間の多様な連携関係の形態についてまとめると，図表２－９のようになる。

（８）戦略的アライアンスとデファクト・スタンダードの構築

アライアンスの中でもとくに，中核的な経営資源を共有し，長期的な共存共栄を図るための企業間同盟のことを，**戦略的アライアンス**（戦略的連携）という。

戦略的アライアンスのメリット，すなわち，企業が他社と戦略的アライアンスを組む動機としては，経営資源の相互補完，多額の製品開発コストの分配，シナジー効果の発揮など，他の形態のアライアンスにも共通するものがある。そのほかにも，**デファクト・スタンダード**（de facto standard：事実上の業界標準）の構築をねらって戦略的アライアンスを行う場合がある。

このデファクト・スタンダードと対をなす用語としては，デジュレ・スタンダード（de jure standard）がある。デジュレ・スタンダードとは，ISO（International Organization for Standardization：国際標準化機構）やDIN（Deutsches Institut für Normung：ドイツ規格協会），JIS（Japanese Industrial Standards：日本産業規格）などの国際標準機関または地域の標準機関が定めた規格のことである。

従来は，電化製品や自動車のようなものづくり分野においてデジュレ・スタンダードによる規格の統一化・標準化がされたことによって，業界全体の効率が上がっていた。そうしたデジュレ・スタンダードの重要性は失われてはいないが，近年は，コンピュータの発達やインターネットの普及によって，最初に大きな市場シェアを獲得した企業が用いる接続規格や通信規格が事実上の業界標準となる場合が多くなっている。自社の独自規格がデファクト・スタンダードとして業界全体に浸透すれば，その企業は大きな利益を手に入れるだけでなく，遅れて参入してきた競合他社に対して優位性を築くことができる。

参考文献

C. W. ホッファー＆ D. シェンデル著，奥村昭博・榊原清則・野中郁次郎訳『戦略策定』千倉書房，1981年。

E. ペンローズ著，日高千景訳『会社成長の理論〔第３版〕』ダイヤモンド社，2010年。

H. I. アンゾフ著，中村元一監訳『アンゾフ戦略経営論（新訳）』中央経済社，2007年。

R. P. ルメルト著，鳥羽欽一郎ほか訳『多角化戦略と経済成果』東洋経済新報社，1977年。

第3章

全社的な経営資源の配分

ポイント

◉成長戦略を定めた後，全社的な経営資源の配分を決定するモデルとしてPPM（プロダクト・ポートフォリオ・マネジメント）がある。

◉PPMでは，「相対的市場占有率」と「予測市場成長率」という2つの基準を適用して，自社の事業を「花形」・「金のなる木」・「問題児」・「負け犬」の4つのグループに分け，各事業の戦略をキャッシュフローの観点から検討するモデルである。

◉PPMは，経験（曲線）理論と製品ライフサイクル理論を基礎的な理論として考案されたモデルである。

キーワード

PPM（プロダクト・ポートフォリオ・マネジメント），相対的市場占有率，花形（star），金のなる木（cash cow），問題児（question mark），負け犬（dog），経験（曲線）効果，製品ライフサイクル理論，選択と集中

1 PPM（プロダクト・ポートフォリオ・マネジメント）モデル

（1）PPMとは

すべての製品や事業が利益を上げているならばよいが，現実にはそういうことは大企業であっても難しい。さまざまな製品や事業を持つ企業の経営トップが，最適な製品や事業の組み合わせ（製品ポートフォリオとか，事業ポートフォリオという）を見い出し，経営資源の最適配分を行うための戦略的な意思決定モデルが，**PPM**（Product Portfolio Management：**プロダクト・ポートフォリオ・マネジメント**）である。

1970年ごろに著名なコンサルティング会社であるボストン・コンサルティング・グループが開発したPPMでは，企業の製品や事業を図表２−10のようにマトリックス状に描かれる。

【図表２−10】PPMのプロダクト・ポートフォリオ・マトリックス

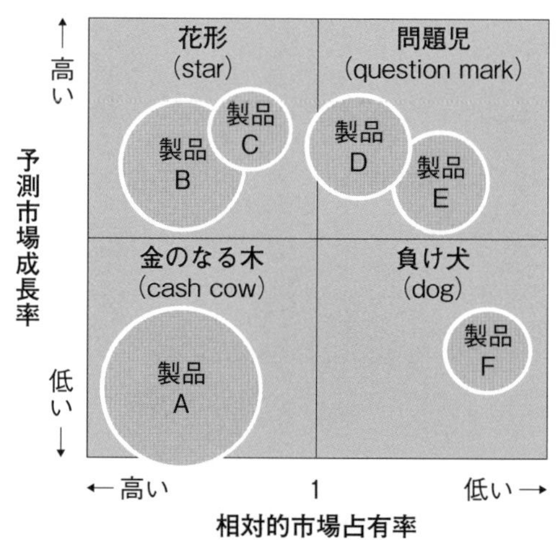

（2）PPMの見方

このマトリックスの特徴は，①相対的市場占有率と，②予測市場成長率という2つの座標軸上に，製品単位や事業単位の区分ごとにそのポジションをプロットしていくことにある。各製品や事業の円の大きさは，売上高を示している。

ここで**相対的市場占有率**とは，単なる市場占有率（市場シェア）ではなく，競合他社と比較した場合の市場占有率という意味であり，以下の式で計算される。

$$相対的市場占有率=\frac{自社の市場シェア}{自社を除く1位企業の市場シェア}$$

この式を用いると，自社が市場シェア1位の場合は，分母の「自社を除く1位企業の市場シェア」が2位の企業の市場シェアであることから，相対的市場占有率は必ず1以上になる。そして，1位である自社と2位の企業の差が大きければ大きいほど，相対的市場占有率の値は大きくなる。PPMのマトリックスでは，横軸の中間点が「1」となっていて，自社が市場シェア1位となる製品や事業は，中間点よりも左側に描かれることになり，2位との差が大きいほど，より左側に位置することになる。

逆に，自社の市場シェアが2位以下の場合は，自社を除く分母の「自社を除く1位企業の市場シェア」が市場シェアナンバー1企業の数値となることから，自社の相対的市場占有率は必ず1未満になる。そして，自社の製品や事業は中間点よりも右側に描かれることになり，1位との差が大きいほどより右側に位置することになる。

なお，後に本節**（6）**において説明するが，PPMという意思決定モデルは，①経験効果と，②製品ライフサイクル理論が理論的な根拠となっている。

（3）PPMにおける4つの戦略グループ

相対的市場占有率と予測市場成長率を基準としてPPMのマトリックス上に位置づけられた製品や事業は，**花形**，**金のなる木**，**問題児**，**負け犬**，という4

つの戦略グループに分けられる。4つのグループごとの特徴をまとめると，以下のようになる。

❶花形（star）

相対的市場占有率，予測市場成長率がともに高い事業であり，経験効果がはたらき，製品ライフサイクルの成長期にあるため，大きな利益を生み出している（経験効果と製品ライフサイクルについては後述）。しかし，その一方で，予測される市場成長率が高いために多額の投資を必要とする製品・事業であり，「資金の創出－資金の使用」というキャッシュフローを基準に考えると，次に説明する"金のなる木"に劣る。

❷金のなる木（cash cow）

相対的市場占有率が高いため，経験効果によって大きな利益を生み出す。また，予測市場成長率が低いために新規投資があまり必要でなく，企業全体の資金創出の源泉となる製品・事業である。

❸問題児（question mark または problem child）

相対的市場占有率が低いけれども，予測市場成長率は高い事業であり，十分な資金を投資して製品ライフサイクルの成長期に押し上げてやれば，花形に成長する可能性のある事業を含んでいる。しかし，いくら経営資源が豊富な大企業であってもすべての製品や事業に対して，成長に必要な投資を行うことはできない。そこで，経営者はどの事業に投資をして，どの事業には投資しないかという難しい意思決定をしなくてはならない。それが「問題児」（英語では question mark ともいう）と呼ばれる理由である。

問題児に該当する製品や事業について，経営者は資金を投じて成長させるか，事業に市場価値があるうちに売却するか，といったことを検討しなくてはならない。

❹負け犬（dog）

相対的市場占有率，予測市場成長率ともに低い事業である。経営者は，大きな資金を投入することなく事業を継続していくか，事業から撤退するか，事業に市場価値があるうちに売却するか，といったことを検討しなくてはならない。

（4）PPMを用いた経営者の意思決定

多くの製品や事業を抱える経営者にとっては，保有する事業に投資するための資金（キャッシュ）をどの製品・事業から生み出し，どの製品・事業へ配分するかということがきわめて重要な意味を持っている。PPMは経営者がこのような重要な意思決定をするのに，合理的でわかりやすい基準を提供してくれたのである。

PPMを用いる経営者は，安定した資金供給の源である「金のなる木」で生まれた資金を，現在のシェアは低いが将来有望とみられる，「問題児」に位置するいくつかの事業に投資して「花形」に育て上げる，といった意思決定をすることになる（図表２－11）。

【図表２－11】PPMにおける資金の最適な流れ

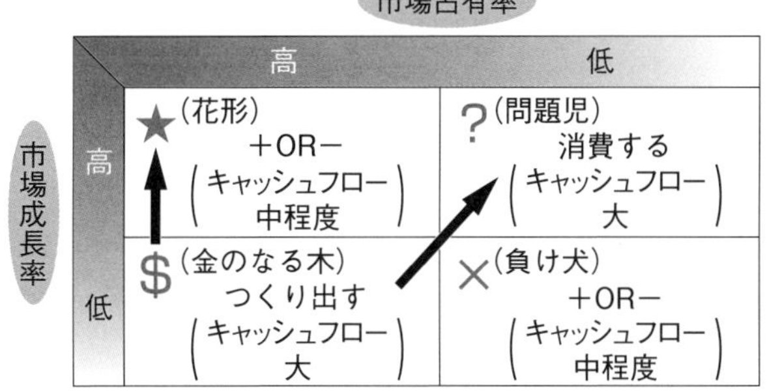

（出所） B. D. ヘンダーソン著，土岐坤訳『経営戦略の核心』ダイヤモンド社，1981年，236頁をもとに一部修正。

（5）PPMを用いた分析の例

図表２－12を用いて，さまざまな生活関連用品を製造販売する消費財メーカーを例として想定してみる。

この企業では，洗濯用洗剤，ヘアケア商品，紙おむつ，歯磨き粉のような口腔ケア商品，スキンケア商品など，多様な商品を扱っている。

これら商品群のうち，紙おむつは，業界におけるシェアが1位で予測市場成長率が高いため，PPMの花形（star）にあたる。そして，洗濯用洗剤とヘアケア商品はシェアが1位であるものの，予測市場成長率が低いため金のなる木（cash cow）にあたる。そして，口腔ケア商品やスキンケア商品は，予測市場成長率が高いものの，それぞれの分野における市場シェアが2位以下であるため問題児（question mark）に該当する。

資金が製品の売上だけから流入するとすれば，この企業で大きな売上を上げているのは，洗濯用洗剤，ヘアケア商品，紙おむつ，という3つの事業である。ただ，紙おむつは成長分野であるため，資金を生み出す一方で，たくさんの資金も使っている。一方，洗濯用洗剤とヘアケア商品の事業は予測成長率が低く，今後あまり投資が必要ではない。このため，この企業では金のなる木である洗

【図表2－12】**PPMを使った資金の流れの分析（例）**

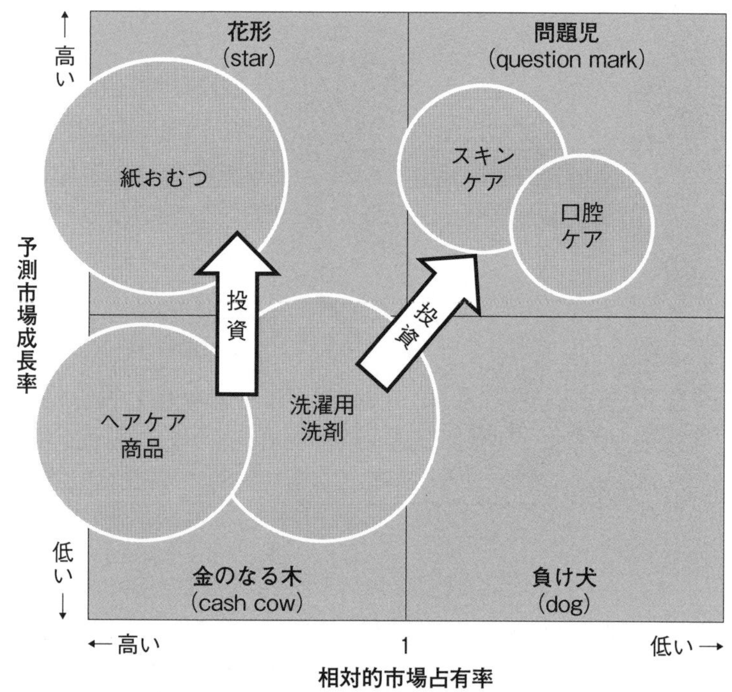

濯用洗剤事業とヘアケア商品事業が生み出す資金を，成長率が高くて投資が必要な紙おむつ（花形），口腔ケア商品とスキンケア商品（いずれも問題児）に投資しているかたちになっている。

ここで，注意したいのが事業のくくり方である。同じ紙おむつでも，赤ちゃん用，シニア用，ペット用などを分けて独立した事業として認識すると，売上の大きさは分散するので小さくなり，相対的市場占有率や予測市場成長率もそれぞれ異なったものとなるので，PPM に描かれる事業構造と資金の流れは大きくちがってくる。

（6）PPM の理論的根拠

前述したとおり，PPM という意思決定モデルは，❶経験効果と，❷製品ライフサイクル理論が理論的な根拠となっている。

❶経験効果

a）経験効果とは

大量生産の場合，生産量が増えるにつれて製品1単位当たりの生産コストが低下することが知られている。

【図表2－13】**経験曲線**

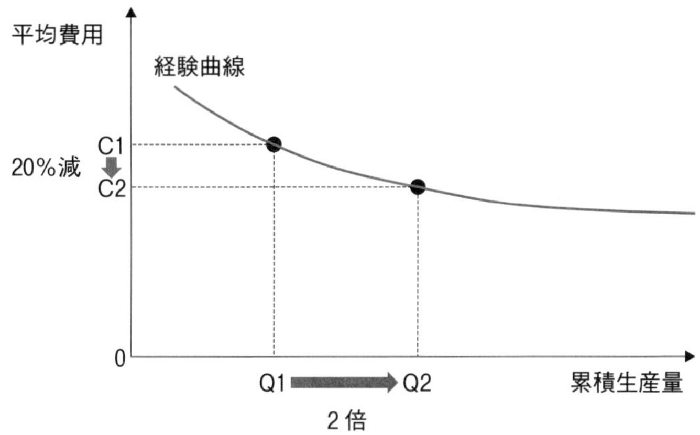

「ある製品の累積生産量が倍増するごとに，その単位当たりコストは20～30％程度低下する」という経験則のことを**経験効果**という。経験効果は図表2－13のような経験曲線で描くことができるため，経験曲線効果とも呼ばれる。

b）経験効果の具体例

経験（曲線）効果を具体的な例を示して説明する。

たとえば，ある製品の1個当たりの製造コストが100円で，この企業ではこれまでに1,000個を生産してきたと仮定する。そして，生産量が2倍となって，累積生産量が2,000個となったとき，製品1個当たりの実質コストは80円程度となる。そして，さらに累積生産量がその2倍となる4,000個に達したとき，その製品の製造コストは64円程度となるということである。

経験効果がはたらくとすれば，累積の生産量を増やす，つまり，同業他社よりも早いペースで製造を増やして市場シェア（市場占有率）を大きくすればするほど，コスト面での優位性が発揮できるということになる。そのため，PPMの1つの基準（横軸）は，相対的市場占有率になっているのである。

c）経験効果がはたらく理由

なぜ経験効果がはたらくのか，については，以下のようにさまざまな理由が考えられている。

- 技術的な進歩：時間の経過とともに製造技術が進歩したり，ITシステム化が進むことなど
- 製品仕様の標準化：標準化や部品の共通化によって生産効率が上がる
- デザインや工程における改善：組み立てやすい製品・部品へのデザイン変更や製造プロセスの標準化など
- 習熟効果：労働者が有するスキルの向上や仕事への慣れがもたらす作業時間の短縮など
- 職務の専門化と作業方法の改善

❷製品ライフサイクル（Product Life Cycle）理論

マーケティング分野の知見であるが（第3部第1章参照），多くの製品やサービスには，①導入期→②成長期→③成熟期→④衰退期という，生物の一生のようなライフサイクルがあることが知られている。

これをPPMに当てはめると，1つの製品や事業は同じ戦略グループ（花形，金のなる木，問題児など）にずっととどまるのではない。企業が適切に投資をすれば，最初は「問題児」であった製品が成長期に入って「花形」に移行する可能性がある。そして，成長期にある「花形」もいずれは市場成長率が低下して成熟期を迎えて「金のなる木」となる。また，成熟期にあって，「金のなる木」として企業に潤沢な資金を提供していた製品も，やがては衰退期に入って「負け犬」となっていく。

また，製品ライフサイクル（Product Life Cycle：PLCと略すこともある）理論によれば，導入期から成長期へ移行すると，研究開発費や広告費，販売促進費などが増加するので，「花形」について，資金創出は大きいが資金流出も多いことがわかる。その後，製品が成長期から成熟期へ移行するのに伴って，研究開発費や広告費，販売促進費は減少していくので，「金のなる木」として十分な資金創出が得られることになる。

（7）PPMの問題点

1970年代にボストン・コンサルティング・グループが開発したPPMには，以下のような問題点が指摘されている。

①資金（キャッシュ）という経営資源の配分に偏っており，人材や技術，ブランド，ノウハウなど，現代企業の競争力の源泉として重要な経営資源の配分について示唆を与えるモデルではない。

②事業における競争優位は，経験効果にもとづくコスト優位性だけとは限らない。つまり，相対的市場占有率だけで製品や事業を評価することは十分ではない。

③製造業のように目に見えて経験効果がはたらく産業には適しているが，そうではないサービス業種の分析には適さない。

④どの製品・事業の範囲を1つの事業として定義するかによって，マトリックス上のポジショニングが変わってしまう。たとえば，多角化した食品メーカーの場合，「菓子」を1つの事業とするか，「和菓子」と「洋菓子」を分けて2つの独立した事業とするかによって，マトリックス上のポジショニングも売上を表す円の大きさも変わってくる。

⑤マトリックス上に描かれるのは既存の製品や事業であり，新製品や新事業に対する投資・育成という視点は考慮されていない。
⑥負け犬や問題児の事業にも，他の事業とのシナジーがある重要な事業が含まれている可能性があり，安易に撤退や事業売却を行うべきではない。
⑦縦軸の市場成長率は，将来の予測であって，正確に把握できるとは限らない。
⑧ 4 つの戦略グループに分けて単純に投資，維持，撤退，売却などの戦略を決めてしまうのは，大雑把すぎる。
⑨実際の企業では，キャッシュの源泉は製品や事業からの収益だけでなく，株式発行や借入金，利息収入など多様である。そうした資金の流れが PPM では考慮されていない。

上記のような問題点を指摘されているものの，たくさんの製品や事業を抱える企業や，グループ経営を束ねるホールディング・カンパニーにおいては，PPM のような合理的な意思決定モデルの必要性は失われていない。いわゆる**選択と集中**（多角化して拡大しすぎた事業領域を選びなおし，少数の事業に経営資源を集中的に投入する考え方）を掲げて事業ポートフォリオの再構築を行う企業も多く，実務的には，PPM の考え方を個々の企業が応用して用いるケースもある。

参考文献

伊丹敬之・加護野忠男『ゼミナール経営学入門〔第 3 版〕』日本経済新聞出版社，2003年。

第 4 章

事業ごとの競争戦略（事業戦略）

ポイント

◉1980年代以降，企業間競争が激化する中で，事業戦略としての競争戦略が生まれてきた。

◉競争戦略論の代表格であるポーターは，ファイブ・フォース分析，バリュー・チェーン分析，３つの基本戦略という著名なモデルを提唱した。

◉バリュー・チェーン，コスト・リーダーシップ戦略，差別化戦略，ニッチ戦略など，今日の企業において多用されている経営用語は，ポーターに由来するものである。

キーワード

ファイブ・フォース（分析），撤退障壁，参入障壁，
代替製品・サービスの脅威，バリュー・チェーン（分析），
競争優位，持続的競争優位，規模の経済と範囲の経済，
コスト・リーダーシップ戦略，差別化戦略，
集中戦略（ニッチ戦略）

1 事業戦略と競争戦略

複数の事業を営む企業では，全社戦略のもとに事業の種類に応じた事業戦略を策定している。たとえば，金融グループを形成する企業であれば，全社戦略はグループ全体にとっての戦略であるが，銀行部門，証券部門，信託部門，コンサルティング部門など，それぞれの事業において競合企業や顧客ターゲットがちがうため，事業ごとに異なる事業戦略が必要となる。一方で，単一の事業に集中している企業では，たとえ大企業であっても全社戦略と事業戦略は同一のものとなる。

事業戦略においては，競合他社に対する優位性を築くことが重要となるため，一般的には事業戦略は競争戦略と同じような意味で用いられる。

2 ポーターの競争戦略論

（1）ファイブ・フォース分析

❶ファイブ・フォース（5つの力）とは

競争戦略論で著名な**ポーター**（Porter, M. E.）は，さまざまな業界において収益性が異なる原因について研究を進めた。彼は，業界の競争環境を規定する要素として，①既存企業間の競合関係だけでなく，②新規参入の脅威，③代替製品・サービスの脅威，④売り手の交渉力，⑤買い手の交渉力，という5つの要因があることを指摘した。この5つの競争要因のことをファイブ・フォース（5つの力）と呼び，5つの競争要因を分析し，ある産業における競争の度合いを測ることを**ファイブ・フォース分析**という（図表2－14）。

【図表２－14】ファイブ・フォース（５つの競争要因）

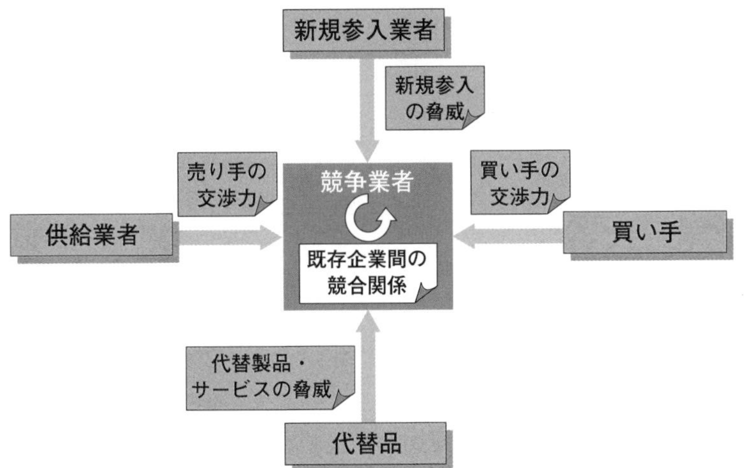

（出所）M. E. ポーター著，土岐坤・中辻萬治・服部照夫訳『競争の戦略』ダイヤモンド社，1982年，18頁をもとに一部修正。

❷ ５つの競争規定要因はいかにして決まるか

図表２－14において，５つの競争要因は企業にとっての競争環境にどのように影響するのであろうか。

①既存企業間の競合関係：いわゆる業界内の競合関係であり，業界の寡占度，業界全体の成長性や収益性，固定費の大きさ，重要な経営資源の種類，撤退障壁の高さなどによって決まる。

ここで**撤退障壁**とは，事業に失敗して撤退する際にかかるコストのことである。撤退障壁には，これまでに投資してきた資金の大きさ，機械設備の処分，既存顧客に対する製品やサービスの提供に関する責任，取引先との契約解除に際しての信用喪失，地域経済に対する責任，地域社会に対する雇用の責任などがあり，決して小さなものとは限らない。

②新規参入の脅威：新規参入の脅威は，規模の経済がはたらいているかどうか（規模の経済がはたらいている業界には新しい企業は参入しにくい），製品差別化やブランドの力が強いかどうか，政府による介入や規制緩和があるかなど，**参入障壁**の高さに加え，業界全体の超過利潤の大きさなどに

よって決まる。参入障壁が高い業界では新規参入が起こりづらく，業界全体の超過利潤が大きい業界は他業界の企業や新たに起業した企業にとって参入することが魅力的に映る。

③代替製品・サービスの脅威：代替製品・サービスの脅威とは，従来の製品やサービスが提供していた価値と同じような代替品が存在するかどうか，ということである。この脅威は，ユーザーの嗜好の変化，まったく新たな機能を生み出す技術革新，既存の業界における平均価格の上昇などによって決まる。

④売り手の交渉力：売り手側の業界の寡占度，他社製品へのスイッチング・コスト（顧客が使用する製品の購入先を切り替える際のコスト），代替品の存在，取引の金銭的ボリュームなどによって決まる。たとえば，売り手の業界における寡占度が高い場合，特定の企業から製品やサービスを買うしかないため，売り手側は大きな価格交渉力を持つことになる。

⑤買い手の交渉力：買い手側，つまり，顧客と業界内の企業の関係，業界内の寡占度，代替品の存在などによって決まる。たとえば，企業間取引において，買い手側の数が少ない場合，業界内にある多数の企業は数少ない顧客と価格交渉を行うことになるので，買い手側の価格交渉力のほうが相対的に強くなり，業界内の企業にとっては不利な状況にあるといえる。

従来，「競合企業」と言えば，同業他社，つまり，業界内にある既存企業間の競合関係のことだけであった。しかし，業界の競争環境を分析するためには，新規参入業者，代替品，売り手（供給業者），買い手という要因も考慮しなければならないとしたところに，ポーターの先見性があった。

（2）バリュー・チェーン分析

❶競争優位とは

ある企業が，他社から模倣されない方法や戦略を実行する能力のことを**競争優位**（competitive advantage）という。競争優位の定義に関しては，業界内で平均以上の収益率を上げ，大きなシェアを獲得する能力とする考え方もある。また，ある製品の売上高やシェアなど，短期的に競合他社の優位に立つことが競争優位ではなく，中長期的に競合他社に対して競争優位を築くという考え方を**持続的競争優位**（sustainable competitive advantage）と呼ぶ。

個々の企業にとって，競争優位を生み出す要因（競争優位の源泉）はさまざまである。たとえば，低コストと短納期を実現するような製造や物流における効率性が競争優位の源泉となっているパソコンメーカー，長い業歴の中で蓄積してきたブランド力を基礎にして高所得者層に受け入れられているバッグメーカー，顧客ニーズの変化にすばやく対応してタイムリーに市場に製品を投入できるアパレル企業などの例が挙げられる。

競合他社と比較して競争優位の源泉を見い出すために，事業を遂行するプロセスを細分化して考えるモデルが**バリュー・チェーン（価値連鎖）分析**である。

❷バリュー・チェーンとは

ポーターによれば，バリュー・チェーン分析の目的は「コストのビヘイビアおよび差別化の，現在または潜在の源泉を理解するために，会社を戦略的に重要な活動に分解し，これら戦略的に重要な活動を，競争相手よりも安く，またはよりよく行うことによって，競争優位を手に入れること」（M. E. ポーター著『競争優位の戦略』，土岐ほか訳，1985年）であり，バリュー・チェーンの

【図表２−15】バリュー・チェーンの基本形

（出所）M. E. ポーター著，土岐坤・中辻萬治・小野寺武夫訳『競争優位の戦略』ダイヤモンド社，1985年，49頁。

基本形は図表２－15のようになる。

バリュー・チェーンの基本形は，購買物流，製造，出荷物流，販売・マーケティング，サービスという５つの主活動と，インフラストラクチャーの全般管理（経営計画，財務，会計など），人事・労務管理，技術開発，調達活動という４つの支援活動から成り立ち，そうした活動の連鎖が企業にとってのマージン（利益）を生み出すという考え方にもとづく。

❸バリュー・チェーンを用いた分析

バリュー・チェーンを作成・分析することによって，製品・サービスを提供する一連の企業活動の中で，どの活動が付加価値をつけているのか，すなわち，どの活動に競争優位の源泉があるのかを見つけ出すことができる。

実際には，バリュー・チェーンは企業ごとに（複数の事業を営む企業の場合には事業ごとに）異なり，図表２－15は，ポーターが示した製造業の例である。また，バリュー・チェーンは個々の企業内部の活動について作成することができるほか，他の企業や組織との連関をもとに作成することもできる。

実際に企業が行うバリュー・チェーン分析には，次のような視点がある。

- バリュー・チェーンの各活動において，マージンを生み出すのに貢献している活動，つまり，価値を生み出している活動はどれか？
- バリュー・チェーンの各活動において，業界の他企業などと比較して，より大きなコストをかけている活動はどれか？
- 将来的に，どの活動が自社の価値の源泉となるのか？

こうした視点からの分析は，可能であれば競合他社のデータと照らし合わせて行い，自社の価値の源泉となる活動には積極的に資金や人材の投入を行ったり，価値を生み出さない活動はアウトソーシングや外注を行って，自社の活動についての選択と集中を行う，といった面で活用することが考えられる。

（３）ポーターの３つの基本戦略

ファイブ・フォース分析やバリュー・チェーン分析などのモデルを考案したポーターは，競争戦略というものを「競争の発生する基本的な場所である業界において，有利な競争的地位を探すこと」と定義している。ここで，“有利な競争的地位”のことを市場ポジショニングと呼んでいるが，ポーターは，企業にとって重要なことは，収益性の高い業界を選び出し，その業界の中で自社の市場ポジショニングを確立することにあると考えた。

そして，①競争優位は競合企業よりも低コストで製品やサービスを提供できるかどうか（コスト優位性），および，②顧客から他社とはちがう特徴が認められるかどうか（特異性），という2つの観点から，企業の競争戦略を図表2－16のように**3つの基本戦略**のパターンに分類した。

【図表2－16】**ポーターによる3つの基本戦略**

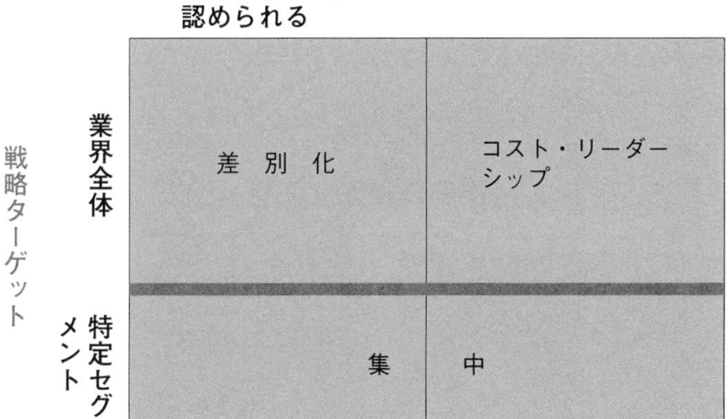

（出所） M. E. ポーター著，土岐坤・中辻萬治・服部照夫訳『競争の戦略』ダイヤモンド社，1982年，61頁。

❶コスト・リーダーシップ戦略

コスト・リーダーシップ戦略は，市場全体を対象として，競合他社に対する戦略上の優位性を「コストが低いこと」に求める戦略である。

コスト面での優位性を確立するためには，生産面で設備投資を行い，機械化やIT化を進めて効率化を図ると同時に，標準化された製品の開発を行い，規模の経済を発揮することが必要になる。また，市場面では広告や販売促進活動を積極的に行いながら，市場占有率（マーケット・シェア）の拡大を図るのが定石である。そのため，コスト・リーダーシップ戦略は経営資源が豊富な大企業において実現可能な戦略といえる。

ここで，**規模の経済**（economies of scale）とは，生産量が増大するにつれて製品1単位当たりの固定費が減少することによって，コストが低減される効果のことである。類似することばとして，**範囲の経済**（economies of scope）があるが，こちらは製品の種類を増やしたり，事業を多角化したりすることによって効率化される結果，収益が上がることを意味する。

また，**ネットワークの経済**（network economies）といって，SNS（social network service）やインターネットを使ったコンテンツサービス業などにおいて，参加者が増えれば増えるほど，利便性やコストが逓減する現象を意味する用語もある。

❷差別化戦略

差別化戦略とは，市場全体を対象として，自社の製品やサービスの特異性を訴求する競争戦略である。

差別化を生み出す要因については，消費財の場合，ブランド力や製品に対するイメージ，製品の機能，サービスとの一体化，特有の販売チャネルなどが該当する。また，産業財（生産財）においては，技術力にもとづく製品性能やサービス品質，特許などの知的財産権の保有などが差別化要因となる。

ただし，技術の進化や消費嗜好の移り変わりなどの経営環境の変化が激しい現在，一度は差別化に成功しても，それを維持することは困難なことであり，時間の経過とともに差別化の効力は失われていく。また，コスト・リーダーシップ戦略は低コストを実現して市場シェアの拡大をねらうのに対して，差別化戦略は必ずしも市場シェアの拡大にはつながらず，差別化を維持するためにはかなりの研究開発費や高度なサービスを提供するためのコストを必要とすることから，コスト・リーダーシップ戦略と差別化戦略を同時に実現することは難しいとされている。

❸集中戦略

集中戦略とは，特定の顧客層（市場セグメント）や特定の地域市場，特定の流通チャネルなどに経営資源の配分を特化させる競争戦略である。

集中戦略は**ニッチ戦略**とも呼ばれ，特定の市場セグメントにおいてコスト優位，もしくは，独自性を活かした差別化がもたらす競争優位性の確立をめざす戦略である。市場全体をねらうのではなく，戦略上のターゲットの範囲を小さくすることで経営資源を集中させたり，顧客セグメントを絞り込んで他社に負けない競争優位の構築を目的とする戦略である。

集中戦略は，経営資源があまり豊富ではない中堅・中小企業でも実現可能な戦略であるが，大企業であっても戦略的に特定の事業において集中戦略（ニッチ戦略）を採用している場合も少なくない。

ポーターの競争戦略論は，ファイブ・フォースの考えを用いて明らかにした業界構造（外部環境）に対して，バリュー・チェーン分析を使って見い出した自社の競争優位の源泉を活かすこと，そして，いかにして自社を外部環境の変化に適合させ，業界における独自の市場ポジショニングを構築するという点に重きを置く事業戦略論であるといえる。

3 事業戦略から機能別戦略へのつながり

全社戦略とそれに続く事業戦略を策定した後，全社戦略や事業戦略を実行に移すために職能単位ごとに，より具体的な戦略が策定される。これが機能別戦略である。業界や組織構造によって企業ごとに異なるが，代表的なものとして，研究開発戦略（R&D 戦略：research & development），生産戦略，マーケティング戦略，財務戦略，人事戦略などが挙げられる。

機能別戦略については，第 3 部と第 4 部で取り上げる。

参考文献

M. E. ポーター著，土岐坤・中辻萬治・服部照夫訳『競争の戦略』ダイヤモンド社，1982年。
M. E. ポーター著，土岐坤・中辻萬治・小野寺武夫訳『競争優位の戦略』ダイヤモンド社，1985年。

第 5 章

経営戦略論の時代的変遷

ポイント

◉成長ベクトル，PPM，ポーターの競争戦略など，経営戦略論にかかわるモデルは，経営環境が変化する大きな流れの中でそれぞれの位置づけを考えることができる。

◉1990年代以降の経営戦略論は，外部環境への適応を重視する従来の分析型戦略論の成果を踏まえつつ，企業自体の持つ組織的な能力に着目したコア・コンピタンス論やナレッジ・マネジメントなどの創発型戦略論に展開していった。

キーワード

組織は戦略に従う，成長ベクトル，シナジー，
事業ポートフォリオ，産業組織論，コア・コンピタンス論，
ナレッジ・マネジメント，SECI モデル（知識創造理論），
RBV（リソース・ベースト・ビュー），
分析型戦略論と創発型戦略論

1 経営戦略論のまとめ

これまで説明してきた全社戦略～事業戦略にかかわる戦略モデルやフレームワークは，それらが創出された時代の経営環境を反映している。ここで，主な経営戦略論の考え方とその時代背景について，年代順にまとめてみよう。

（1）1960年代～経営戦略論の芽生え（チャンドラーとアンゾフ）

❶チャンドラー

すでに説明したように，経営学に「戦略」という考え方を最初に導入したのは**チャンドラー**であった。彼は，代表的著書である『経営戦略と組織』（1962年）において，「戦略とは，企業の目標達成に必要な経営資源の配分方法である」とした。当時の時代背景としては，第2次世界大戦後の経済をリードし，経済大国として発展を遂げていた米国において，まだ企業間の厳しい競争というものはあまり大きなテーマとはならなかった。むしろ，「いかに自社の経営基盤を強化するか」ということが経営の分野における中心的な課題であり，それまでの場当たり的経営から，長期経営計画にもとづく成長を重視する志向が強まっていた。

そうした中で，米国経済発展の先頭に立っていた大企業では，多国籍化と多角化が始まっており，多角化した事業をうまく管理するための新しい組織構造を模索していた。そして，代表的な大企業であった化学会社のデュポン社における新しい組織の存在を見て，チャンドラーが「**組織は戦略に従う**（structure follows strategy.）」という有名な命題を提示した。その“新しい組織”こそが，後に広く普及することとなった「事業部制組織」である。

❷アンゾフ

一方，チャンドラーと同時代人で，「経営戦略論の父」と呼ばれたのが**アンゾフ**である。アンゾフは，企業を「意思決定の場である」ととらえ，企業における意思決定を以下の3つに分類した。

①業務的意思決定：生産現場などで日常業務を効率的に実行するための決定
②管理的意思決定：担当部門での経営資源の配分を効率的に行うための決定
③戦略的意思決定：企業全体の視点から成長戦略を実行していくための決定

アンゾフは，これらの中で，企業を経営するうえで最も重要なものは戦略的意思決定であるとした。彼は『企業戦略論』（1965年）において，意思決定という視点こそが企業経営上きわめて重要であることを示し，経営戦略を「部分的無知のもとで企業が新しい機会を探求するための意思決定ルール」ととらえた。そして，経営戦略を形づくる構成要素としたのが，以下の4つであった。

①成長ベクトル：多角化や技術開発，市場開発または既存市場での成長のいずれかによって示される企業成長の方向性
②製品と市場の組み合わせ：製品－市場ミックス
③競争優位性：企業が競争上の優位性を生み出すための製品および市場の特性
④シナジー（synergy）：相乗効果の重要性

すでに説明したように，製品－市場マトリックスというかたちで表される成長ベクトルは，全社戦略を考えるうえでの典型的なフレームワークとなっている。また，「競争優位性」や「**シナジー**」は現代の経営にも用いられる重要な

【図表2－17】アンゾフの考えたシナジーの種類

販売シナジー	流通チャネルや物流施設，ブランドなどの要素から生まれる相乗効果
生産シナジー	原材料の一括購入，生産技術の転用などから生まれる相乗効果
投資シナジー	工場・設備の活用や，研究開発の成果を共有することなどから生まれる相乗効果
経営管理シナジー	経営ノウハウや問題解決の方法を活かすことによって生じる相乗効果

キーワードとなっている。アンゾフ自身は，シナジーの種類として，販売シナジー，生産シナジー，投資シナジー，経営管理シナジーを挙げている（図表2−17）。

（2）1970年代～事業ポートフォリオの時代

1970年代になると，多くの米国企業が事業を多角化し，多国籍化するようになった。ただし，事業ごとに収益性や成長性は大きく異なることが明らかになった。また，いくら大企業であっても経営資源には限りがあり，保有する経営資源をどの事業にどれだけ投入して，企業全体として最大限の収益を上げるかということが，企業経営上の重要な意思決定事項となった。

こうした状況の中，多角化した事業を1つの基準で整理できるようなフレームワークが求められるようになった。そうしたニーズに応えたものが，ボストン・コンサルティング・グループ（BCG）が開発したプロダクト・ポートフォリオ・マネジメント（PPM）であった。

この考え方は，当時の多くの大企業の経営者に取り入れられた。優秀な大企業の経営者とはいえ，自社が営むすべての事業分野に精通しているわけではなく，すべての事業内容を理解しているわけではない。たくさんの事業を「相対的市場占有率」と「予測市場成長率」というわかりやすい2つの基準で評価し，経営資源をどこに集中的に投入し，どの事業からは撤退すべきかという難しい意思決定を合理的に行うことができるツール（道具）を，多くの経営者が求めていたからである。PPMを用いることで，経営者は自社が保有すべき最適な事業ポートフォリオ（事業の組み合わせ）を思い描くことができたのである。

（3）1980年代～競争戦略の時代

1980年代になると，米国においてだけでなく，西ヨーロッパや日本においても経済成長が続き，市場が成熟化し，同業企業間の競争が激しくなっていった。そして，企業は次第に独自の競争優位性を構築し，同業他社に打ち勝つための戦略を求めるようになった。そうした状況下で，多くの経営者はポーターの競争戦略論を歓迎したのである。

ポーターの競争戦略論は，ミクロ経済学の一分野である**産業組織論**の考え方を企業経営に応用したものである。産業組織論というのは，業界の特性や市場シェアなどを対象とする研究分野で，その中には，「市場構造」（structure）が「企業行動」（conduct）を規定し，その企業行動が企業の業績や業界の平均的な収益率などの「成果」（performance）を決定づけるという立場をとる学派がある（この考え方は，３つのキーワードの頭文字をとって SCP モデルと呼ばれる）。

ポーターは，個々の企業が差別化などの行動をとることで，市場構造全体に影響することもあると考え，企業が業界の平均よりも高い収益率を得るためには，差別化によって適切な位置に自社をポジショニングすることが必要であると考えたのである。また，産業組織論は市場シェアや平均的な収益率などの数値を分析するモデルである。そのため，ポーターの競争戦略論は，ファイブ・フォースによる外部環境の分析，バリュー・チェーンによる自社の分析など，数理的モデルの導入を特徴とし，３つの基本戦略（コスト・リーダーシップ戦略，差別化戦略，集中戦略）のような合理的なモデルを使うことを特徴としている。

2 比較的新しい経営戦略論の流れ

（１）1980年代後半からの経営環境の変化

1980年代後半から，日本企業の競争力が強くなり，米国の大企業，とくに鉄鋼・自動車・電機・半導体などのものづくり産業は相対的に競争力を失っていった。戦略を十分に練ったり，さまざまな分析を行って合理的に行動したりしているとは思えない日本企業の業績が米国企業を上回るようになったことから，米国では，いわゆる日本的経営の積極的な研究が行われた。

その過程において，ジャスト・イン・タイムやかんばん方式で知られるトヨタ生産方式や，組織内のコミュニケーションを重視した組織的集団学習など，日本企業の長所をアメリカ版にアレンジしたかたちで取り込んでいくようになる。

（2）創発型戦略論の登場

上記のような経営環境の変化を背景として，1990年代に入り，日本企業の行動パターンを研究したコア・コンピタンス論や，野中郁次郎の「知識創造理論」に影響を受けたナレッジ・マネジメントに代表されるような，企業内部の経営資源，とくに知的資源の蓄積や活用に着目し，競争優位性をいかに持続させるかという議論が活発となっていった。単なる競争優位（competitive advantage）ではなく，持続的競争優位（sustainable competitive advantage）という考え方が浸透していったのである。

❶コア・コンピタンス論

コア・コンピタンス（core competence）とは，企業の持つ「中核的な能力」と訳され，他社が模倣できないような，自社ならではの価値を提供するために企業が保有する中核的能力のことである。プラハラード（Prahalad, C. K.）とハメル（Hamel, G.）は『ハーバードビジネスレビュー』誌に寄稿した「The Core Competence of the Corporation」において，広範かつ多様な市場参入可能性をもたらし，最終製品が顧客に提供する価値を向上させ，他社には模倣が困難な技術やスキルを活用した事例として，ホンダ社のエンジン技術やキヤノン社の光学技術などを挙げた。こうした企業は中長期的な視点からコア・コンピタンスの把握と開発に取り組んでいた結果，持続的競争優位を確立できたというのである。

❷ナレッジ・マネジメント

野中郁次郎らによって提唱された考え方である**知識創造理論**は，実務的には**ナレッジ・マネジメント**として展開していった。このナレッジ・マネジメントは，企業が知識（ナレッジ）を創造するための組織能力を構築していくことの重要性を示唆している。とくに，わが国の企業にみられた知識創造プロセスから導き出された**SECI モデル**は，組織における知識が共同化→表出化→連結化

→内面化という一連のプロセスを繰り返して，組織内の知識として創出・蓄積されていくことを示している（図表2－18）。

共同化→表出化→連結化→内面化の頭文字をとったSECIモデルによれば，知識には，数値化されたデータや文章化された形式知と，数値やことばでは表しにくい暗黙知という2つの種類がある。そして，組織内の知識は以下のような段階を繰り返しながら，定着化したり，さらに開発されたりするという。

a）共同化（socialization）

組織に属する人々が経験を共有することによって，認識や技能などの暗黙知を共に体験する段階である。

b）表出化（externalization）

組織メンバーに共有された暗黙知が，比喩，コンセプト，仮説，モデルなどのかたちで，だんだんと形式知として明示化・明文化されていく段階である。

c）連結化（combination）

異なる形式知を組み合わせたり，組み換えたりして，新たな知識を作り出す

【図表2－18】知識変換のSECIモデル

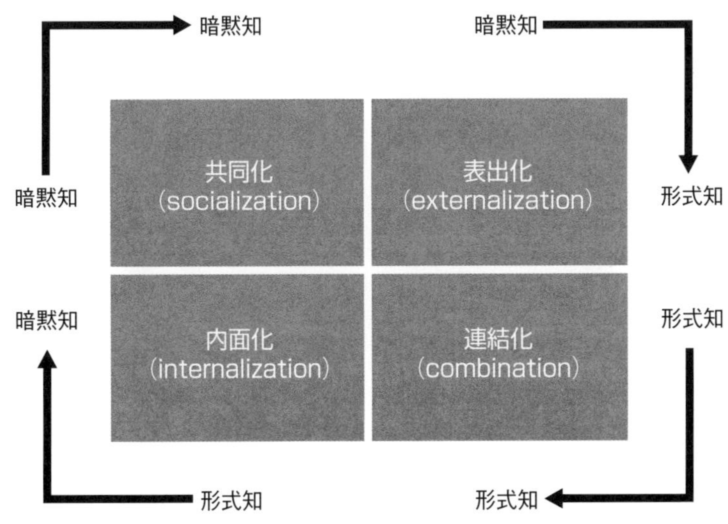

（出所） 野中郁次郎・竹内弘高『知識創造企業』東洋経済新報社，1996年，93頁をもとに一部修正。

段階である。

d）内面化（internalization）

行動による学習を通じて，形式知を個人や組織の内部に取り込み，暗黙知化していく段階である。

❸RBV（リソース・ベースト・ビュー）

個々の企業が保有する経営資源の活用という視点から経営戦略を考えるという点では，バーニー（Barney, J. B.）の**RBV**（Resource Based View）を挙げることができる。

RBVは，文字どおりに訳せば「経営資源にもとづく企業観」ということになるが，資源ベース論，内部資源論とも呼ばれている。バーニーは，保有する経営資源が何かというだけでなく，どうやったら企業が自らの経営資源を有効に活用できるかという点に着目した。そして，①価値（value）を生み出す，②希少性（rarity）が高い，③模倣（imitability）することが困難である，④うまく組織化されている（organization）という4つの特性を満たす経営資源が，組織としての能力（capability：ケイパビリティという）につながるとした。これら4つの特性のことを，頭文字をとってVRIOと呼ぶ。

❹分析型戦略論と創発型戦略論

1990年代以降の経営戦略論の流れを簡潔にまとめると，いかにして持続的競争優位（sustainable competitive advantage）を確立するかという論点をめぐって，分析型戦略論と創発型戦略論のせめぎ合いというかたちになっている。

分析型戦略論は，ポーターの競争戦略論に代表されるように，ポーターのファイブ・フォース分析やバリュー・チェーン分析，さらにはSWOT分析，成長ベクトル，PPMなどの合理的なモデルを用い，企業がいかにして外部環境の変化にうまく適応し，独自の市場ポジショニングを築き上げるか，に焦点をあてた戦略論である。

一方，**創発型戦略論**について，コア・コンピタンス論，ナレッジ・マネジメント，RBVなどに共通するのは，企業内部の経営資源の開発と蓄積することによって，いかに組織的能力（コア・コンピタンス，ケイパビリティなどの呼

【図表2－19】経営戦略論の時代的変遷

	時代的な背景	経営戦略論に期待されたこと	代表的な戦略論
1960年代	米国経済の発展に伴って大企業が大きく成長し，事業範囲が拡大	どうやって企業を成長させるか？に焦点をあてた戦略論	• 事業部制組織（チャンドラー） • 成長ベクトル（アンゾフ）
1970年代	米国企業のさらなる多国籍化・多角化の進展	多角化した企業の管理についての理論	• PPM（ボストン・コンサルティング・グループ）
1980年代	企業間競争の激化	いかに他社との競争に打ち勝つか？という方法論	• 競争戦略論（ポーター）
1990年代以降	• 日本企業の台頭（1980年代～90年代前半） • 知識集約型経済社会への移行	従来の分析型戦略論だけで有効な戦略を構築できるのか？という問題提起	• コア・コンピタンス論（ハメル＆プラハラード） • 知識創造理論（野中郁次郎） • RBV（バーニー）

び方がある）を高めるかが持続的競争優位性を決定づけるという点である（図表2－19）。

参考文献

野中郁次郎・竹内弘高『知識創造企業』東洋経済新報社，1996年。
A. D. チャンドラー著，有賀裕子訳『組織は戦略に従う』ダイヤモンド社，2004年。
G. ハメル＆C. K. プラハラード著，一條和生訳『コア・コンピタンス経営』日経ビジネス人文庫，2001年。
H. I. アンゾフ著，中村元一監訳『戦略経営論（新訳）』中央経済社，2007年。
H. ミンツバーグ，B. アルストランド＆J. ランベル著，齋藤嘉則監訳『戦略サファリ〔第2版〕』東洋経済新報社，2012年。
J. B. バーニー著，岡田正大訳『企業戦略論』ダイヤモンド社，2003年。
M. E. ポーター著，土岐坤ほか訳『競争の戦略』ダイヤモンド社，1982年。

第 3 部

どのように戦略を実行に移すか

機能別戦略
（マーケティング・研究開発と生産・財務）

企業経営にとって必要な経営資源はヒト・モノ・カネであるが，それぞれ人事戦略，マーケティング戦略や研究開発戦略・生産戦略，そして，財務戦略という機能別戦略の要素に置き換えることができる。

本書では，この第 3 部においてマーケティング戦略，研究開発戦略，生産戦略，および，財務戦略を理解する基礎となる会計について学び，つづく第 4 部第 1 章において人事戦略の中核をなす人的資源管理を掘り下げていく。

第1章

マーケティング戦略の基礎

ポイント

◉マーケティングにはいくつかの定義があるが，市場にかかわるさまざまなステークホルダーに価値を提供するためのプロセスである，という共通点が見られる。

◉マーケティングは，単なる販売とは異なるものであり，市場や顧客のニーズを軸として行う企業活動である。

◉企業におけるマーケティングの実務的な活動では，STP モデルや 4 Ps と呼ばれるマーケティング・ミックスの考え方が活用されている。

キーワード

マーケティング，シーズ志向とニーズ志向，
ソーシャル・マーケティング，STP モデル，
マーケティング・ミックス，製品ライフサイクル，
ロジスティクス，サプライ・チェーン，
プロモーション・ミックス，プル戦略とプッシュ戦略

マーケティングのプロセス

(1) マーケティングとは何か

❶マーケティングのさまざまな定義

マーケティングという学問領域は，誕生以来100年程度しか経ていない，比較的新しいものである。企業経営の実務におけるマーケティングというと，「市場リサーチのこと」，「プロモーションのこと」，あるいは「商品開発のこと」などと，使う人によってさまざまな意味を持つ。経営学の一領域としてのマーケティングについても，いくつもの定義があるが，以下に代表的なものを取り上げて説明していく。

a）コトラーによる定義

米国のマーケティング研究の第一人者として知られる**コトラー**（Kotler, P.）は，マーケティングを次のように定義している。

「個人や集団が，製品および価値の創造を通じて，そのニーズや欲求（ウォンツ）を満たす社会的・管理的プロセスである」

（『マーケティング・マネジメント〔第９版〕』1997年）

上記の定義では，マーケティングの出発点が消費者のニーズや欲求（ウォンツ）の充足にあることが強調されている。彼がニーズやウォンツを満たすとしている「製品」は，物やサービスだけでなく，何らかの活動，人間，場所，組織，アイデアなどが含まれている。また，個人（B to C）と集団（B to B）の両者を対象とし，とくに“集団”には病院や学校などの非営利組織（NPO）を含めていることも大きな特徴である。つまり，マーケティングという考え方は営利企業だけでなく，公共機関やNPOにも必要であることを示している。

2001年に出版された『マーケティング・マネジメント―ミレニアム版』では，

コトラーは以下のように少しマーケティングの定義を変更している。この中で，マーケティングが社会活動のプロセスであるという点が強調されているが，個人や集団のニーズや欲求に応えるという点は変わらない。

「マーケティングとは社会活動のプロセスである。その中で個人やグループは，価値ある製品やサービスを作り出し，提供し，他者と自由に交換することによって，必要なものや欲するものを手に入れる」

（『マーケティング・マネジメント―ミレニアム版』2001年）

b）AMAによる定義

世界中のマーケティングにかかわる実務家や研究者からその活動が認知されているAMA（米国マーケティング協会）は，2007年に以下のようにマーケティングを定義づけしている。

“Marketing is the activity, set of institutions, and processes for creating, communicating, delivering, and exchanging offerings that have value for customers, clients, partners, and society at large.”

「マーケティングとは，顧客，依頼人，パートナー，社会全体にとって価値のある提供物を創造・伝達・配達・交換するための活動であり，一連の制度，そしてプロセスである。」　（慶應義塾大学・高橋郁夫による翻訳）

この定義は，近年マーケティングの社会性がより強調されるようになったことを反映しており，さまざまなステークホルダーに対して価値を提供する活動である，という点に特徴がある。

❷販売とマーケティングのちがい

企業経営にとどまらず，組織のマネジメントを中心として，経済や社会にさまざまな提言を行ったドラッカーは「マーケティングの目的はセリング（単純な販売活動）を必要なくすることである」としている。このことばの真意は，顧客のニーズにあわせた商品を開発できれば，売込みをしなくても顧客のほうから商品を求めてくる，ということである。

このように，「販売」と「マーケティング」は似て非なるものである。

【図表3－1】販売とマーケティングのちがい

	販売	マーケティング
主眼	すでに出来上がった製品をいかに売り込むか	売れるような製品をいかに開発するか
社内体制	販売部門だけで行う	開発部門，販売部門など社内の多くの部門が参画する
経営面	売上中心（ときとして，売上至上主義に陥る）	利益重視

販売は，すでに作ってある製品をいかに購入してもらうか，という活動である。これに対して，マーケティングではそもそも売れる製品はどのようなものか，を考え，消費者やターゲットとなる顧客，競合製品などの情報収集（マーケティング・リサーチという）から始めて，製品開発，製造プロセス，販売などを体系的に考えることである。また，販売が売上至上主義になりがちなのに対して，マーケティングはコスト面を考えたうえで利益を重視するという志向が強い（図表3－1）。つまり，マーケティングは販売活動を含む体系的なプロセスであると考えることができる。

（2）マーケティングに対する考え方の時代的変遷

マーケティングの定義と同様に，マーケティングに対する考え方も時代の変遷によって，移り変わってきた。大きくは生産志向→販売志向→マーケティング志向と移り変わり，現在ではとくに社会志向が強くなっている。マーケティングという分野の発祥地である米国と日本では経済発展の時間的経過や社会的な背景が異なるため，年代的には米国のほうが先行しているものの，おおむね，❶生産志向→❷販売志向→❸マーケティング志向→❹社会志向という流れは変わらない（図表3－2）。

【図表3－2】マーケティングに対する考え方の時代的な変遷

考え方	日本の年代	特徴
生産志向	1950年代～	•作れば売れる時代の発想 •企業経営の焦点は，生産の効率化にある
販売志向	1970年代～	•作った製品をいかに売り込むかという発想 •企業経営の焦点は，売上最大化にある
マーケティング志向	1980年代～	•そもそも売れるモノを作るという発想 •企業経営の焦点は，利益重視に移行する
社会志向	1990年代～	•企業の社会的責任が製品レベルでも求められる •企業経営の焦点は，製品の社会的意義の訴求に移行する

❶生産志向

a）生産志向とは

生産志向とは，第2次大戦後（1950年代～60年代）の日本にみられるように，「モノを作れば売れる」時代の考え方である。国全体で，商品に対する需要が供給を大きく上回るモノ不足の状況（需要＞供給）では，消費者の嗜好にあわせたデザインやサイズなどを考えなくても，店頭で商品がどんどん売れていく。このような時代には，製造業者は，いかに効率的に生産を行って利益を最大化するかということを中心に経営を進めればよい。卸売業者や小売業者にとっても，とにかく製品を集めてきて店頭に並べればよいので，現在のように顧客ニーズがどこにあるか，などといったことを考えなくてもよい。放っておいても売れていくため，そもそもマーケティングという考え方自体が必要ないともいえる。

b）シーズ志向とニーズ志向

現在でも，**シーズ志向**といって，自社の技術を使ってものづくりをすれば売れるはずだという考え方が根強い業界や企業は存在する。「シーズ」（seeds）とは「種」を意味し，製品を作るもととなる技術やアイデアなどのことであり，「当社ではこういう技術やノウハウがあるからこんな製品を作ることができる」という発想から生まれる製品やサービスのことである。

シーズ志向に対応することばとして**ニーズ志向**があるが，これは顧客が望むものを生産・販売する姿勢を意味し，現在のマーケティングの考え方に近い。

❷販売志向

販売志向とは，生産志向の時代に比べると国全体で供給が需要を上回るようになって，モノ余りの現象が顕著になってきた1970年代以降の日本にみられるような考え方である。それ以前のモノ不足の時代とちがって，消費者は商品を選べるようになり，生産側からすれば同業他社との競争が激しくなり，積極的な販売活動やセールス・プロモーションによって商品を売り込まなくてはならなくなった。自動車や飲料など大企業の消費財メーカーがこぞって，テレビや新聞などのマスメディアで莫大な広告費をかけた時代でもある。

❸マーケティング志向

a）マーケティング志向とは

マーケティング志向とは，作ったものをなんとかして売るという販売志向とは異なり，はじめから売れるモノを作ろうという考え方である。市場の動向や競合他社の商品，顧客の志向などを十分に研究したうえで，製品開発の段階から生産，販売，さらには購入後の顧客行動の把握までを行う。日本では，消費者ニーズの多様化が顕著になった1980年代からこうした考え方が浸透していった。この時代には，「CS（顧客満足）」や「顧客ニーズ」，「マーケット・イン」などの用語が，一般でも使われるようになった。マーケティングという考え方自体が重要視されるようになったのも，日本ではこの時代からである。

b）マーケット・インとプロダクト・アウト

ここで，**CS**（customer satisfaction）とは文字どおり，顧客満足という意味である。また，**マーケット・イン**とは，マーケット，つまり，市場に入り込んでいく，市場を起点として考える，といった意味であり，市場の動向や顧客の嗜好を十分にくみ取って製品を開発する，という考え方である。マーケット・インに対応することばとして，メーカー側の持つ技術や経験を活かして製品を開発する**プロダクト・アウト**という考え方がある。マーケット・インは先に説明したニーズ志向に，プロダクト・アウトはシーズ志向におおむね対応する。

❹社会志向のマーケティング

ソーシャル・マーケティング（social marketing）とも呼ばれる**社会志向のマーケティング**には，２つの流れがある。

１つは，コトラーに代表される非営利組織のマーケティングのことであり，もう１つは，レイザー（Lazer, W.）らに代表されるソーシャル・マーケティング（ここでは狭義のソーシャル・マーケティングと呼ぶ）である。

a）非営利組織のマーケティング

従来は，営利を目的としない病院，大学，教会，政府，公共機関，美術館，慈善団体などの非営利組織（non-profit organization：NPO）には，経営面では利益を上げることを重視するというマーケティングの考え方がなじまないとされてきた。

しかし，コトラーはこうした非営利組織であっても，たとえば自らの活動について広く知ってもらうために積極的なプロモーション活動を行うことや，利益を上げるためにマーケティング・ミックスを最適化すること（後に説明）など，営利企業におけるマーケティング技法を適用しなければ，その存続さえ危うくなると考えた。

b）狭義のソーシャル・マーケティング

もう１つの社会志向のマーケティングの流れである（狭義の）ソーシャル・マーケティングとは，マーケティングの目的が利益の追求に偏重しすぎているとして，企業が担う社会的な役割の達成を重要な目的に据えようとする考え方である。

ソーシャル・マーケティングの発端は，1960年代の米国で始まり，日本にも波及したコンシューマリズム（消費者運動）にあるとされる。

1960年代には大量生産，大量販売，大量消費の時代に入る一方で，消費者の身体に危害が及ぶような薬害や不当表示などの問題が表面化し，消費者の保護を訴える運動（消費者運動）が高まりを見せた。1970年代になり，さらに経済活動が活発化すると，その副産物として環境破壊や資源枯渇など社会環境への悪影響が懸念されるようになってきた。売上至上主義を招きかねない販売志向や，利益重視に偏りすぎたマーケティング志向は，消費者への短期的な欲求の充足を追求するあまり，社会生活や環境への影響といった長期的な視点を見失うことにつながる。その後，地球温暖化，貧困問題，労働問題，所得の地域間格差など，社会的問題の波及がグローバル化する中，ソーシャル・マーケティングの考え方は「企業の利益」と「消費者の欲求」，そして，「社会の利益」の3つをバランスよく追求することの重要性を提唱している。

日本では，1970年代の公害問題（水質汚染や大気汚染などの環境破壊問題）がとくに大きな契機となり，その後，1980年代のバルブ経済好況期においては，「利益の社会還元」という意味合いから多くの企業が**メセナ**（芸術・文化支援活動）などの経済的支援を行い，**フィランソロピー**（慈善活動）に対しても関心が高まっていった。

ただし，現在は社会志向の考え方だけが支配的であるというわけではなく，社会志向とマーケティング志向が混在し，また，企業によっては販売志向や生産志向の考え方が根強いところもある。

（3）消費者の購買行動分析

消費者の購買行動に関する分析は，1960年代からマーケティング上重要な研究として行われた。とくに，消費者間の相互作用が購買行動に及ぼす影響に関する，❶イノベーションの普及プロセス研究と❷準拠集団の研究は非常に有名である。

❶イノベーションの普及プロセス研究

ロジャース（Rogers, E. M.）は，新しい製品や技術，アイデア，コンセプトなどが出現してから消費者の間に普及していく過程の中で，他の消費者が購買行動に及ぼす影響について研究した。これを**イノベーションの普及プロセス**（または新製品の普及プロセス）という。

ロジャースによれば，新商品の開発や新しいサービス，アイデアなどすべてイノベーション（革新，新機軸）としてとらえることができる。そして，新製品などのイノベーションが市場全体に普及していく過程を，時系列に並べた5つの消費者グループとして表現した。この5つのグループは，イノベーションの普及過程にあわせて図表３－３のように正規分布曲線状に表すことができる。

ａ）革新者（innovators）

革新者（イノベーター）は，文字どおり，新しいアイデアや情報を他の人々に先立って採用する人々である。平均よりも豊かで教育水準も高く，リスクも進んで引き受ける。ただし，先進的すぎて，その後の採用者の増加に影響を与えるオピニオン・リーダーにはなれないとされる。

ｂ）初期採用者（early adopters）

初期採用者は，革新者よりも遅れて，平均的な人よりも早く新しいアイデアや情報を採用するグループである。年齢的に若く平均以上の教育を受けているとされる。他の大衆からみれば生活のモデルとなり，他人の購買に対して影響力の大きい**オピニオン・リーダー**となることが多い。オピニオン・リーダーとは，全集団の中で信頼性があって説得力があり，その考えや態度が他の人に大きな影響を及ぼす人のことである。

ｃ）前期大衆（early majority）

前期大衆は，イノベーションが普及し始めてしばらく経ってから採用するグループである。仲間と同じように行動することを好み，オピニオン・リーダーのように他の人の態度や行動に影響力を発揮することが少ない。

ｄ）後期大衆（late majority）

後期大衆は，イノベーションの採用に関して慎重な人々である。そのため，全集団の中で，新しい製品やアイデアを採用するのが平均的な時期よりも後になる。

ｅ）遅滞者（laggards）

遅滞者は，新製品や新しいアイデアなどの変化を好まないグループであり，どんな社会集団にも一定数存在する。遅滞者がイノベーションを採用する段階になると，すでに次の新製品や新しいアイデアが，革新者や初期採用者によって採用され始めている。

この研究が示唆することは，マーケティングにおいて，革新者や初期採用者がどれくらいいて，どれだけ製品の市場浸透が進んでいるかを把握することが重要かという点にある。また，その多くが初期採用者のグループに存在するオ

【図表3－3】イノベーションの普及モデル

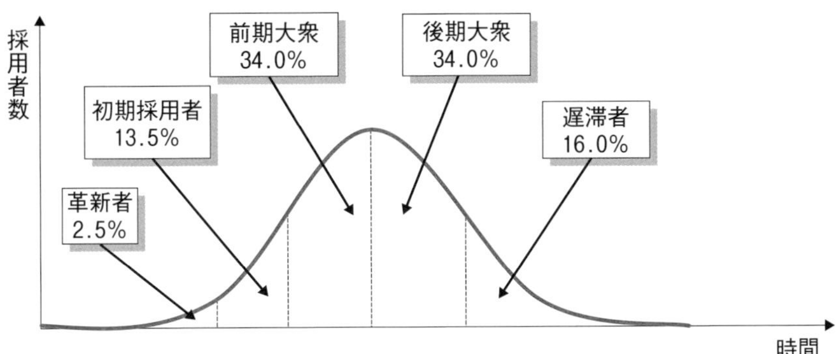

（出所） 和田充夫・恩蔵直人・三浦俊彦『マーケティング戦略』有斐閣アルマ，2016年。

ピニオン・リーダーに対して，アプローチをしてその後の新製品の普及をうながしていくか，という点も重要である。

❷準拠集団の研究

イノベーションの普及プロセスは，消費者の購買行動に対する「個人」からの影響を研究するものであった。これに対して，**準拠集団**（レファレンス・グループ）についての研究は，消費者の購買行動に対する「集団」からの影響を説明するものである。

準拠集団とは，個人の行動や態度などに影響を与える集団のことであり，家族，学校，職場などの公式組織におけるグループと，友人や知人など非公式組織におけるグループがある。

また，準拠集団から影響を受ける個人は必ずしもその準拠集団に属しているとは限らない。たとえば，アイドルやいわゆるカリスマ店員，ある特定の学校に通う生徒たちなどの服装や持ち物，行動などを模倣しようとする個人は，その準拠集団に属しているわけではない。

（4）標的市場の選定

❶STP モデル

一般的に，マーケティング戦略の策定は，標的市場の選定とそれに続くマーケティング・ミックスの最適化から構成される。

標的市場の選定とは，自社の製品やサービスを提供する顧客層を明確にすることである。

どんな大企業であっても，また，どんなに品質や機能が優れた製品やサービスであっても，全国民とか，女性全員などと市場全体をターゲットとしてマーケティング活動を行うには，経営資源が足りない。また，現在のように成熟した経済社会においては，多様なニーズを持った顧客があちらこちらに存在していて，やみくもに広告を打ったり，あちこちで販売促進活動を行っても，効果が非常に薄い。あらゆる消費者を対象として，1つの製品を大量生産，大量流通することを**マス・マーケティング**と呼ぶが（マス：mass とは大量，ひとかたまりという意味），供給よりも大幅に需要が大きかった戦後のような時代を除けば，そうした生産志向の考え方は成り立たなくなっている。

標的市場を選定するプロセスとしてよく知られるのが，**STP モデル**である。

STP モデルは，標的市場を選ぶにあたって，セグメンテーション（Segmentation）→ターゲティング（Targeting）→ポジショニング（Positioning）という3つの段階を経るという考え方である。3つの段階の英語の頭文字を

【図表3－4】**標的市場の選定（STP モデル）**

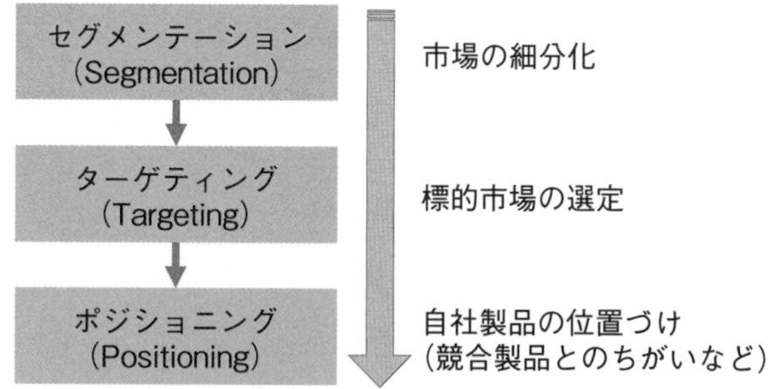

とってSTPモデルと呼ばれている（図表3－4）。

❷セグメンテーション

a）セグメンテーションとセグメント

セグメンテーションとは，広い市場を切り分けることであり，日本語で市場細分化とも呼ばれる。細分化された1つひとつの市場のことをセグメント（または市場セグメント）と呼ぶ。

b）市場細分化の基準

市場細分化を行うには，いくつかの基準がある。一般的には，地理的変数，デモグラフィック変数（人口統計的変数），サイコグラフィック変数（心理的変数），行動変数，という4つの基準がよく知られている（図表3－5）。

①**地理的変数**：国，都道府県や市町村などの行政単位，人口密度，地形，気候などの基準である。これに関連して，地域をしぼり込み，その地域の特性に着目して行われるきめ細かなマーケティング活動は，**エリア・マーケティング**と呼ばれる。

②**デモグラフィック変数**（人口統計的変数）：年齢，性別，所得，学歴，職業などであり，市場細分化において最もよく用いられている基準である。また，実務では「栃木県宇都宮市に住む30代の男性」というように，複数の基準を当てはめて市場細分化を行う場合も多い。

③**サイコグラフィック変数**（心理的変数）：ライフスタイルやパーソナリティといった無形な基準のことである。現在のように価値観が多様化した社会においては，たとえば年齢層が同じで，職業が同じで，所得水準が同じであっても，消費に対する嗜好は大きく異なることが多い。そこで，市場細分化の基準としてライフスタイルやパーソナリティ（個人の性格や個性など）などが注目されるようになっている。

④**行動変数**：製品やサービスのユーザーがどのように行動しているか，という基準であり，具体的には，使用頻度，買い替えのタイミング，ロイヤルティ（製品やサービスに対する忠誠度），使用機会などである。

ここで，サイコグラフィック変数や一部の行動変数を用いて市場細分化を行

【図表3－5】市場細分化の基準

地理的変数	国，地域，行政単位，都市の規模，人口密度，地形，気候など
デモグラフィック変数（人口統計的変数）	年齢，性別，職業，所得，学歴など
サイコグラフィック変数（心理的変数）	ライフスタイル，パーソナリティなど
行動変数	使用頻度，買い替えのタイミング，ロイヤルティなど

う場合，デモグラフィック変数や地理的変数と異なり，データを用いて市場を物理的に線引きするのが難しい。そのため，「こういうライフスタイルの人（**ペルソナ**）を仮に想定して，その人の嗜好に応えたり，広告などでアプローチしたりするにはどうしたらよいか」を考えるプロファイリングという手法が用いられる場合もある。

❸ターゲティング

ターゲティングとは，セグメンテーションの段階で細分化された市場の中から，どの市場に絞り込んでマーケティング活動を行うかという段階である。

ターゲティング，つまり，市場セグメントの選び方には，**無差別型マーケティング**，**差別型マーケティング**，**集中型マーケティング**という3つのパターンがある（図表3－6）。

a）無差別型マーケティング

市場セグメント間のちがいを考慮せず，多くのセグメントをターゲットにして，どのセグメントにも同じ製品やサービスを提供する考え方である。この場合，市場セグメント間のニーズのちがいではなく，ニーズの共通点に着目する。1つの製品やサービスでさまざまな市場セグメントをカバーするため，うまくいけばマーケティング活動を効率的に進めることができ，高い利益率を確保できる。

しかし，消費者のニーズが多様化し，市場セグメントの数もより細分化されていく傾向にある現在では，無差別型マーケティングのようなアプローチは難しいといえる。

b）差別型マーケティング

複数の市場セグメントをターゲットとし，それぞれの市場セグメントに対して異なる製品やサービスを提供する考え方である。いくつかの市場セグメントにおけるニーズや嗜好に対応できる反面，製品やサービスのバラエティが必要となるため，マーケティング・コストの負担が大きくなったり，マーケティング活動が効率的に進まない場合もある。

c）集中型マーケティング

ターゲットとする市場セグメントを1つもしくはごく少数に絞り，経営資源を集中させる考え方である。たくさんの消費者のニーズを満足させることはあきらめる分，限定された市場セグメントで効率のよいマーケティング活動を行うことができる。限られた消費者の嗜好を把握し，顧客ロイヤルティ（製品やサービスに対する忠誠度）を獲得し，小さな市場セグメント内で高いシェアを獲得できる可能性が高い。また，中小企業のような経営資源の限られた企業に適した考え方であるといえる。

【図表3－6】市場の選び方（3つのパターン）

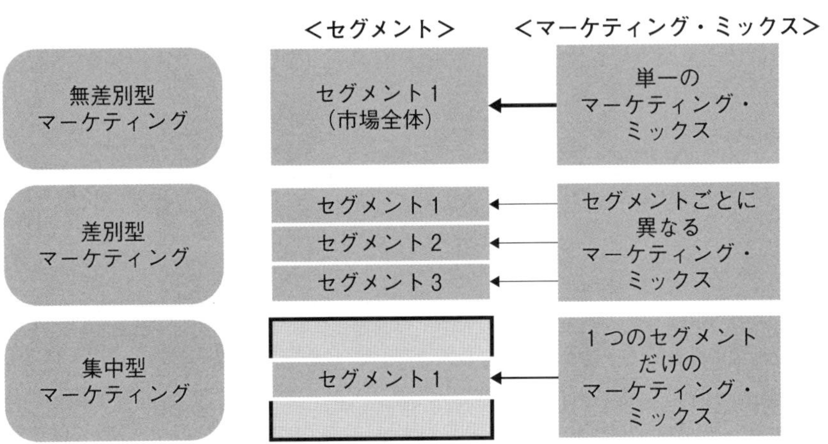

（出所） P. コトラー＆G. アームストロング著，和田充夫訳『マーケティング原理〔第9版〕』ダイヤモンド社，2003年。

これに関連して，なるべくターゲットを絞り込み，狭い市場の中で高いシェアをねらうことをニッチ戦略という場合がある。

❹ポジショニング

無差別型，差別型，集中型のいずれのアプローチを選ぶにせよ，選定した市場セグメントにおけるニーズや嗜好に合うように，製品やサービスの機能，デザイン，スタイル，ベネフィット（便益）などを確定しなくてはならない。また，選定した市場セグメント内においては，競合他社の製品やサービスがすでに存在する場合がほとんどである。そうなると，自社の製品やサービスの位置づけを明確に示すことができなければ，たくさんの競合製品の中に自社製品が埋もれてしまう。

【図表3－7】**知覚マップを利用したポジショニング（小売業態分類の例）**

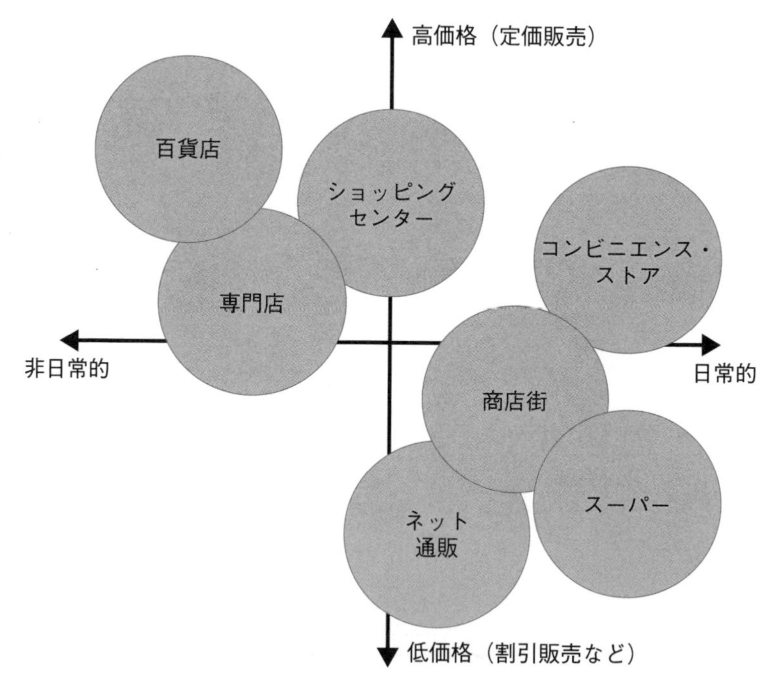

このように，消費者の知覚の中に製品やサービスを明確に「位置づける」ことを**ポジショニング**という。ポジショニングを行う具体的な手法としては，図表3－7のような**知覚マップ**（ポジショニング・マップ）がある。

2 マーケティング・ミックス

（1）マーケティング・ミックスとは

STPモデルのような考え方で標的市場を選定した後は，具体的なマーケティング活動に経営資源（資金，人など）を配分する段階になる。

マーケティング活動は，一般に，製品（Product）・価格（Price）・チャネル（Place）・プロモーション（Promotion）という4つの戦略から構成される（メーカー主導のマーケティングの場合）。それぞれの頭文字をとって**4Ps**と呼ばれるこれらのマーケティング要素は，組み合わされ，相互に影響し合ってこそ大きな効果を上げる。これら4Psをどのように組み合わせ，どれだけの経営資源を配分するか，ということから，こうした要素は**マーケティング・ミックス**と呼ばれる。

「製品戦略」とは，顧客に提供する製品やサービスの企画や開発，品揃えなどに関する戦略である。「価格戦略」とは，製品やサービスの流通を円滑化し，なおかつ十分な利益を確保できるような価格の設定に関する戦略である。「チャネル戦略」とは，製品やサービスの流通経路や販売チャネル，物流などに関する戦略である。「プロモーション戦略」とは，広告やパブリシティ，販売促進，人的な営業などの手段を通じて，顧客に製品やサービスの良さを伝え，購買を促進することに関する戦略である。

セグメンテーションに始まるSTPモデルとマーケティング・ミックスによる資源配分を体系化すると，図表3－8のようにまとめることができる。

【図表3－8】マーケティング戦略策定の体系

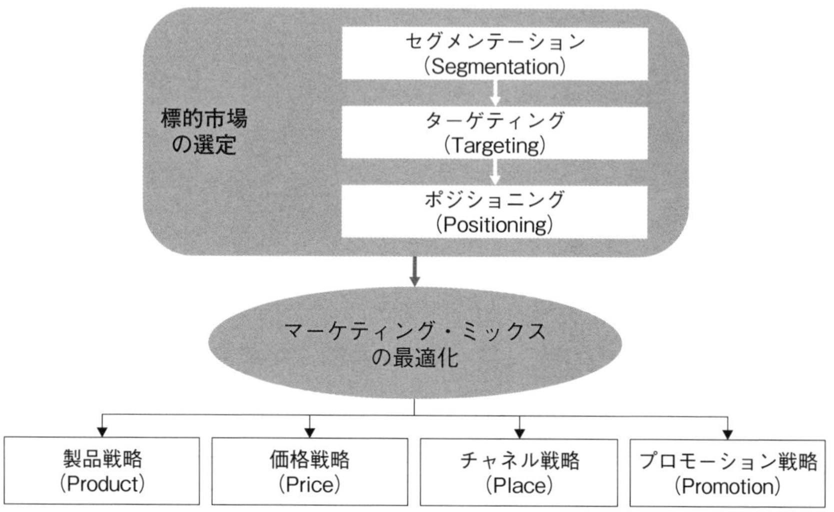

(2) 製品戦略

❶製品とは何か

一般に「製品」というと，品質や形状，色などの物理的な特性を持つものと考えがちである。しかし，広い意味での「製品」はこうした物理的特性だけでなく，パッケージ（包装），ブランド，イメージ，サービス，保証などさまざまな要素が相まって顧客に対する価値を生み出している。

❷製品の分類

製品を誰が使うのか，という基準で分類すると，消費財と生産財に分けることができる。

a）消費財

消費財は，消費者が個人的な目的を達成するために購入する製品である。消費財は，消費者の購買行動によって，さらに最寄品，買回品，専門品に分けられる。

【図表3－9】消費財3種の特性比較

特性	最寄品	買回品	専門品
購買頻度	多い	少ない	きわめて少ない
購買態度	習慣的，衝動買い	感覚的，比較購買	計画的，選り好み
販売チャネル	開放的チャネル	選択的チャネル	排他的チャネル
単価	低い	中程度	高価
利益率	低い	中程度	高い
商品回転率	高い	中程度	低い
商品例	食料品，日用雑貨	衣料品，皮革製品	宝飾品，乗用車

①**最寄品**：最寄品は，購買頻度が高く，類似品との比較や購買に対して消費者が最小の努力しか払わない製品である。最寄品の例としては，食料品，日用雑貨，トイレタリー商品などが挙げられる。

②**買回品**：買回品は，消費者が自分の嗜好などにあわせて，製品の比較購買を行う消費財である。買回品の例としては，衣料品，皮革製品，家電製品などが挙げられる。

③**専門品**：専門品は，消費者にとって購入するチャネルが限られており，特定の購買層が製品の選り好みに努力を惜しまないものである。専門品の例としては，宝飾品，乗用車，高級婦人服など，いわゆるブランド品の多くが挙げられる。

最寄品，買回品，専門品には，消費者にとっての購買頻度，購買態度，販売チャネルなど，販売する側にとっての単価，利益率，商品回転率などの面で，図表3－9のように特性が分かれる。

b）生産財

生産財（産業財ともいう）は，企業が消費財などの製品を作るために必要な原料や部品，機械など生産者にとって必要となる製品である。ある企業が消費財を販売することを**B to C**（business to consumer）ビジネス，生産財を販売

【図表3－10】消費財と生産財の比較

特性	消費財	生産財（産業財）
購買者	最終消費者，エンドユーザー	企業，公共機関などの組織
1回の購入量	少ない	多い
購買頻度	多い	少ない
購買動機	衝動的，習慣的	計画的，合理的
購買目的	個人の満足	利益最大化（コスト低減）
購入者の商品知識	一般に商品知識は不要である	豊富な専門知識を要する

することを**B to B**（business to business）ビジネスというが，前者は消費財ビジネス，後者は生産財ビジネスであるといえる。

生産財は一取引当たりの数量や金額が大きく，組織として購入するものであり，購買担当者には合理的な購買意思決定が求められる。

生産財はその使用目的によって，さらに原材料，主要設備品，補助設備品，構成部品，加工材料，業務用消耗品，業務サービスに分類される。

図表3－10に消費財と生産財の比較をまとめておく。

❸製品ライフサイクル

製品ライフサイクル（Product Life Cycle）とは，製品の売上や利益の推移を人間の一生になぞらえ，導入期→成長期→成熟期→衰退期と変化していくという考え方である。

製品ライフサイクルは，売上や利益の金額を縦軸，時間経過を横軸にして，図表3－11のように山なりの曲線で描かれるが，実際にどのような曲線を描くかは製品ごとによってさまざまである。

たとえば，ロングセラーと呼ばれる製品は成熟期の期間が非常に長く続く特徴がある。また，導入後すぐに成長期に入り，急速に成長して成熟期を経ずに衰退期を迎えるファドと呼ばれる製品もある。

【図表3－11】製品ライフサイクル

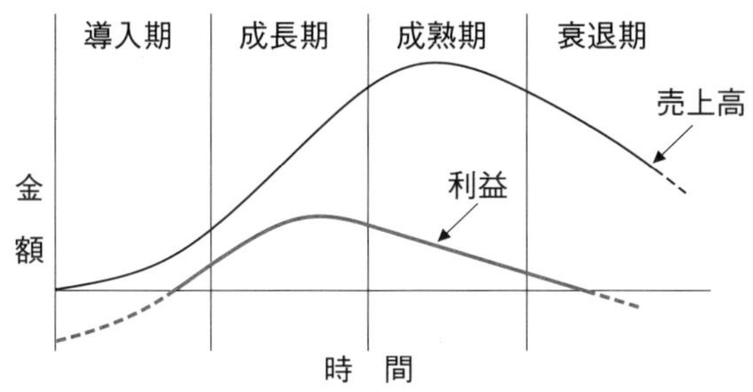

（出所） P. コトラー著，恩蔵直人訳「マーケティング・マネジメント─ミレニアム版」ダイヤモンド社，2001年。

一般的には，その製品が導入期，成長期，成熟期，衰退期のいずれの時期にあるかによって，マーケティング戦略が変わってくるとされている。

a）導入期の特徴とマーケティング戦略

導入期は，新製品として市場に投入され，製品が次第に市場に受け入れられていく時期である。

売上高が低いのに，研究開発費や市場開拓のためのマーケティング・コストがかさみ，多くの場合，利益はマイナスの状態である。また，導入期に失速して，成長期につなげることができず，そのまま衰退する製品も数多くある。

導入期のマーケティング戦略の主眼は，まず製品を市場に定着させ，市場を拡大することにある。つまり，マーケティング目標はブランドの確立にある。

マーケティング・ミックスの中心はプロモーションに置かれ，ブランドや製品の知名度を上げるため，広告やパブリシティに予算の多くが配分される。

b）成長期の特徴とマーケティング戦略

成長期は，製品が市場に浸透していくに従って，売上高が急速に伸びる時期である。同じように利益も大きくなるが，図表3－11にある例のように，成長期の後期に売上高が伸びているにもかかわらず，利益が減少していく場合もある。その理由は，売上高が伸びれば伸びるほど，競合他社が類似製品を投入して市場に参入してくるため，広告費などのマーケティング・コストがかさむようになるからである。

成長期のマーケティング目標は，競争上の優位や**ブランド・ロイヤルティ**

（ブランドに対する顧客の忠誠度）を確立することであり，そのために，積極的にシェア拡大を図るようなマーケティング戦略が採用される（図表3－12）。具体的には，競合他社製品に対する差別化を図るための製品ミックスの拡充，より廉価な製品やブランドの開発，既存顧客の市場以外への製品の投入，流通チャネルの新規開拓などである。

c）成熟期の特徴とマーケティング戦略

成熟期は，市場がほぼ開拓され，新製品に対する初期の需要が買い替え需要に切り替わっていく時期である。消費者の知覚の中で製品自体の特長が薄れ，製品選択の基準が低価格や量に移行するコモディティ化が進むことも多い。

売上高は頭打ちとなるが，競合他社との市場シェア争いは落ち着く場合もある。ただし，固定的となった競合企業間の競争が続くため，利益は徐々に低下していく。また，メーカーではなくて流通業者がブランドをつけるPB商品の参入が起こり，価格が下がってさらに利益が低下する場合もある。

成熟期のマーケティング目標は，シェアを維持・確保することや，他社ブランドの市場シェアを奪うことになる。マーケティング戦略上，競争企業の製品との機能的な差はなくなるので，パッケージや付帯機能など副次的な機能で差別化を図ることになる。

d）衰退期の特徴とマーケティング戦略

衰退期は，消費者の嗜好の変化や，優れた競合製品の登場によって自社製品に対する需要が減り，縮小を余儀なくされる時期である。売上高，利益ともに急速に減少する。

衰退期のマーケティング戦略上の課題は，ブランドを完全にモデルチェンジするか，撤退すべきかという意思決定をすることである。

また，衰退期に入る前に，成熟期の後期にある製品を延命させるためには，製品の改良以外にも，新たな用途を開発することや，同じ機能や品質を持つ製品を新しい市場に投入することが考えられる。新市場に投入して衰退期を回避した例としては，主に赤ちゃん用に使われていた紙おむつを，高齢者のシルバー市場に投入したことが挙げられる。

【図表3－12】製品ライフサイクルとマーケティング戦略の関係（一般的な例）

	導入期	成長期	成熟期	衰退期
売上	上昇	急上昇	頭打ち	減少
利益	マイナス	黒字化	安定的	減少
競合企業	ほとんどない	増加する	固定的競争	減少
マーケティング目標	市場の拡大	市場への浸透 シェア拡大	市場シェアの維持	利益の確保
製品戦略	ブランドの確立	製品ミックスの拡張	差別化 廉価ブランドの投入	製品ミックスの縮小
チャネル戦略	販売チャネルの確保	拡大	多様化	限定的チャネルへの絞り込み
プロモーション戦略	知名度の向上	広告や販売促進の拡張	差別化点の強調	広告など費用対効果の検討

（3）価格戦略

❶製品やサービスの価格設定の意義

製品やサービスを購入する消費者や企業などにとって，品質や機能などがもたらす便益や効用と比べて，価値があると判断する際の基準となるのが価格である。一方，売り手としての企業にとっては，価格をいくらに設定するかによって，販売数量や利益に大きく影響する。つまり，価格というものは買い手と売り手の双方が，製品やサービスの価値を判断する基準として重要な要素となっている。

❷価格決定の要因

価格決定に影響を与える要因には，大きく分けて，売り手側の内部的な要因と，外部的な要因がある。それらをさらに細かく分けると，以降のように多様な要因が価格形成に影響していることがわかる。

a）売り手側の内部的要因

●売上目標

●利益最大化

●製品開発，製造，流通，広告費，人件費などのコスト

●選択する販売チャネルにおける適正価格

●自社の他の製品とのバランス

b）外部的要因

●市場における需要

●競合他社の製品価格

●物価，景気などの経済情勢

●原材料価格の相場

❸企業の価格決定政策

上記のような要因の影響によって決まる企業の価格決定政策には，**費用志向的価格決定**，**需要志向的価格決定**，**競争志向的価格決定**，という3つの方針がある。

a）費用志向的価格決定

製品やサービスを提供するのにかかる費用（コスト）に一定額の利益を上乗せしたり，一定の利益率を加算して価格を決定する方法である。

b）需要志向的価格決定

買い手の知覚価値に相当する価格を設定したり，需要の大きさが時間帯や次期によって変わる場合に変動価格を適用する方法である。

c）競争志向的価格決定

市場における実勢価格にあわせる方法や，競合ブランドを基準にして同じような価格や少し差のある価格をつける方法であり，競争入札による価格決定も競争志向的価格決定の1つであるといえる。

❹新製品の価格設定

新製品の価格設定には，初期低価格とも呼ばれる**市場浸透価格**（ペネトレーション・プライシング）と，初期高価格とも呼ばれる**上澄み吸収価格**（スキミ

ング・プライシング）がある。

a）市場浸透価格（penetration pricing）

市場浸透価格とは，新製品に低い価格を設定して，早く市場シェアを獲得しようとする価格設定方法である。そうすれば，いち早く市場で認知度を上げ，販売チャネルを確保することができて，後発の製品やサービスに対して優位な地位を築くことができる。

b）上澄み吸収価格（skimming pricing）

上澄み吸収価格とは，市場への導入期に高価格を設定して，価格にそれほど敏感でない客層をねらう価格設定方法である。高価格で販売することで，早期に開発コストの回収ができて，ブランドの価値を高めることも可能となる。市場の中で一番うまみがある部分を「すくい取る」という意味で「上澄み吸収」価格と呼ばれる。

⑤さまざまな価格政策

企業が実際に行っている価格決定方法には，割引価格や特売価格などさまざまな形態がある。以下に，いくつかの特徴的な価格政策を挙げておく。

a）端数価格

端数価格は消費者の購買心理を考慮した心理的な価格政策の1つであり，価格に端数をつけることで値ごろ感を出すものである。たとえば，1,000円ではなく980円と値付けをしたり，10,000円ではなく，9,800円と値付けするような場合である。

b）プライス・ライニング

プライス・ライニングとは，製品のランク分けをして均一の価格を設定することである。このときの各価格帯をプライス・ライン（価格ライン，価格線）と呼ぶ。スーツやネクタイなどの買回品（衣料品等）に適用されることが多く，たとえば，ネクタイなどに，3,500円，5,500円，7,500円などと段階的に価格を設定する。

消費者にとっては価格と品質・機能の関連性がわかりやすくなる。また，企業側にとっては個々の製品に価格を設定して値札をつける作業などのコストが低減できるほか，商品群全体で利益最大化を図ろうとする価格政策である。

c）抱き合わせ価格

抱き合わせ価格とは，複数の製品やサービスを組み合わせて販売するときの価格政策である。たとえば，食事付きの宿泊プランや，アトラクションを含めた遊園地の入園料，食事・飲み物・サイドメニューがセットとなったファストフード店のメニューなどが挙げられる。抱き合わせ価格は，個別に購入する場合よりも安いというお得感を消費者にアピールして，販売個数や売上アップをねらう価格政策である。

d）キャプティブ価格

キャプティブとは，「捕虜」とか「とりこ」などの意味を持つ。つまり，**キャプティブ価格**とは，主製品の価格を安く設定して消費者の購買意欲を高めておき，消耗品の需要で利益を上げる価格政策のことである。たとえば，パソコン用プリンターの本体と補充品のインクトナーの関係や，髭剃りの本体と替え刃の関係などに見ることができる。

（4）チャネル戦略

❶流通チャネルとは

製品が生産される地点と消費される地点の間には，①空間的ギャップ，②時間的ギャップ，③商品の所有権についてのギャップ，④価格のギャップ，⑤品揃えのギャップなどの差異がある。これらを埋めることが，流通チャネルの役割である。流通チャネルが果たす機能としては，商流，情報流，物的流通（物流）という３つの流れが存在する。ここで，商流とは，所有権の移転と貨幣の移動を伴う流通フローであり，情報流として流れる情報には取引情報や市場情報，顧客情報などがある。

また，物流が果たす機能としては，以下のようなものがある。

①輸送機能：売り手と買い手の空間的ギャップをつなぐ機能
②保管機能：売り手と買い手の時間的ギャップを調整する機能
③荷役機能：入荷・出荷や倉庫における保管などの機能
④包装機能：保管や荷役を容易にし，商品を保護する機能
⑤流通加工機能：流通過程において商品に付加価値をつける機能

❷ロジスティクス

従来は，輸送や荷役，保管などの業務を，企業活動やマーケティングにとって付帯的な活動として「物流」と位置づける考え方が主流であった。しかし，近年では，物流を含めた流通チャネルの果たす多様な機能を企業戦略の重要な活動として位置づける，**ロジスティクス**という考え方に変化している。このロジスティクス（logistics）という用語は，もともと「兵站（へいたん）」「軍事補給」という意味で使われていたが，マーケティング上は原材料の調達から，完成品の配送，販売に至るまでの流れを効率的・効果的に行うしくみを意味する。

❸チャネル戦略の基本類型

一般に企業のチャネル戦略には，**開放的チャネル政策**，**選択的チャネル政策**，**排他的チャネル政策**というタイプがあり，それぞれに適した商品のタイプが存在する（図表３－13）。

ａ）開放的チャネル政策

開放的チャネル政策とは，自社製品の販路をできるだけ拡げ，販売ルートを限定せず，多くの卸売業者や小売業者に取り扱ってもらうことである。店頭での消費者の目にふれることで売上が大きく変化するような，食品や日用品などの最寄品などで採用されている。

ｂ）選択的チャネル政策

選択的チャネル政策とは，メーカー側が一定の条件を備えた流通業者をチャネルの構成メンバーとして選定し，優先的に販売する政策である。ブランド・イメージや販売数量などの面で，流通チャネルをコントロールしなければならない製品，たとえば，アパレル（衣料品），化粧品，医薬品などの買回品に適したチャネル戦略であるとされる。

ｃ）排他的チャネル政策

排他的チャネル政策とは，メーカー側が，特定の流通業者に自社製品だけを取り扱ってもらい，排他的な販売権を与えることでチャネル支配力を強化する戦略である。自動車や家電などの専門品，高級ブランド品などで採用されている。

【図表3－13】メーカーにとってのチャネル政策の特徴

	開放的チャネル	選択的チャネル	排他的チャネル
流通業者の数	多い	限定的	少ない
メーカーによるコントロール	弱い	中間的	強い
販売予測の精度	低い	中間的	高い
適合する商品	最寄品	買回品	専門品
プロモーションの主眼	プル戦略（広告重視）	プル戦略とプッシュ戦略の複合	プル戦略とプッシュ戦略の複合

※プロモーションにおけるプル戦略とプッシュ戦略については，本節（5）プロモーション戦略を参照。

❹サプライ・チェーン・マネジメント

a）サプライ・チェーンとは

サプライ・チェーン（supply chain）とは，原材料や部品の調達から，製造，在庫，配送，販売，消費に至る製品供給の全体の流れのことであり，日本語で「供給連鎖」と訳す場合もある。

そして，**サプライ・チェーン・マネジメント（SCM）**とは，サプライ・チェーンに関与するメーカー，物流業者，卸売業者，小売業者など多くの企業が協力して，生産や在庫管理，需要予測などの情報共有を行い，コスト低減や納期厳守，品質の確保を図るしくみである。つまり，サプライ・チェーン・マネジメントでは，流通経路の全体最適をめざすことから，企業間連携が重要となる。

サプライ・チェーンに似た用語に，バリュー・チェーンがあるが（第2部第4章を参照），バリュー・チェーンが一企業内の活動の連鎖であるのに対して，サプライ・チェーンは複数の企業が関与して，企業間で行うという点にちがいがある。ただし，実務においてはサプライ・チェーンと同じような意味でバリュー・チェーンを使う場合もある。

(5) プロモーション戦略

❶プロモーションと顧客コミュニケーション

プロモーションは，もともとは，消費者の購買意欲を喚起し，特定の製品やサービスの販売につなげる活動という意味で用いられていた。しかし，成熟した経済社会の中で多様な価値観を持つ消費者に対しては，露骨に販売促進を行っても購買行動につながらないことが多くなった。そこで，現在では，企業やブランドと顧客（潜在顧客も含める）の間の双方向コミュニケーションの一部をプロモーションととらえる考え方が主流となっている。

❷プロモーション・ミックス

企業から消費者にアプローチするプロモーションの手段としては，a）広告，b）パブリシティ，c）販売促進（SP：セールス・プロモーション），d）人的販売などがある。広告や販売促進など，プロモーションの構成要素を単独で考えるのではなく，うまく組み合わせて効果を最大限に発揮できるようにする考え方を，**プロモーション・ミックス**という。

以下に，プロモーション・ミックスの各要素について，詳しく説明する。

a）広告

コトラーによれば，広告は「スポンサー名を明らかにして行われる，アイデアや財やサービスの非人的なプレゼンテーションとプロモーションのうち，有料の形態」と定義される（『マーケティング・マネジメント―ミレニアム版』）。すなわち，次の3つの要件を備えているのが広告である。

- 広告主が明示されていること
- 非人的な媒体を活用すること
- 有料であること

広告媒体には，テレビ，ラジオ，新聞，雑誌，屋外広告，ダイレクト・メール（DM），インターネットなどがあるが，テレビ，ラジオ，新聞，雑誌という大衆に対して大きな波及力を持つ媒体を，マスメディアと呼ぶ。

従来は広告といえば，マスメディアを媒体とすることが多かったが，インターネットが普及した現在では，検索エンジンの結果にあわせて画面に表示されるリスティング広告（検索連動型広告）や，表示された広告の商品を購入した時点で広告主企業側に課金されるアフィリエイト広告（成功報酬型広告）をはじめ，SNS（ソーシャル・ネットワーク・サービス）を通じた広告などが大きなウエイトを占めるようになっている。

また，上記の広告手段以外にも，次のような媒体がある。

- **交通広告**…駅に貼られている駅貼り広告，電車やバスの車内にある中吊り広告，車両自体を広告でくるんでしまうラッピング広告など
- **POP広告**…小売店舗の店頭や売場に掲示するもの
- **ノベルティ**…企業名やブランド名が入っているボールペン，手帳，カレンダーなど（通常は無料で配布される）
- **折込広告**…新聞自体に印刷されている新聞広告ではなく，新聞に折り込まれて配達されるもの

なお，よく耳にする「PR」（ピー・アール）は，「広告」と同じような意味で使われることが多いが，英語のpublic relationsの略語であり，本来の意味は「広報」に近い。製品やサービスの売り込み，というよりも，社会全般やステークホルダー（消費者，投資家など）と良好な関係性を築くためのコミュニケーション手段として行われる。

PRの具体的な方法としては，次に挙げるパブリシティのほかに，イベント，メセナ（文化芸術活動への支援），フィランソロピー（慈善活動や寄付），施設の公開，広報誌などのかたちで行われる。

b）パブリシティ

パブリシティとは，企業の製品や技術などに関する情報を，マスコミ媒体が報道や記事として取り上げるものである。パブリシティには，広告に対して，次のようなちがいがある。

- 広告主である企業ではなく，メディアの側が掲載するかどうかを決める
- 原則として無料である
- 上記のような特性から，広告よりも客観性・公平性が高く，消費者からは信頼されやすい

c）販売促進（SP：セールス・プロモーション）

AMA（米国マーケティング協会）では，**セールス・プロモーション（販売促進）**を「消費者の購買やディーラーの効率を刺激するマーケティング活動のうちで，人的販売，広告，パブリシティを除くもの」と定義しており，その範囲は広い。

消費者を対象とするセールス・プロモーションの手段としては，サンプリング（試供品の配布や無料体験），プレミアム（おまけ付き製品），懸賞，増量，クーポン，デモンストレーション販売などがある。

また，メーカーが流通業者に対して行うセールス・プロモーション（トレード・プロモーションとも呼ばれる）の手段としては，アローワンス（流通業者が行う販売促進活動の費用負担），割引，POP 広告やパンフレットなど販売促進用アイテムの提供などがある。

d）人的販売

人的な接触による製品の販売促進活動のことを人的販売という。その担い手が販売員と呼ばれ，生産財の販売（B to B）では営業社員などと呼ばれる。

❸プル戦略／プッシュ戦略

さまざまなプロモーション手段を組み合わせる際に，広告やパブリシティなど非人的な手段を重視することを「プル戦略」という。一方，人的販売を中心にプロモーションを行うことを「プッシュ戦略」という。

プル戦略は，消費者に強い購買欲求やブランド選好を抱かせ，小売店の店頭に引き寄せ，指名購買をねらう戦略である。一方，**プッシュ戦略**はその名のとおり，製造業者→流通業者→ユーザーへと製品を押し出すように販売する戦略である。

プロモーション戦略の策定において，プル戦略とプッシュ戦略のどちらを中心に行うのか，どの程度の割合で2つの戦略への資源配分を行うのか，は製品やサービスが消費財なのか／生産財なのか，そして，最寄品なのか／買回品や専門品なのかによって決まる場合が一般的には多い（図表3－14）。ただし，自動車のように専門品であっても，広告によるプル戦略と販売員によるプッシュ戦略を併用しているようなケースもある。

【図表3－14】プル戦略／プッシュ戦略のちがい

	プル戦略	プッシュ戦略
中心となるプロモーション手段	広告，パブリシティ	人的販売
適合する製品	最寄品	買回品，専門品，生産財
代表的な品目	日用品，一般食料品	高級衣料，工作機械

参考文献

P. コトラー＆ G. アームストロング著，和田充夫訳『マーケティング原理〔第9版〕』ダイヤモンド社，2003年。
P. コトラー著，恩蔵直人訳『マーケティング・マネジメント─ミレニアム版』ダイヤモンド社，2001年。
和田充夫・恩蔵直人・三浦俊彦『マーケティング戦略〔第5版〕』有斐閣アルマ，2016年。

第2章

研究開発戦略と生産戦略の基礎

ポイント

◉R&Dとも呼ばれる研究開発は，企業の持続的競争優位を高めるのに重要な分野である。

◉生産管理は，生産にかかわる企業活動を全体最適化し，いわゆるQCD（品質，コスト，納期）を高いレベルで実現するための管理プロセスである。

◉生産を効率化してムダをなくすために，ジャスト・イン・タイムやかんばん方式などの手法が日本企業によって開発された。

キーワード

R&D，新製品開発プロセス，アイデア・スクリーニング，マーケット・テスト，特許，QCD，品質管理，原価管理，納期管理，生産の3要素（生産の3M），集約型生産と展開型生産，受注生産と見込み生産，3つのムダ，ジャスト・イン・タイム，かんばん方式

1 研究開発戦略

(1) 研究開発とは

研究開発とは「研究（research)」と「開発（development)」を組み合わせた用語であり，英語の頭文字をとってR&Dと呼ばれることも多い。

「研究」は，さらに，新しい知識を得るための理論的・実験的研究である基礎研究と，基礎研究をベースとして実用化をめざすための応用研究の2つに分けることができる。また,「開発」とは，基礎研究や応用研究の成果を利用して，新しい材料や製品を創造したり，既存の材料や製品を改良することを意味している。

企業が持続的競争優位を保持し，高めていくためには，新製品の開発や既存製品のさらなる改良が必要であり，短期的には売上や利益につながらなくても，企業競争力の源泉として研究開発（R&D）に取り組まなくてはならない。

(2) 新製品開発のプロセス

コトラーによれば，新製品開発は，❶アイデア創出→❷アイデア・スクリー

【図表3－15】新製品の開発プロセス

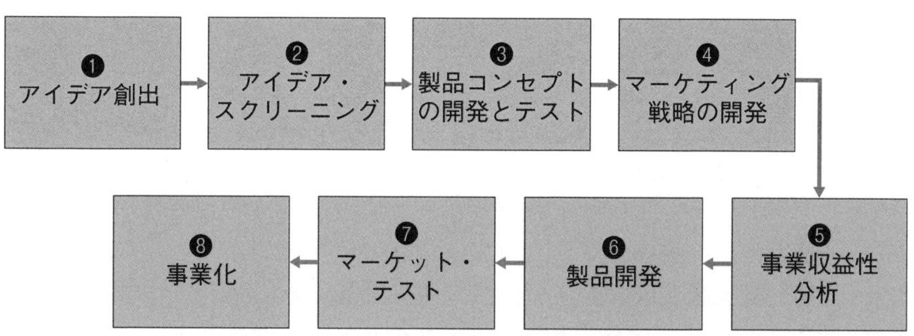

ニング→❸製品コンセプトの開発とテスト→❹マーケティング戦略の開発→❺事業収益性分析→❻製品開発→❼マーケット・テスト→❽事業化，という一連のプロセスで進められる（図表３－15)。

❶アイデア創出

新製品のアイデアを集め，検討する段階である。こうしたアイデアは，研究開発部門の従業員だけでなく，経営者や管理者，製造や営業に携わる従業員など社内の各方面から集められる。また，アイデアの源泉は社内にとどまらない。消費者や取引先からのクレームやアンケート結果，競合他社の製品やサービスの調査，大学や研究機関との連携など，さまざまなルートから情報を収集する必要がある。

❷アイデア・スクリーニング

集められた数多くのアイデアを，少数にしぼっていく段階である。次の段階（開発段階やマーケティング段階）に入ると，かなりのコストを要するため，アイデア・スクリーニングの段階における評価や選別は慎重に行われる。また，企業のミッションやドメイン（事業領域）にそぐわない製品やサービスは開発の候補から外す，といった配慮も必要である。

❸製品コンセプトの開発とテスト

この段階では，想定される顧客ターゲットに対して，製品の機能や技術的特長，用途，使用シーン，便益などを明確にしていく。

❹マーケティング戦略の開発

第１章のマーケティング戦略で説明したように，標的市場の選定や市場ポジショニング，マーケティング・ミックスの検討が行われる。

❺事業収益性分析

将来にわたる売上高や市場シェア，利益などの目標が設定される。また，製造やマーケティングにかかるコストなどが予算化され，投資として採算が取れるかという視点から，資金の調達と使途についての計画化が行われる。

❻製品開発

製品コンセプトを具体化して，製品のプロトタイプ（試作品）を開発する段階である。試作品は，実験室でテストされ，品質や機能，安全性などが確認される。こうしたテストを繰り返しながら，最終的な製品の仕様が決定される。

❼マーケット・テスト（テスト・マーケティング）

製品が量産段階に入ってからデザインや仕様を変更するには，多大なコストや時間がかかる。そのため，企業は販売地域や販売期間を限定して，**テスト・マーケティング**を行う。テスト・マーケティングで得た評価や改善点は，仕様変更に反映される。

❽事業化（市場導入）

生産面では量産体制が整えられ，流通チャネルや営業体制，販促ツールなどが準備され，製品が市場に投入される。

（3）特許戦略

莫大な投資をして研究開発の成果を守るには，特許戦略が重要である。

特許とは，画期的な発明をした企業や個人に対して，一定期間にわたって独占的に使用できる権利を国が与えるものである。ここで，「発明」は特許法上，「自然法則を利用した技術的思想の創作のうち高度のもの」と定義されている。特許権は，意匠権，実用新案権，商標権と並んで国（特許庁）が所管する知的財産権の１つである。

国が特許を付与する目的は，発明を保護・奨励したり，企業や個人が研究開発を行うことへのインセンティブを与えたり，取引上の信用を維持したりすることを通じて，産業の発展を図ることにある。企業にとっての特許の利用価値としては，以下のような点が挙げられる。

- 一定期間，独占的に特許を使用することで，既存の競合他社に対する競争優位性を獲得できる

- 新規に参入を目論んでいる企業に対しては，大きな参入障壁を築くことができる
- 自らが保有する特許権を他社に貸与するライセンス供与により，新たな収入源を確保できる
- 企業価値を高めることにつながり，株式の新規発行や融資といった資金調達で有利となる
- 合併や買収，企業連携などにおいて，有利な条件を引き出すための取引材料となりうる

2 生産戦略

（1）生産管理とQCD

JIS（日本産業規格）において，生産管理は，製品やサービスを「所定の品質・原価・数量および納期で生産し，これらの要素の最適化を図るため，人・物・金・情報を駆使して，需要予測，生産計画，生産実施，生産統制を行う手続きや活動」であると定義されている。

企業の生産活動においては，①品質の高い製品を，②低コストで，③納期を遵守して提供することが顧客満足に直結しており，ひいては売上の増加やコスト低減を果たし，利益を確保することにつながる。これら品質（quality）・原価（cost）・納期（delivery）は需要の3要素と言われ，英語の頭文字をとって**QCD**と呼ばれる。これらの要素を高い水準で実現することが，生産戦略の目標となる。

（2）生産管理の体系

顧客への対応，つまり，需要側の要因で決まるQCD（品質・原価・納期）にかかわる管理活動（品質管理・原価管理・納期管理）のことを，第1次管理

と呼ぶことがある。これに対して，供給側（企業，工場など）の要因に関係する生産活動の分野をまとめて，第2次管理と呼ぶ（図表3－16）。

第2次管理には大きく分けて，「生産の基本機能」と「生産の構成要素」がある。

生産の基本機能とは，そうした活動が行われて，初めて製品が生まれる活動のことである。原材料などの資源は，設計→調達→作業管理という生産の基本機能を通じて製品となって世に送り出される。

生産の構成要素とは，生産のために投入される資源や方法のことである。生産のために投入される資源には，人（man）・機械設備（machine）・材料（material）の3つがあり，これらを**生産の3要素**（または生産の3M）と呼ぶ。これらに，生産方法（method）を加えて，「生産の4M」と呼ぶこともある。さらに，生産の4Mに資金（money）を加えて「生産の5M」と呼ぶ場合もある。

大局的に考えると，製品とは「生産の構成要素」をインプットして，「生産の基本機能」を通じてアウトプットされたものであるといえる。その際，どのような製品を生み出すのかについて生産活動を最適化させる外的な条件が

【図表3－16】生産戦略にかかわる管理要素の体系

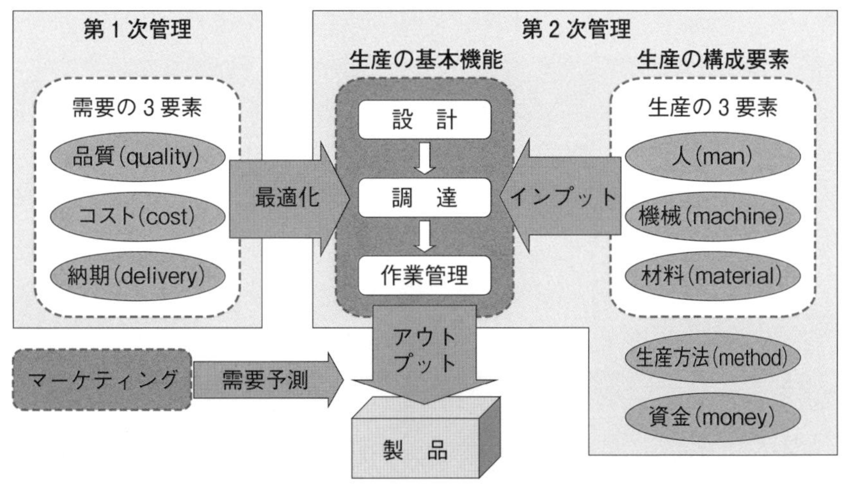

「QCD」であると考えるとわかりやすい。また，企業にとって生産活動は決して単独で存在するものではなく，顧客の需要を予測するマーケティングや販売管理など，他の活動との連携も重要である。

（3）生産形態

❶集約型生産と展開型生産

原材料・部品と完成品の関係で生産形態を分類すると，**集約型生産**と**展開型生産**に分けることができる（図表3－17）。

集約型生産とは，さまざまな原材料や部品を集めて，1つの完成品を作り上げる生産形態で，自動車や家電製品の製造が典型的である。他方の展開型生産とは，1つの原材料からさまざまな製品が作られる生産形態である。展開型生産の典型的な例は，原油という1つの原料から化学繊維や合成ゴムなどの材料が生まれ，それが洋服やタイヤなどの完成品になっていくプロセスである。

❷受注生産と見込み生産

需要と生産時期の関係に着目すると，生産形態を**受注生産**と**見込み生産**に分けることができる。受注生産とは，顧客からの受注が確定してから生産を開始することであり，見込み生産とは，あらかじめ製造しておいたものを在庫としておき，顧客の要望に応じてすぐに販売することである。

【図表3－17】生産形態のタイプ（集約型生産と展開型生産）

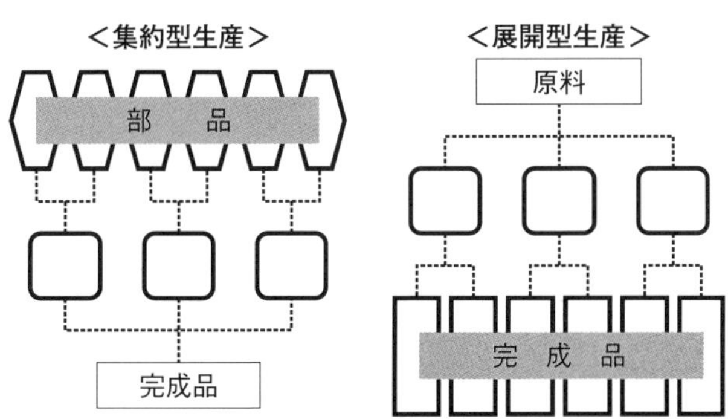

【図表3－18】受注生産と見込み生産の比較

比較項目	受注生産	見込み生産
1）仕様	顧客が決定する	生産者が決定する
2）生産開始時点	顧客の注文を受けてから	需要予測にもとづく計画生産
3）工場の稼働	不安定（予測が難しい）	安定的（予測が可能）
4）品種	多品種少量生産	大量生産
5）産業の例	船舶，工作機械など	電化製品，大量消費財など

図表3－18は，受注生産と見込み生産の特徴を比較したものである。

たとえば，「操業度」の点でいうと，受注生産の場合は不安定で，顧客の注文が入らなければせっかくの生産設備や人員が過剰になってしまう。これに対して，見込み生産の場合は企業内の経営資源の無駄がない。ただし，見込み生産には需要予測を誤ると大量の在庫を抱えてしまう，というリスクがある。

また，受注生産はいわゆるオーダー・メイドであり，製品の大小にかかわらず，多品種少量生産となり，生産効率は大量生産には劣る。これに対して，見込み生産は大量方式の生産が可能である。ただし最近では，製品ライフサイクルの短縮化や顧客ニーズの多様化に伴って，従来大量生産されていたものが多品種少量生産に切り替わっている場合が多い。

（4）日本型生産方式

❶工場における3つのムダ

製造業の現場である工場では，「3つのムダ」の発生が生産効率を下げるといわれている。**3つのムダ**とは，①過剰人員，②過剰設備，③過剰在庫という過剰な生産要素である。

こうした過剰な生産要素を削減するための施策として，日本で培われた生産管理システムであるジャスト・イン・タイムとかんばん方式がよく知られており，さまざまな製品の生産過程で取り入れられている。

❷ジャスト・イン・タイム

ジャスト・イン・タイム（Just In Time：JIT）は，生産工程の各段階に必要な物を，必要な時に，必要な量だけ供給することによって，在庫やコストを極力低減させせようとする生産システムである。そして，その目的はコスト低減を進めることによって，企業全体の利益を生み出すことにある。自動車会社であるトヨタが長年の経験や知見から開発したモデルであるため，トヨタ生産方式とも呼ばれる。現在では，自動車産業だけでなく，国内外の異業種でもその考え方が取り入れられている。

ジャスト・イン・タイムを実現するには，①生産の平準化，②作業の標準化，③段取り替え時間の短縮，④継続的な改善活動，⑤機械レイアウトの工夫，⑥自働化が必要であるとされている。

❸かんばん方式

かんばん方式とは，ジャスト・イン・タイムを支えるための，ある種の情報伝達システムである。「かんばん」とは，長方形のカードのかたちをしており，部品の種類（部品番号）や個数などが記載されている。このカードが部品を入れた箱といっしょに工場内の工程間を行き来することで，必要な工程に，必要な時に，必要な個数だけの部品が届く。

実際に製造現場で用いる「かんばん」には，「引き取りかんばん」と「生産指示かんばん」がある。「引き取りかんばん」は，後の工程が引き取るべき部品の種類と数量を指定するもので，運搬作業者は空になった部品箱と「引き取りかんばん」を持って前工程のラインに行く。そして，「引き取りかんばん」に指定された種類と数量の部品をピックアップして後工程に戻る。ここで，引き取りかんばんは，いわば前工程に対する注文書のような機能を果たす。

その際，運搬作業者は運搬用の箱についている「生産指示かんばん」をはずして，部品置き場に置いてくる。前工程の生産に携わる作業者は，この「生産指示かんばん」に従って生産する。このような「かんばん」は，非常に単純なしくみであるが，後工程で必要なものを前工程に伝達することで，不要な在庫を極力減らし，コスト低減と利益確保に貢献している。

参考文献

伊丹敬之・加護野忠男『ゼミナール経営学入門〔第3版〕』日本経済新聞出版社，2003年。
富野貴弘『生産管理の基本』日本実業出版社，2017年。
藤本隆宏『生産マネジメント入門Ⅰ　生産システム編』日本経済新聞出版社，2001年。
門田安弘『トヨタプロダクションシステム―その理論と体系』ダイヤモンド社，2006年。
吉村孝司編著『マネジメント基本全集 経営戦略』学文社，2006年。

第3章

財務戦略の基礎（会計）

ポイント

◉機能別戦略の１つに財務戦略があるが，財務戦略を理解するには基礎的な会計の知識が必要である。

◉具体的には，損益計算書と貸借対照表という決算書をおおまかに理解し，企業経営の実態がどうなっているかを把握する力が求められる。

◉損益計算書は一定期間における売上や利益，費用など，数値で表すことのできる企業業績を示し，貸借対照表は決算期における企業の資産や負債の財政状況を表す決算書である。

キーワード

会計，財務，複式簿記，決算書，決算期，損益計算書，
貸借対照表，キャッシュフロー計算書，
株主資本等変動計算書，費用・利益・収益，
資産・負債・純資産，流動と固定のちがい，
財務分析，収益性分析，安全性分析，生産性分析

会計の目的としくみ

(1) 会計について学ぶ意義

先に述べたように，企業経営にとって必要な経営資源（ヒト・モノ・カネ）をそれぞれ機能別戦略に置き換えると，人事戦略，マーケティング戦略と生産戦略，財務戦略となる。これらのうち，カネという経営資源に関する財務戦略を理解するうえでは，まず会計の基礎知識が欠かせない。そこで，本章では会計の基礎知識と決算書の読み方について説明をしていく。

売上の計上，仕入れた商品の代金支払い，従業員に対する給料の支払い，備品や設備の購入など，企業における日々の業務は，お金のやりとりであふれている。

こうしたお金の流れは，一定のルールに従って記録したり，取りまとめられる。このようなしくみを**会計**と呼ぶが，まずは，会計は何のために必要なのかについて説明する。

(2) 会計の目的

「会計の目的とは，何か？」とたずねられたとき，多くの人は「会社がどれだけ費用を使っているかを知るため」とか「会社がどれだけ儲かっているかがわかること」などと答えるであろう。これらの答えは，会計というしくみの一面を表していて，誤りというわけではないが，それではなぜ会計のしくみがどの業界，会社でも同じルールに則っているのか？という質問に答えることができない。

会計を英語でaccountingというが，accountには「説明する」という意味があり，派生語であるaccountability（アカウンタビリティ）には「説明責任」という意味がある。一方で，第1部第3章で説明したように現在の企業の多くを占める株式会社では所有と経営の分離が進んでおり，経営者は企業の所有者たる株主から経営を任されていることになる（経営者と株主の受託／委託の関係）。

こうしたことを考え合わせると，会計というしくみの最終的な目的は，「人から財産を預かった者が，自分の責任と成果を明らかにし，財産を預けた者に対して報告する」ことにある。これを，株式会社のしくみに当てはめると，経営者（＝人から財産を預かった者）が，株主（＝財産を預けた者）に対して経営成果を報告する，ということになる。

（3）会計情報を必要とする人たち

しかし，会計の情報を必要とする人は株主だけとは限らないし，会計の情報を活用する人も経営者だけではない。

たとえば，多くの会社は銀行などの金融機関から借入れを行っているが，銀行の立場からすると，貸したお金の元本が返ってくるかどうか，利子をきちんと払ってくれるかどうかがわからなければ，安心してお金を貸すことができない。そこで，貸付先である会社の財務状況を知るために，会計情報を入手する必要が出てくる。

会社に対して何かしらのかたちで関与を持つ人たち・団体などを，まとめて「ステークホルダー」と呼ぶが，会計的な意味の「ステークホルダー」は，主にお金に関する利害を持っている人や組織，つまり，株主や投資家，金融機関などの債権者，取引先，税務署などである。

また，企業の内部においても，経営者や管理者，そして１人ひとりの従業員が業務上の適切な状況判断と，将来に向けた意思決定を行うために必要な情報を生み出すしくみが会計である。

（4）経理・会計・財務のちがい

企業におけるお金の流れや資金の管理を表すことばとしてよく使われるものに，「経理」，「財務」，「会計」がある。これらの使い方に明確な定義というものはないが，おおむね以下のように使い分けられている（図表３－19）。

経理は，日々のお金の流れを管理する事務やその処理を意味する。また，帳簿から決算書を作成したり，税金の申告を行ったりする業務のことも，経理と

【図表3－19】会計・経理・財務のちがい

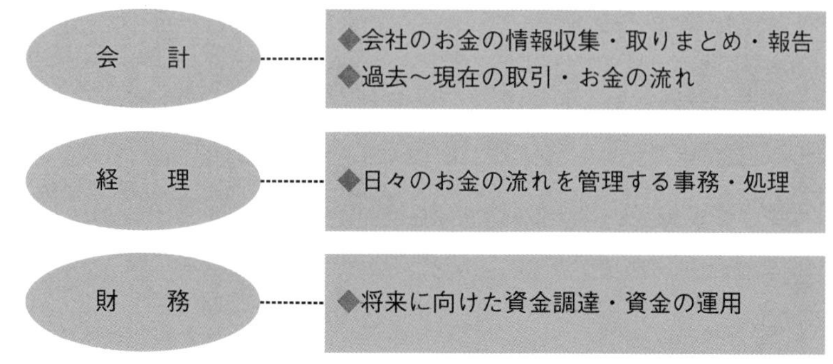

呼ぶ。少し会社の規模が大きくなると，「経理課」「経理部」という名称で独立した機能を担う部署となっている場合もある。企業によっては，日常の入出金を管理する経理の仕事と，資金調達や運用にかかわる財務という仕事を別々の部署が担っている場合もある。

財務は，実務では資金の調達や資金繰りを意味する場合が多い。大企業では専門の財務部門があって，借入金の調達や社債の発行，新株発行などについて戦略的に資金調達先の選定や金融機関との交渉などを行っている。また，資金調達だけでなく，調達した資金の運用に関する意思決定や事務が加わる場合もある。

「会計」は，日々のお金の管理から資金の管理まで，会社のお金の情報収集と取りまとめ，報告までを幅広く意味する言い方である。

「会計」と「財務」のちがいに着目すると，「会計」がどちらかというと，過去～現在の取引やお金の流れ，あり様を意味するのに対して，「財務」は将来に向けた資金調達や，調達して得た資金の運用という意味が強くなる。

日常的には，飲食店などで「お会計をお願いします」と言ったりするが，この場合は“勘定を精算する”とか“勘定を支払う”という意味で使われ，会社の会計という場合の意味とは異なることは言うまでもない。

（5）会計と家計のちがい

ここでは，家計と会社の会計を比べながら，会計というしくみの本質について考えてみる。

一般的に，個人の家庭におけるお金の出入りのことを「家計の収入／支出」という。しかし，企業の会計においては「収入／支出」とは言わず，「収益／費用」と言う。

家計においては，通常1か月単位で，家計簿に「収入」と「支出」を記録する。そして，月末に集計をして，収入よりも支出が多ければ「今月の家計は黒字」，反対に支出が収入を上回ってしまうと「今月の家計は赤字」ということになる。このような，家計におけるお金の出入りの管理は「現金主義」というお金のやりとりに着目したものである。

しかし，会社の会計はこれほど単純ではない。なぜなら，会社間の取引においては，商品などを引き渡す際に現金で支払うケースばかりとは限らないからである。仕入れた商品の支払いは，支払手形で行われる場合が少なくないし，商品販売の代金は，現金ではなく，受取手形で受け取るケースが少なくない（支払手形や受取手形については後述）。現金で支払う場合（通常は互いの銀行口座間でのやりとり）でも，売買契約上で翌月とか翌々月などに支払うという約束が交わされる場合も多くある（後述する買掛金，売掛金による取引）。

このように，買掛金や支払手形，売掛金や受取手形で行われる取引を，**掛け取引**と呼んでいる。掛け取引においては，商品を受け取ったり，引き渡したりする時点で売上が計上されるのに，決済が行われて現金を支払ったり，手元に入ってきたりするのは少し先になる。つまり，売上を計上する時点と入出金がある時点の間に時間的なずれが生じる。

実際に現金の支払いが行われなくても，売上や費用を計上することを「発生主義」という。家計は現金主義，会社は発生主義のルールでお金を勘定しているため，企業における発生主義にもとづくお金の勘定を「収益／費用」と呼び，家計における「収入／支出」と区別しているのである。

ただし，家計においてもクレジットカードを用いて決済をする場合には，“毎月5日締め・25日支払い”など，買掛金に近い支払い方法を行う。

(6) 複式簿記という会計のルール

上記のように，会社の会計では，収益／費用が発生したと認識する時点と，実際のお金が出入りする時点の間に時間的なずれが起こる。そのため，会計上の収支が黒字（収益＞費用）であっても現金が足りないという場合がある。

また，企業規模の大小や取引相手の数などにもよるが，企業におけるお金のやりとりの件数は，家計とは比べものにならないほどたくさんある。そして，企業の会計は金融機関や株主，投資家，税務署などさまざまなステークホルダーに報告するべきものであることからして，企業会計には，どの会社にも共通したルールが必要となる。

そうした会計処理のルールを**簿記**という。「簿記」とは英語の“bookkeeping”にあたる言葉で，「帳簿（book）をつける」という意味に由来しているが，企業会計では，取引の二面性に着目した**複式簿記**というしくみが，正規の簿記のあり方として定着している。

企業における取引は，必ず二面性を持っている。

たとえば，事務作業に必要な文房具を現金で購入した場合を考えてみる。まず，文房具を購入したため，①消耗品費という勘定科目で費用支出が計上される。と同時に，②現金という流動資産の減額が行われる（「勘定科目」や「流動資産」の意味については後述）。

このように企業における会計は，複式簿記のルールに則って，日々の取引が記録され，ある時点（決算期）においてその情報が損益計算書や貸借対照表という決算書に取りまとめられるかたちで，ステークホルダーへの報告が行われるのである。

2 決算書

（1）決算書とは

決算書（類）には，「損益計算書」，「貸借対照表」，「キャッシュフロー計算書」，「株主資本等変動計算書」がある。これらのうち，キャッシュフロー計算書は，通常は損益決算書と貸借対照表のデータから作成され，資金の流れに着目したものである。また，株主資本等変動計算書は，貸借対照表の純資産の部分に焦点をあて，その部分の変化に着目したものである（図表3－20）。

経営学の基礎を学ぶ本書では，基本的な決算書である「損益計算書」と「貸借対照表」について取り上げる。

【図表3－20】**決算書（一般に考えられている4つの重要な決算書）**

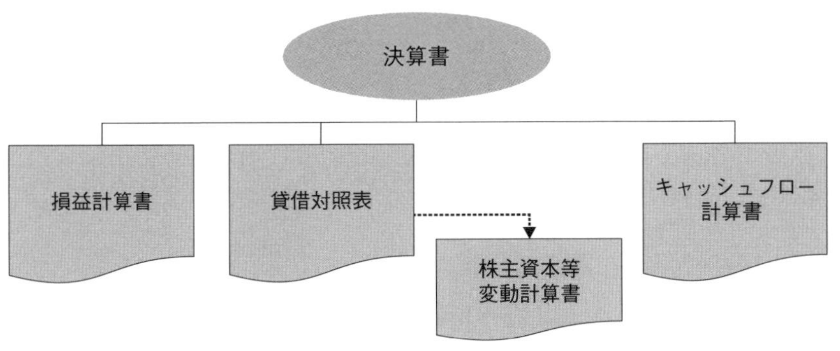

（2）決算期とは

一定期間の会計情報をある時点で集計し，株主や投資家，行政などに報告できるかたちにした書類が決算書である。ここで，“一定期間”のことを「会計年度」といい，“ある時点”のことを**決算期**と呼ぶ。

【図表3－21】法律に規定された決算書

法律名	「会社法」	「金融商品取引法」
法律の主な目的	会社の設立・組織・運営・管理に関する規定	株主や投資家の保護
法律が適用となる範囲	すべての会社	上場会社
決算書（財務諸表）の種類	損益計算書 貸借対照表 株主資本等変動計算書 注記表 附属明細書 事業報告	損益計算書 貸借対照表 株主資本等変動計算書 キャッシュフロー計算書 附属明細書
開示の方法	株主総会に提出	有価証券報告書等に記載

なお，決算期は任意に決めてよいことになっているが，日本企業の約2割，上場企業に限ると約7割が3月に決算を行うといわれている。会社法では，株式会社は決算後，3か月以内に株主総会を開いて決算を承認してもらわなくてはならないことになっている。そのため，6月には株主総会を開催する会社が集中する。

会社に関する法律で重要なものには「会社法」と「**金融商品取引法**」の2つがあるが，決算書の種類は法律によって少し異なる（図表3－21）。

（3）損益計算書と貸借対照表のちがい

決算書のうち，**損益計算書**は，一定期間における経営成果を収益や利益として示したものである。ここで一定期間とは，通常は1年間であるが，上場企業（株式市場で株式の売買取引が行われている企業）においては，「四半期決算」といって，3か月ごとに決算を行うきまりになっている。また，上場企業でなくても，経営者の判断で四半期決算を行っている会社もある。上場企業が四半期決算となっている理由は，株主や株主になろうという投資家に会社のタイムリーな情報を提供するためである。現在のように経営環境の変化が激しい時代

【図表３－22】 貸借対照表と損益計算書のちがい（イメージ）

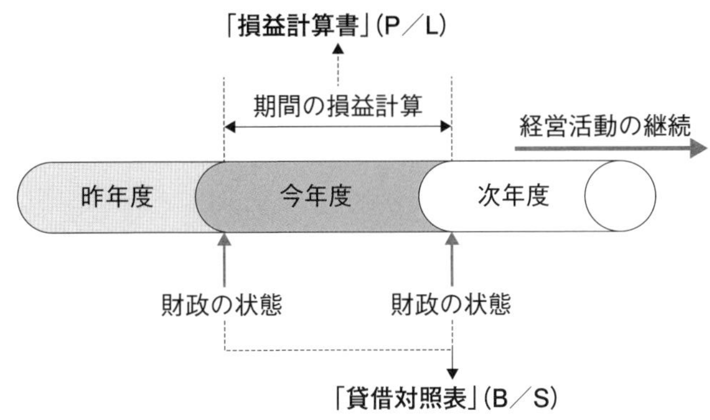

において，株式の売買を行うのに，１年近く経ってしまった過去の情報では適切な判断ができない，ということである。

一方，**貸借対照表**は，ある時点（決算期）における会社の資産と資金調達の状況を表すものである。その意味で，貸借対照表は作成しようと思えば，毎日作ることができる。しかし，実際にはそのような企業はなく，損益計算書を取りまとめる会計年度の最終日（決算期）時点の資産と資金調達の状況を報告する。

損益計算書と貸借対照表のちがいをイメージ図にすると図表３－22のように表現できる。

経営活動の成果を，時間の経過に従って横方向に成長していく「竹の筒」にたとえると，損益計算書は一定の長さ（期間）における経営成績を表し，貸借対照表はいずれかの時点（通常は期末）における“輪切り”の状態を表している。別の表現をすれば，損益計算書は１年間ずっと撮りだめをした「動画」で，貸借対照表のほうはある時点（決算期）を切り取った「スナップショット写真」にたとえることができる。

3 損益計算書

（1）損益計算書の構造

損益計算書は，「一定期間にどれだけの利益を上げたのか（または損失を出したのか）」を示す決算書であり，「収益－費用＝利益」という単純な考え方を表現したものである。

図表３－23は，損益計算書の考え方をわかりやすく示したものである。

左側は「収益－費用」がプラスとなって利益が出ており，いわゆる黒字会社の損益計算書の様子である。一方，右側は「収益－費用」がマイナスとなっており，損益が発生しているので，いわゆる赤字会社の損益計算書を模式的に表している。

つまり，収益から費用を差し引いて，プラスの結果となれば「利益が上がった」ことになる。逆に，収益から費用を差し引いてマイナスになれば「損失が出た」ことになる。

そのため，損益計算書を見れば，売上などの収益，利益の金額がわかるだけでなく，どんな費用がどの程度かかったのか，という，利益が創出された理由

【図表３－23】損益計算書の模式図（費用・収益・利益（損失）の関係）

黒字会社の損益計算書

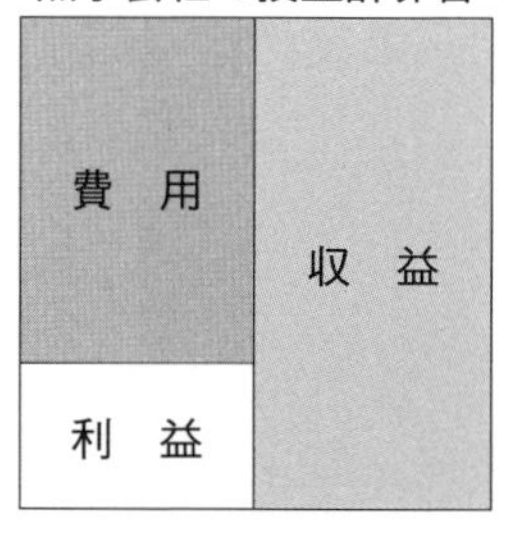

赤字会社の損益計算書

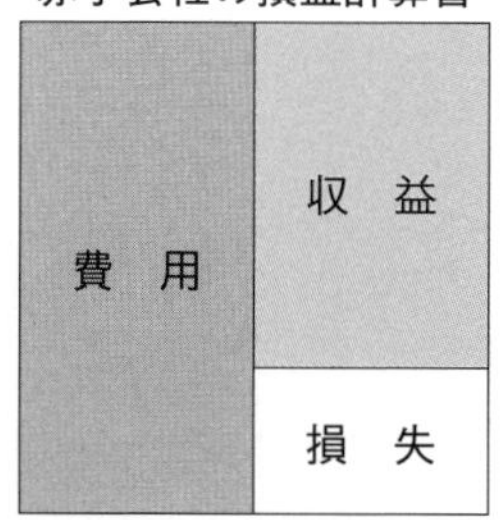

もわかる構造になっている。

損益計算書は，英語で“profit & loss statement”（プロフィット・アンド・ロス・ステイトメント）と呼ばれ，そのため日本でも略して“P／L”（ピー・エル）と呼ぶ人が多くいる。ただし，海外の支店や外国の取引先などとのやりとりで“P／L”と言っても通じない場合がある。それは，アメリカ英語では“income statement”（インカム・ステイトメント）と呼ばれるからである。日本の損益計算書と米国のincome statementでは，内容の面でもかなりのちがいがある。

（2）損益計算書の読み方

損益計算書は，「収益－費用＝利益」というパターンが繰り返されるミルフィーユ状の構造になっている。実際の損益計算書の様式は図表3－24のようなものである。一番上の行が「売上高」で始まり，下に向かって，売上原価→売上総利益→販売費及び一般管理費→営業利益→営業外収益→営業外費用→経

【図表3－24】損益計算書の基本的な様式（例）

損益計算書		（単位：百万円）	
売上高		100,000	
(－)売上原価		55,000	営業損益計算の部
	売上総利益	45,000	営業損益計算の部
(－)販売費及び一般管理費		38,000	営業損益計算の部
	営業利益	7,000	営業損益計算の部
(＋)営業外収益		2,000	営業外損益計算の部
(－)営業外費用		3,500	営業外損益計算の部
	経常利益	5,500	営業外損益計算の部
(＋)特別利益		800	特別損益計算の部
(－)特別損失		0	特別損益計算の部
	税引前当期純利益	6,300	特別損益計算の部
(－)法人税等		2,600	
	当期純利益	3,700	

常利益…という順に，費用や利益が並んでいる形式となっている。

損益計算書に示される利益には，５つの種類があるが，売上高から売上原価を引いたものが**売上総利益**である。次に，売上総利益から販売費及び一般管理費を差し引いたものが**営業利益**である。さらに，営業利益から営業外費用を差し引いて，営業外収益を足したものが**経常利益**となっている。そして，経常利益に特別利益と特別損失を足し引きしたものが**税引前当期純利益**と呼ばれる。最後に，税引前当期純利益から法人税等を差し引いたものが**当期純利益**という最終的な利益である。

なお，「売上総利益」「経常利益」のような項目を勘定科目と呼ぶ。

（３）損益計算書の勘定科目

❶利益を表す勘定科目

以下に５つの利益にかかる勘定科目が表す意味を説明していく。

a）売上総利益

本業における収入を示す売上高から「売上原価」（商店における商品の仕入や，工場における原材料費・労務費など）を差し引くことによって，売上総利益が求められる。売上総利益は，実務では「粗利」と呼ばれることが多い。

b）営業利益

売上総利益から，販売活動や会社の全般管理などにかかった「販売費及び一般管理費」を差し引いた利益である。営業利益は，その企業が本業から生み出す収益を示しており，その企業の収益力が最も顕著に表れる数値である。

c）経常利益

営業利益に，受取利息や有価証券売却益などの本業ではない活動から生まれた営業外収益を加え，支払利息や有価証券売却損などの営業外費用を差し引くことによって，経常利益が求められる。

“経常（けいじょう）”というのは，本業に利息や有価証券売買などの金融収支を含めた，日常的な経営活動全体から得られる利益という意味である。

1980年代のいわばバブル経済全盛期には，本業以外の利息収入や有価証券の売却益で潤った企業が多く，経常利益は大きいけれども営業利益は小さい（もしくは赤字）という企業がめずらしくなかった。営業利益と経常利益を比較してみると，企業の主な収益源が本業にあるのか，本業以外の金融収支などにあるのか，ということがわかる。

d）税引前当期純利益

経常利益に，土地や投資有価証券の売却益などの臨時的・突発的な事由による特別利益を加え，固定資産の売却損や固定資産除却損（機械設備などの廃棄処分によって生じた取得価額からの損失），災害による損失などの臨時的・突発的な事由による特別損失を差し引いたものが，税引前当期純利益である。

e）当期純利益

税引前当期純利益から法人税などの課税分を差し引いた，会計年度における最終的な利益が当期純利益である。

なお，図表3－24に示したように，営業利益が算出される段階までを「営業損益計算の部」，経常利益が算出されるまでの段階を「営業外損益計算の部」，そして，税引前当期利益が算出されるまでの段階を「特別損益計算の部」と呼ぶことがある。

❷費用を表す勘定科目

以下に，費用にかかる損益計算書上の4つの勘定科目について説明する（図表3－25）。

a）売上原価

売上原価は，商業における商品の仕入額や工業における生産要素の投入額（原材料費や労務費など）を示している。

売上高に対する売上原価の割合が小さいほど，その企業の活動が生み出す付加価値が大きいことを示している。

b）販売費及び一般管理費（販管費）

実務では，**販売費及び一般管理費**は「販管費」と略すことが多いが，販売活動や会社の全般管理にかかった費用である。

販売費は企業の販売活動に関連する費用であり，広告費や販売手数料，荷造運賃などがある。また，一般管理費は企業全体の業務の管理活動に関連する費用であり，例としては，地代家賃，水道光熱費，旅費交通費などがある。従業

【図表3－25】損益計算書における費用と利益の関係

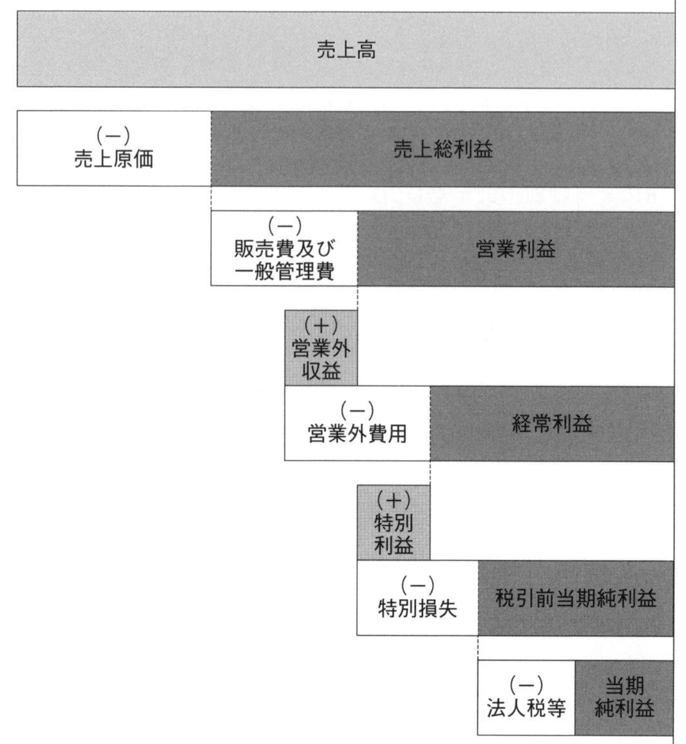

員の給与については，生産活動に専従する従業員の給与は売上原価にあたり，販売活動に専従する従業員の給与は販売費にあたり，管理活動に専従する従業員の給与は一般管理費にあたる，というように業種によって異なる。

売上高に対して販売費及び一般管理費（販管費）が小さいほど，その企業の販売活動や管理活動が効率的に行われているということになる。

c）営業外費用

営業活動“以外”にかかる費用という意味であり，支払利息や売上割引，有価証券売却損などが含まれる。

d）特別損失

毎年のように発生するわけではない損失であるため，特別損失と呼ばれる。具体的には，固定資産売却損や投資有価証券売却損，固定資産除却損などが含まれるが，いずれも，臨時的・偶発的に生じた損失である。

4 貸借対照表

（1）貸借対照表の構造

「貸借対照表」は「損益計算書」と並んで，最も重要な決算書であり，会社の資産の状況，および，そうした資産を得るためにどのような手段で資金調達をしているか，が見てとれる。

貸借対照表は通常，図表3－26のように大きく左右に分かれる様式になっている。

右側（負債および純資産）は会社の営業にとって必要な資金をどうやって調達してきたかを表す。そして，左側（資産）は調達した資金をどのように運用

【図表3－26】貸借対照表の基本的な構造

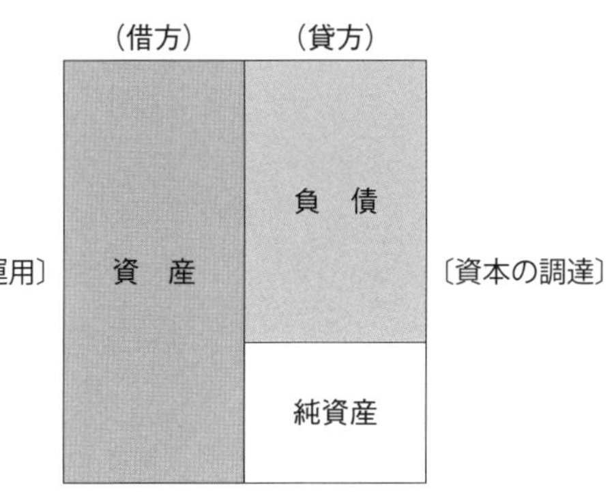

して収益に結びつけているかを示している。

なお，貸借対照表の右側を便宜上，「貸方」（かしかた），左側を「借方」（かりかた）と呼ぶこともある。

図表3－26で示した貸借対照表の基本的な構造からわかるように，資産，負債，純資産の関係は「資産＝負債＋純資産」という単純な方程式で表すことができる。つまり，右側にある「負債＋純資産」の金額と，左側にある「資産」の金額は一致するということである。資産＝負債＋純資産となる理由は，企業が借入金や社債，株式発行，利益の繰越しなどで調達した資金は，すべて現金預金や商品，車両，土地，建物などのかたちで運用されているからである。

左右のバランスが常にとれているため，貸借対照表のことを英語では“balance sheet”（バランス・シート）と呼んでいる。また，これを略して，「ビー・エス」と呼んだり，“B／S”と書いたりすることも多い。

（2）貸借対照表の読み方

❶貸借対照表の右側（貸方）：負債と純資産

貸借対照表の右側は，会社の資金調達がどのように行われているかを示している。

会社が資金調達をする方法には，大きく分けて2つある。

1つは，銀行などからお金を借りたり（借入金），社債を発行することによって資金調達する方法であり，借入金や社債などをまとめて「負債」と呼ぶ。負債の特徴は，借入金のように一時的に借りたお金であり，いつかは返済しなくてはならない点にある。社債は，企業が発行する債券で，いつか期日が来れば元本を返さなくてはならないため，大きな意味では借入金と同じ負債に分類される。

もう1つの資金調達方法は，負債と異なり，返済の必要がないものであり，純資産と呼ばれる。純資産の主なものは，株式を新たに発行することによって調達する資本金や資本準備金と，会社が会計年度内に生み出した最終的な利益（損益計算書に記載される当期純利益）のうち，株主への配当などを差し引いて，積み立てるようなかたちで残る利益剰余金がある。

❷貸借対照表の左側（借方）：資産

貸借対照表の左側は，負債や純資産のかたちで調達した資金を，どのような資産のかたちに変えて売上に結びつけているか，を示している。

“会社の資産”といえば，会社が所有する土地や，工場，倉庫，事務所などの建物が思い浮かぶが，モノづくりに必要な原材料や，販売することで収益となる商品も資産に含まる。さらに，会社の金庫にある現金や銀行に預けている預金も資産である。特許，商標，営業権など，形のない資産（無形資産）もあり，一口に“資産”と言ってもさまざまな形態がある。

（3）貸借対照表と損益計算書の関係

決算期時点における資産や負債，純資産からなる貸借対照表と，一定期間の収益と費用を示す損益計算書とはまったく関係のないもののように見える。しかし，実際には，図表3－27のような会社の経営プロセスを通じて，貸借対照表と損益計算書は密接に関係している。

【図表3－27】貸借対照表と損益計算書の関係

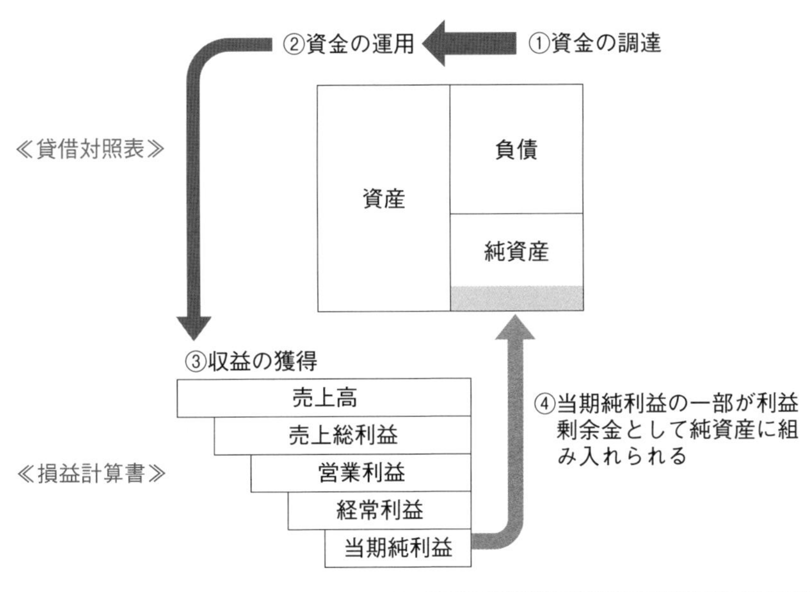

①企業は，借入金などの負債と株式発行などの純資産のかたちで資金を調達する
②調達した資金で，商品や原材料などを仕入れたり，工場・機械・車両・倉庫などの資産を取得したりする
③資産をうまく運用しながら，本業の売上や営業外の収益を上げる
④収益からさまざまな費用を差し引いた最終利益である当期純利益から，一部が利益剰余金として貸借対照表の純資産に組み入れられる

(4)「流動」と「固定」のちがい

実際の貸借対照表は，図表3－28のように，負債は流動負債と固定負債に，資産は流動資産と固定資産に大きく分けられる。

ここで，「流動」と「固定」のちがいは，換金のしやすさを表している。資産を例にとって考えてみると，現金預金や売掛金のような流動資産は，土地や建物などの固定資産に比べて，換金性が高い。また，負債についても短期借入金のような流動負債は，長期借入金のような固定負債に比べて支払わなければならない期限がより早く訪れる。

【図表3－28】実際の貸借対照表（簡易的な例）

貸借対照表
自　××年×月×日　　至　××年×月×日

単位：百万円

資産の部		負債の部	
流動資産		流動負債	
現金及び預金	×××	支払手形及び買掛金	×××
受取手形及び売掛金	×××	短期借入金	×××
有価証券	×××	未払金	×××
棚卸資産	×××	未払費用	×××
その他の流動資産	×××	その他	×××
流動資産合計	×××	流動負債合計	×××
固定資産		固定負債	
有形固定資産		社債	×××
建物及び構築物	×××	長期借入金	×××
機械装置及び運搬具	×××	その他	×××
土地	×××	固定負債合計	×××
有形固定資産合計	×××	負債の部合計	××××
無形固定資産			
ソフトウエア	×××		
その他	×××	純資産の部	
無形固定資産合計	×××	株主資本	
投資その他の資産		資本金	×××
投資有価証券	×××	資本剰余金	×××
長期貸付金	×××	利益剰余金	×××
その他	×××	株主資本合計	×××
投資その他の資産合計	×××	その他の包括利益累計額	×××
固定資産合計	×××	非支配株主持分	×××
		純資産の部合計	××××
資産の部合計	××××	負債・純資産の部合計	××××

（5）貸借対照表における勘定科目

これまで，貸借対照表の大きな構成（資産・負債・純資産）や流動／固定のちがいについて説明をしてきた。ここからは，資産，負債，純資産を構成する個々の勘定科目について，詳しく説明する。

❶流動資産の勘定科目

会社の**流動資産**を構成する勘定科目には，図表3－29のようにさまざまなものがある。ここでは，代表的な流動資産に含まれる勘定科目について，説明を行う。

a）現金及び預金

多くの企業では，個人のように普通預金ではなく，当座預金を銀行に開設している。当座預金は手形や小切手など，企業間取引に多い決済手段を使うことのできる預金である。

【図表3－29】企業が保有するさまざまな資産

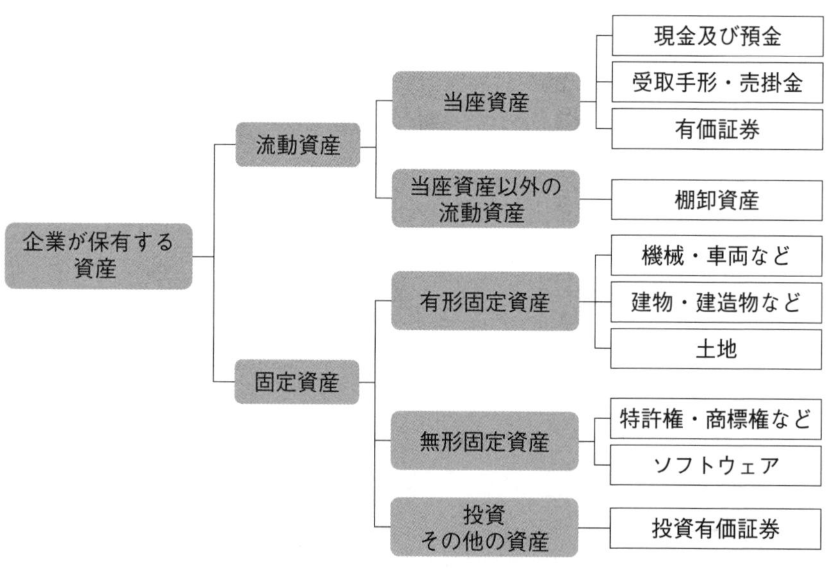

b）受取手形及び売掛金

すべての取引が現金で行われるとは限らない。企業間の信用にもとづく掛け取引の場合に生じる**受取手形**や**売掛金**は，「今は現金化されていないが，いずれ換金される」ものなので，流動資産に含まれる。受取手形と売掛金をあわせて，「売上債権」と呼ぶこともある。

c）貸倒引当金

受取手形や売掛金は，必ずしも100％回収できるとは限らない。買い手企業の資金繰りが悪化しているときなどは回収が遅延しがちとなるし，場合によっては買い手企業が倒産して回収が不可能になることもある。そうした，受取手形や売掛金が回収できない場合に備えて計上しておくのが**貸倒引当金**である。このような性格を持つ貸倒引当金は純粋に資産というわけではなく，マイナスの金額が計上される。

また，貸倒引当金が発生しないように，取引の相手企業（とくに売り先）の状況を事前に把握しておくことを与信管理といい，企業実務における重要な管理活動の１つとなっている。

d）有価証券

有価証券には株式だけでなく，国が発行する国債や，会社が発行する社債などの債券も含まれる。

有価証券には，貸借対照表上で流動資産になるものと，固定資産になるものがある。流動資産となるのは初めから売買目的で保有している他社株式などの有価証券である。一方，固定資産になるのは子会社や関連会社の株式など，長く保有する前提で所有している有価証券（投資有価証券）である。投資有価証券は「投資その他の固定資産」として，貸借対照表上は固定資産の扱いとなる。

会社が保有する有価証券を売買した場合，損益計算書上で前者（売買目的有価証券）は営業外収益（または営業外費用）となる。一方，後者の投資有価証券の売買については，特別利益（または特別損失）となる。

損益計算書に計上する金額は，売買益（または売買損），つまり，売ったときの価格全部ではなく，買ったときの価格と売ったときの価格の差額分である。

e）棚卸資産

流通業であれば仕入れた商品，製造業であれば原材料や仕掛品，在庫となっている完成品などが**棚卸資産**にあたる。棚卸資産は「資産」とはいえ，たくさん保有しているほどよいというわけではない。棚卸資産が多いと，それだけ過剰在庫を抱えているということを示す場合がある。

以上が流動資産の主な勘定科目であるが，この他にも実務では前払費用，仮払金，繰延税金資産などさまざまな勘定科目があるが，ここでは細かな説明になりすぎるので省略する。

❷固定資産の勘定科目と減価償却

a）固定資産の勘定科目

固定資産の勘定科目には，建物，機械，車両，運搬具，土地などの有形固定資産と，特許権や商標権などの無形固定資産がある。ここでは固定資産の評価方法について考えてみる。

固定資産については，毎年度，決算期において減価償却という会計処理を行う（ただし，土地を除く）。

b）減価償却というしくみ

建物や車両，機械設備などの固定資産は，古くなると時間の経過とともにその使用価値が減少していくものである。今年購入した機械と5年前に購入した同じタイプの機械では，以前に購入した機械の使用価値がより小さいと考えられる。このような資産の使用価値の減少分を会計上で適正に認識し，費用として計上する手続きを**減価償却**という。

会計処理上は，毎年，貸借対照表上で固定資産の評価額を減額していき，その分を減価償却費という費用として損益計算書上に計上するというかたちがとられる。ただ，減価償却費は損益計算書に計上され，会計上は費用として認識されるが，実際にお金が出て行くわけではない。このような性格の費用を「非資金費用」というが，こうした性質のため，減価償却費を大きく計上すればするほど，その分が企業の内部に利益として蓄積されることになる（内部留保）。減価償却費には内部留保を蓄積する効果（自己金融効果という）がある。企業は古い建物や機械をいつまでも使用するわけにはいかないので，いつか新しいものに買い替えなくてはならない。減価償却費には，そのための蓄えとして利益を内部留保しておく，という意味がある。

❸負債の勘定科目

ここでは，**流動負債**と**固定負債**をあわせて，負債の主な勘定科目について，個別に説明する。

図表３－30に示した企業の資金調達手段のうち，買掛金，支払手形，銀行からの借入れ（短期借入金，長期借入金），社債までが負債の勘定科目にあたる。

ａ）支払手形及び買掛金

現金ではなく，掛け取引で支払いをした際には，**支払手形**や**買掛金**というかたちで，将来に支払いの義務を負うことになる。支払手形と買掛金をあわせて，「仕入債務」（または，買掛債務，買入債務）と呼ぶ場合もある。

ｂ）短期借入金

金融機関や特定の個人，会社などから借り入れたお金のうち，元本の返済期限が決算日（貸借対照表の作成日）の翌日から起算して１年以内に到来するものが，短期借入金である。

【図表３－30】**企業の資金調達手段**

c）長期借入金

元本の返済期限が決算日の翌日から起算して１年を超える借入金が長期借入金に該当する。もともとは長期借入金として貸借対照表に組み入れられた借入金であっても，元本の返済期限が１年以内になると短期借入金となり，その分の借入れ金額が固定資産から流動資産に移される。

d）社債

社債は，会社が発行する債券である。

社債は，証券会社を通じて発行される有価証券であり，社債を購入するのは一般の投資家や機関投資家である。社債は，金融市場の投資家から直接的に資金調達する，株式発行と同じような性質を持つ**直接金融**という資金調達手段である。これに対して，銀行からの融資のように金融市場を介さずに資金調達することを**間接金融**という。

企業側にとっては，株式と同じような直接金融の手段なので，多くの投資家から事業資金を広く集めるのに適している（一部には買い主を特定して発行するタイプの社債もある）。投資家の側からすると，株式を購入する場合とちがって，企業にお金を貸し，定期的に利息を受け取り，償還期限が来れば元本も返してもらうということになる。

負債の勘定科目には，上記のほかにも，未払金，未払費用，未払法人税（支払期限が到来していない法人税）などがあるが，いずれも一般的には資産の規模に対して少額なものであるため，ここでは説明を省略する。

❹純資産の勘定科目

a）株主資本とは

ここでは，純資産の主たる部分である株主資本を構成する勘定科目について説明する。

株主資本には，資本金や資本準備金，利益剰余金などが含まれる。“株主”資本と呼ばれる理由は，これらが文字どおり，株主に帰属する資金だからである。

「株式を発行して得た資本金や資本準備金はともかく，利益剰余金は株主に帰属するのではなく，会社が稼ぎ出したものなのではないのか？」という疑問があろう。しかし，会計の分野では「株式会社の所有者は株主である」と考えるのが一般的であるため，株主が直接に出資した資本金などだけでなく，企業が稼ぎ出した利益の中からの蓄えである「利益剰余金」も株主資本に含まれる。

b）資本金・資本剰余金・資本準備金

株式会社は，設立時や増資の際に株式を発行する。**資本金**は株式を発行した際に，株主から払い込まれたお金である。また，資本にかかわる取引額のうち，資本金以外のものを資本剰余金という。**資本剰余金**はさらに，資本準備金とその他資本剰余金に区分される。

会社法上で「株主から払い込まれた金額のうち，２分の１を超えない金額までは資本金としなくてもよい」とされている。これに従って，資本金に組み入れられなかった残りの株式発行額の部分を「資本準備金」と呼ぶ。企業が倒産などの危機に直面した際に，資本金を減額するとすれば，複雑な手続きを要する。これに対して，資本準備金の取り崩しは比較的容易に行うことができるので，会社法は上記のように決めて，債権者への支払いが円滑に進むように配慮しているといえる。

c）利益剰余金

利益剰余金には大きく分けて，「利益準備金」と「任意積立金」がある。

利益準備金は法律の規定で，積み立てなくてはならないものである。会社法では，「会社が株主への配当を行った場合，その配当額の10分の１を資本準備金または利益準備金として積み立てる」としている。配当をもらう株主側と，会社が倒産の危機に瀕した場合に少しでも貸したお金を回収したい金融機関など債権者側とのバランスをとるためである。

一方，任意積立金は“任意”とあるとおり，会社が自社の政策で決めてよい積立金である。任意積立金には，特定の目的のために積み立てられる「事業拡張積立金」や「新築積立金」などと，目的を定めないで計上される「別途積立金」がある。

会計情報の活用

（1）財務分析

決算書は会計原則にもとづき，複式簿記の手法を用いて計上された日々の取引をまとめたものである。それ自体が，株主や投資家，金融機関などのステークホルダーへの報告となるものであるが，さらに，決算書上のデータから，百分率（パーセント）や倍率で表される数値を求め，過去の数値や同業者の数値と比較することによって，企業の現状を知ることができる。

このように決算書データにもとづいて，企業の収益や財務の状況を分析することを**財務分析**という。

（2）財務分析の種類

財務分析には，その目的によって，❶収益性分析，❷安全性分析，❸生産性分析などがある。

❶収益性分析

会社が儲ける力，つまり，企業の収益力をみることが収益性分析である。

代表的な分析指標としては，**売上高総利益率**，**売上高営業利益率**，**売上高経常利益率**，売上高当期純利益率，対前年度売上高比率などがある。これらはいずれも，売上高を100とした場合に，利益がどれだけあるか，を百分率（パーセント）で示したものであり，損益計算書上のデータから算出することができる。

図表3－31は，これらの収益性分析指標の算出式と，これらの指標が意味することをまとめたものである。

【図表3－31】収益性を表す指標

分析指標	算出式	意　味
売上高総利益率	売上総利益÷売上高×100（%）	会社がどれだけの付加価値を生み出しているかをおおまかに表す
売上高営業利益率	営業利益÷売上高×100（%）	会社の本業における収益性を示す
売上高経常利益率	経常利益÷売上高×100（%）	本業と副業，利息の支払いなど，会社の通常の状態における収益性を示す
売上高当期純利益率	当期純利益÷売上高×100（%）	税引後における会社の最終的な収益性を示す
対前年度売上高比率	今年度売上高÷前年度売上高×100（%）	会社の売上高の成長を示す

❷安全性分析

決算書の１つである貸借対照表のデータを用いて行うのが，安全性分析である。

安全性分析はさらに，３つのカテゴリーに分けることができる。企業の短期的な支払い能力を示すものが「流動性分析」，長期における支払い能力を示すものが「長期安全性分析」，資本構成の安定度を示すものが「資本安定性分析」である。代表的な指標を図表3－32にまとめておく。

a）流動性分析

流動性とは，会計の分野では「換金のしやすさ」を表す。

貸借対照表の勘定科目でいえば，最も流動性高い資産は“現金”であり，現金に近い順に，預金，受取手形，売掛金，有価証券，棚卸資産という勘定科目が，貸借対照表の左側に「流動資産」として並んでいる。一方，貸借対照表の右側には「流動負債」として，こちらも現金に近い順に，支払手形，買掛金，短期借入金などが並んでいる。

仮に，支払手形，買掛金，短期借入金などの支払い期限が迫っているのに，

【図表3－32】安全性を表す指標

分析指標	算出式	意　味
流動比率	流動資産÷流動負債×100（％）	企業の短期的な支払い能力を示す。数値が大きいほど短期的な支払い能力が高い
固定比率	固定資産÷自己資本×100（％）	固定資産の資金調達を，返済の必要がない自己資本でどれだけまかなっているかを示す。数値が小さいほど，長期にわたる支払い能力が高い
自己資本比率	自己資本÷総資本×100（％）	総資本に占める自己資本（純資産とほぼ同じ）の割合を示す。数値が高い方が経営が安定している

現金，預金，受取手形，売掛金，有価証券などの換金性の高い資産をあまり保有していないとすると，期日に支払うお金が足りなくなってしまう。

流動性分析とは，この流動資産と流動負債を比べてみて，企業に十分な支払い能力があるかどうかを検証することである。具体的な指標としては，短期的な支払い能力を示す**流動比率**がある。

b）長期安全性分析

長期安全性とは，土地や建物などの固定資産を保有するにあたって，どれだけ資金調達が安定しているか，つまり，長期における支払い能力を示す。

企業が保有する土地や建物などの固定資産は，棚卸資産などの商品とは異なり，長い期間にわたって収益を稼ぐために使うものであり，資金が長い間固定化されてしまうことになる。そうした固定資産を短期借入金などの流動負債でまかなっていると，支払い期日のほうが早く来てしまい，資金不足を招きかねない。長期安全性を表す代表的な指標は，**固定比率**である。

c）資本安定性分析

資本の安定性とは，会社の総資本（負債と純資産の合計）のうち，自己資本が占める割合のことである。自己資本の比率が高いということは，会社の支払

【図表3－33】生産性を表す指標

分析指標	算出式	意　味　等
1人当たり売上高	売上高÷従業員数×100（%）	従業員1人当たりが生み出す売上高を示す
1人当たり人件費	総額人件費÷従業員数×100（%）	人件費には，給与，賃金，賞与，法定福利費，福利厚生費，退職給与引当金の当期負担分などを含む
1人当たり経常利益	経常利益÷従業員数×100（%）	従業員1人当たりが生み出す経常利益を示す

い能力が低下していったときに，借入金の多い会社と比べて返済の負担が少ないということになる。資本の安定性を示す指標が，**自己資本比率**である。

❸生産性分析

損益計算書のデータからは，「どれだけ会社が儲かっているか」という収益性以外にも，「従業員がどれだけ効率的に価値を生み出し，売上高や利益に貢献しているか」を示す生産性も明らかになる。

生産性を表す比率の代表的なものには，「1人当たり売上高」，「1人当たり人件費」，「1人当たり経常利益」があり，売上高・人件費・経常利益をいずれも従業員数で割って，いわゆる1人当たりの労働生産性を求めることができる(図表3－33)。

参考文献

伊藤邦雄『新・現代会計入門〔第4版〕』日本経済新聞出版社，2020年。
井上達男・山地範明『エッセンシャル財務会計〔第4版〕』中央経済社，2021年。
桜井久勝・須田一幸『財務会計・入門〔第10版補訂〕』有斐閣アルマ，2016年。
林總『経営分析の基本』日本実業出版社，2015年。
広瀬義州『財務会計〔第13版〕』中央経済社，2015年。

第 4 部

人と組織をいかにマネジメントするか

人的資源管理論・組織構造論

どんなに素晴らしい成長戦略や事業戦略を策定し，大きな目標を掲げたとしても，実際の企業では組織を動かすことができなければ，成果を上げ，目標を達成することはできない。

この第 4 部ではまず，第 3 部で取り上げたマーケティング戦略や研究開発戦略・生産戦略，財務戦略と並ぶ，機能別戦略の要素である人的資源管理について学ぶ（第 1 章）。

つづいて，戦略を実行するために欠かせない組織設計について学習する（第 2 章）。この内容は，経営学の誕生と深い関わりを持ち，第 5 部で取り上げる経営管理論や組織論につながっていく。

第1章

人と組織のマネジメント

ポイント

◉企業などの組織におけるヒトのマネジメントにかかわる分野を，人的資源管理（human resource management：HRM）という。

◉人的資源管理がカバーする範囲は，採用から配置と異動，人事評価，賃金管理，人材教育や能力開発，時間管理，退職までと幅広い。

◉従来は日本企業の特徴と言われてきた終身雇用制や年功序列制がくずれる中，HRM の分野でもダイバーシティ・マネジメント，ワーク・ライフ・バランス，働き方改革などが企業にとっての課題とされるようになっている。

キーワード

HRM（人的資源管理），要員計画，雇用調整，人事評価，目標管理制度，360度評価，OJT，Off-JT，法定労働時間，フレックスタイム制，裁量労働制，ダイバーシティ・マネジメント，ワーク・ライフ・バランス，働き方改革

1 人的資源管理とは

これまで見てきたように，企業がどのような組織のあり様をめざすのかは，企業の規模，事業の特性，経営戦略の選択，経営環境への適合などさまざまな要因に影響される。

ただし，企業が適切な組織形態を採用したとしても，必ずしも企業の目的である利益の最大化や社会貢献が達成されるとは限らない。企業がその目的を達成するためには，組織メンバーの１人ひとりや個人の集団としての能力を引き出し，ヒトという経営資源の活力を得るためのマネジメントが必要である。

こうした人にかかわるマネジメントのことを**人的資源管理**という。英語では**HRM**（human resource management）というが，日本の組織でもそのままHRMと呼ぶことが多い。企業が行う人的資源管理の範囲について，個人が企業に採用されてから退職するまでの企業の関わりをわかりやすくまとめると，図表４－１のようになる。

【図表４－１】**人的資源管理（HRM）の一連の流れ**

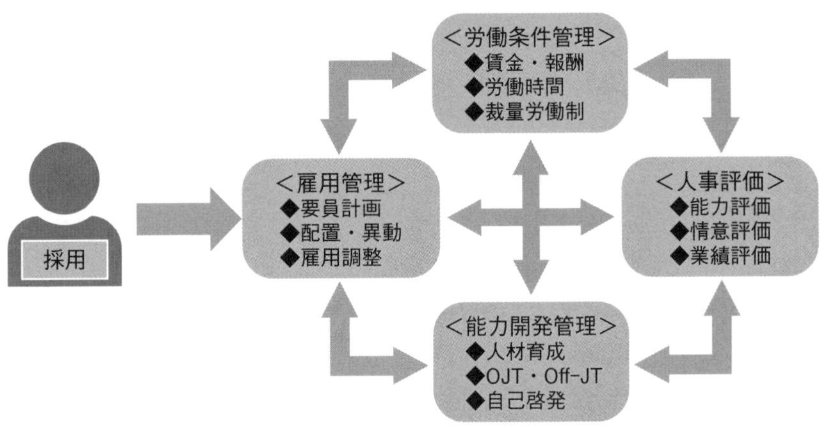

2 雇用管理

雇用管理とは，企業活動を行うために必要な人的資源を確保し（採用活動），適切な部署に配置・異動し，余剰労働力がある場合は雇用調整をしたりする管理活動である。

（1）要員計画

要員計画とは，自社にとってどのような人材が，どれくらい（人数）必要になるかを短期的（1年）や中長期的（5～10年）に見積もる計画である。基本的には経営戦略を実行するために必要な人材像とその人数を明らかにし，各部門における必要性も考慮して全社的な要員計画を策定する。

要員計画で定められる人材像や人員数が，現有する企業内の人材だけでは充足できない場合，企業外部から採用することになる。採用には，学校を卒業したばかりの人を採用する新卒者採用と，すでに他社などで勤務経験のある人を採用する中途採用がある。最近では，既卒者であるが1年未満～3年以内に転職をめざす第二新卒者の存在も，人材の宝庫として注目されている。

従来，日本の労働市場では終身雇用制度と新規一括採用がセットのように考えられてきたが，近年，社会全体として雇用の流動化が進んでおり，企業にとっていわゆる即戦力となる中途採用が増加する傾向にある。

（2）社員の種類と雇用形態の多様化

社員は，便宜上，企業が直接雇用する社員（直用社員ともいう）と，他社で雇用されている社員（非直用社員）に大きく分けることができる。直用社員はさらに，正社員（正規社員）と非正社員（非正規社員）に分けるのが一般的であるが，これは法律で規定された分類ではない（図表4－2）。

❶正社員と非正社員

一般にいう正社員とは，雇用期間を定めない従業者のことであり，企業の中核的な人材として長期的に勤務してもらうことが期待されている。一方の非正社員とは，雇用期間に定めのある従業者であり，いわゆるパートタイマーやアルバイトなどを含む。

❷契約社員

非正社員の一部は契約社員と呼ばれることもあり，正社員とちがって労働契約において雇用期間が定められている。非正社員の契約期間は，労働者と使用者の合意にもとづいて定められたものであり，契約期間の満了によって労働契約が自動的に終了する。１回当たりの契約期間の上限は通常３年までと定められているが，専門知識を持つ労働者や満60歳以上の労働者の場合，最大５年までの雇用契約期間を定めることができる。

❸短時間正社員

短時間正社員とは，フルタイムで働く正社員と比べて，その所定労働時間（所定労働日数）が短い正社員であり，期間の定めのない労働契約を結んでいる労働者である。時間当たりの基本給や賞与・退職金などの算定方法などは同

【図表４－２】さまざまな雇用形態

雇用する者	雇用形態		特徴
企業が直接雇用	正社員	正社員	雇用期間の定めがない
		短時間正社員	
	非正社員	契約社員	雇用期間が定められている
		パートタイム労働者	
他社で雇用されている		派遣労働者	従事する企業が指揮命令権を持つ
		請負労働者	従事する企業は指揮命令権を持たない

じ事業所に雇用される同職種のフルタイムの正社員と同等でなくてはならない。

短時間正社員という制度は，介護や育児，心身の健康不安などの事情からフルタイム勤務が難しい労働者にとって，魅力的な制度である。また，短時間正社員制度を導入する企業にとっては，優秀な人材の獲得や社員の定着率のアップにつながるというメリットが考えられる。また，介護や育児などの理由で退職してしまう熟練した社員が，継続して勤務することで採用コストや教育訓練コストを削減することも期待できる。

❹パートタイム労働者

「パートタイマー」や「アルバイト」など呼び方は異なることがあるが，パートタイム労働者とは，１週間の所定労働時間が，同じ事業所に雇用されている正社員と比べて短い労働者のことであり，パートタイム労働法では短時間労働者と呼ばれる。この条件を満たせばパートタイム労働法上のパートタイム労働者となる。

パートタイム労働者を雇用する使用者は，「パートタイム労働法」にもとづき，公正な待遇の確保や正社員への転換などに取り組むことが義務づけられている。また，労働者を雇い入れる際，使用者は，労働条件を明示すること，とくに重要な条件については文書を交付することが義務づけられているが（労働基準法），パートタイム労働法では，雇用期間，仕事の場所や内容，労働時間や休憩・休日，賃金（昇給・退職手当・賞与の有無を含む）についても文書の交付などによる明示を義務づけている。

❺派遣労働者

労働者派遣とは，労働者が実際に仕事を行う会社（派遣先企業）と，人材派遣会社（派遣元企業）との間で労働契約が結ばれ，労働者は派遣先企業の指揮命令を受けて働くという制度である。**派遣労働者**に対して指揮命令権を有するのは派遣先企業である一方で，労働の対価である賃金は，派遣元企業が支払うしくみとなっている。このような複雑なしくみ（図表４－３）であるため，「労働者派遣法」において派遣労働者のための細かいルールを定められている。

また，労働者派遣と似た雇用形態に業務請負がある。両者は企業から直接雇

【図表4－3】派遣労働と業務請負のちがい

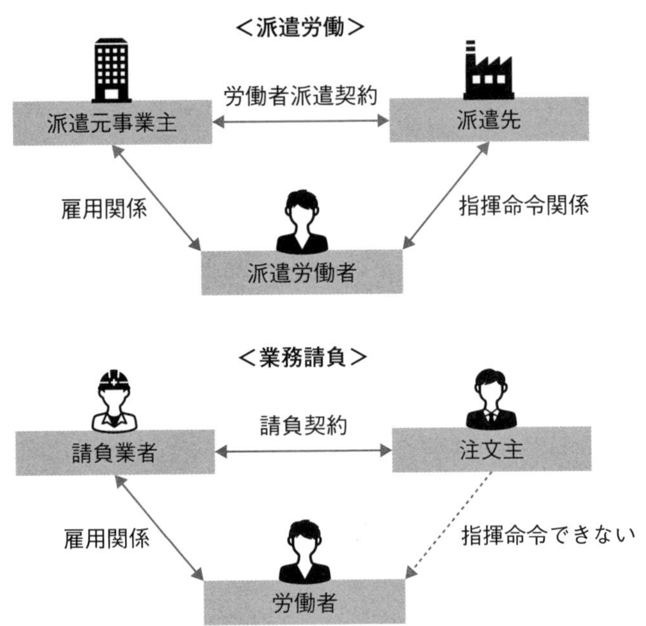

用されておらず，人材派遣会社や請負会社に雇用されているという共通点を持つ。しかし，派遣社員を使用している企業は派遣労働者に対して指揮命令関係を持つのに対して，請負工を使用している企業は，請負工に対して指揮命令権を行使することはできない。

請負や業務委託といった形態で働く人には，注文主から受けた仕事の完成に対して報酬が支払われるので，注文主からの指揮命令を受けない事業主として扱われ，基本的には「労働基準法」の対象とはならず，「労働者」としての保護を受けられない。ただし，表面上で請負契約や業務委託とされていても，実態として注文主からの指揮命令を受けて働いている場合は，「労働基準法」など労働法規の保護を受ける。

（3）配属と異動

組織メンバーは，最初に配属された部署に長期間とどまるとは限らない。むしろ，さまざまな部署のある大企業では，**ジョブ・ローテーション**といって定期的あるいは必要に応じて他の職場に異動することが一般的である。

異動は，個々の組織メンバーの適性を見つけることや人材の中長期的な育成，将来の管理者や経営者の育成を目的として，定期的に行われることが多い。しかし，業務量と人材配置のアンバランスを是正したり，新規事業の立ち上げに対応するような場合は，必要に応じて適宜，異動が行われる。最近では，自己申告制度や社内人材公募制のように従業員の希望や意向を聞いたうえで異動させることも多くなってきている。

異動が企業の枠を超えて行われるのが出向や転籍である。**出向**は，従業員が本来所属する企業との雇用関係を維持したままグループ企業などで働くことである。一方，**転籍**は，本来所属していた企業との雇用関係を終了させ，他の企業と新たに雇用関係を結ぶ場合である。

(4) 雇用調整

企業における労働力の需要と供給をマッチングさせることを**雇用調整**という。雇用調整には，賃金や賞与などの報酬を削減するコスト調整と，労働者数や労働時間を削減する数量的調整がある。数量的調整の具体的な手段としては，新規採用の削減や停止，退職者の補充を行わないこと，出向や転籍によって社内の人数を減らすこと，希望退職者募集，解雇などがある。雇用調整は，景気後退などで労働力が過剰になった局面で行われることが多い。

従来，労働基準法では，30日間の予告期間，あるいは，それに代わる平均賃金を支払えば解雇できることになっていたが，平成15年（2003年）の改正により，客観的合理性を欠き社会通念上相当と認められない場合は解雇権の濫用とみなされ，無効となることが明文化された（現在は労働契約法の規定）。

解雇権の濫用に該当するかどうかは，従来の判例から次に挙げる**整理解雇の4要件**が判断基準となっている。整理解雇の4要件とは，以下のとおりである。

①経営が悪化しており，人員削減の必要があること
②配置転換や希望退職者募集など解雇を回避する努力が行われてきたこと
③解雇対象者の選定に合理性があること
④労働者に対して説明し，協議するなど妥当な手続きが行われたこと

3 人事評価

（1）人事評価の意義

人事評価（人事考課とも呼ばれる）とは，一定期間や一定時点において，職務に対する態度や，職務を遂行するうえで必要な能力やスキルの獲得，会社の業績に対する貢献度などを個々に評価することである。その目的は，①会社に対する貢献度に応じた処遇をすること，②個々の社員の長所や短所を把握し，自己啓発に役立ててもらうことなどにある。

評価の結果は，賃金（基本給）のアップや賞与（いわゆるボーナス），昇進や昇格，配置転換や異動，能力開発のための研修の適用などに活用される。一般的に，評価の対象となる項目としては，本人が保有する職務遂行能力（**能力評価**），仕事に取り組む姿勢や態度（**情意評価**），個人が分担する売上や利益などの成果（**業績評価**）がある（図表4－4）。

【図表4－4】**一般的な評価項目**

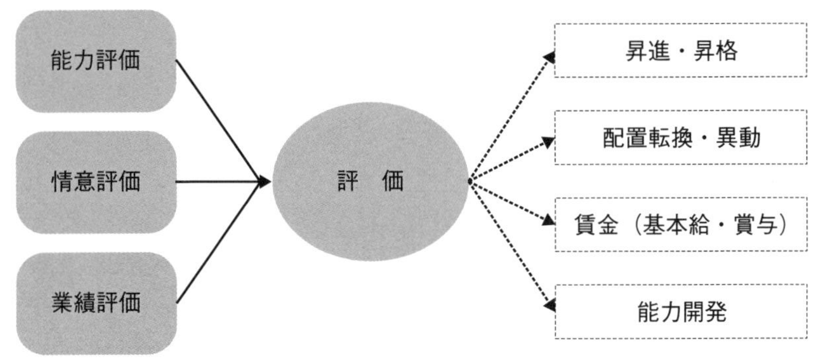

（2）目標管理制度と360度評価

最近，人事評価制度の一環として，目標管理制度や360度評価を取り入れる企業がある。

目標管理制度（management by objectives：MBO）とは，会社から一方的に与えられる目標ではなく，組織メンバーが自らの目標を定めて，その達成度合いに応じて評価がなされるしくみである。また，**360度評価**とは，直接の上司だけによる評価と異なり，さまざまな立場にある複数の人から評価を受けることである。目標管理制度は，従業員の自主性を引き出すこと，そして，360度評価は評価の公平性を保つことなどを目的として行われる。

（3）役職と資格

一般に，会社の人事制度上の階層には，課長・部長などの「役職」と，主事・参事などの「資格」がある。資格は，従業員を一定の基準に従って階層化し，会社内での序列や処遇を明確にするための制度である。資格を従業員の職務遂行能力によって運用するしくみを**職能資格制度**という。

役職と資格は緩やかに対応しているものの，一対一対応で一致しているものではない。たとえば，同じ資格にある管理職でも，ある人は本社の課長であり，別の人は支店の部長であるケースなどさまざまである。

会社内で現在よりも上の職位に進むことを**昇進**といい，上位の資格に進むことを**昇格**という。従来型の職能資格制度を採用している日本企業では，上位の役職に昇進するためには，必要とされる同一職務における滞留年数や一定水準以上の人事評価を得て，まずは上位の資格に昇格する必要がある。

一般的な新規学卒採用者を比べると，入社後数年間は同一年次に入社した社員の間では昇進・昇格にほとんど差はつかないが，一定期間が経過すると徐々に選抜が行われ，昇進・昇格に差が出るように制度が設計されている。

4 労働条件に関する管理

（1）賃金と報酬

従業員が受け取る賃金のうち，基本的な部分を**基本給**という。従業員のもつ職務遂行能力を基準として決められる基本給のことを**職能給**という。職能資格制度では，この職能給を基本として賃金体系が組み立てられていることが多い。一方，従事する職務の難易度や責任の度合い，作業条件などで職務ごとに基本給が決まっているのが**職務給**である。職務給を決定するには，まず職務分析を行い，職務ごとの相対的な価値を評価し，これにもとづいて賃金が設定される。

基本給のうち，資格等級や役職に関係なく年齢に応じて決まるのが「年齢給」である。そのほか，伝統的に日本企業では役職手当，住宅手当，通勤手当，資格取得手当などの諸手当が支給されることが多い。

1990年代から顕著になった成果主義とともに，とくに管理職に対して適用されるようになってきているのが**年俸制**である。年俸は，本人の年間の業績，役割，来期への期待などを総合的に評価して年度単位で決定される。

（2）労働時間管理

❶法定労働時間

労働基準法は，１週当たりの法定労働時間40時間を基本とし，それを各日に割り振る場合の１日の法定労働時間の上限を８時間とし，１週間に少なくとも１日の休日を与えなくてはならないとしている。

また，会社（労働基準法上の用語では使用者）が労働者に法定労働時間を超えた労働や法的休日に労働させるために，労働者の代表と時間外労働協定あるいは休日労働協定を結んで労働基準監督署に届ける必要がある。こうした協定は労働基準法第36条にもとづくため，**36協定**（サブロクキョウテイ）と呼ばれている。

❷フレックスタイム制と裁量労働制

労働基準法では，始業や終業の時間を弾力的に運用する**フレックスタイム制**や，使用者による労働時間管理が適さない仕事について，業務の遂行方法や労働時間の配分を労働者自身に委ねる**裁量労働制**が認められている。裁量労働制では，実際に働いた労働時間ではなく，事前に定められた時間数（みなし労働時間数）を働いたとみなす「みなし労働時間制」が適用される。

5 人材育成と能力開発

（1）OJT

日本企業における社員の能力開発の中心は，**OJT**（on the job training）であるとされる。

OJTとは，上司や先輩が日常業務を通じて部下や後輩に職務遂行上必要な知識や技能を習得させる職場内教育である。少なくとも表面上はコストがあまりかからず，社員の個性や能力に応じたきめ細かな教育ができ，配置転換や新技術導入などにも柔軟に対応した教育ができるというメリットがある。その反面，教育・指導を行う上司や先輩の知識や経験，指導する意欲などによって効果が大きく左右されるという側面がある。

（2）Off-JTと自己啓発

上記のようなOJTの短所を補うのが，**Off-JT**（off the job training）である。

Off-JTは，仕事や職場を離れて，研修のような形態で行われ，外部講師や教育担当者から教わる職場外集合教育である。仕事と直接かかわりはないが，体系的な知識や技能の習得が可能というメリットがある。

Off-JTには，従業員を年齢や職位などの階層に分け，それぞれのニーズに合った教育を行う「階層別研修」と，それぞれの職能に求められる知識や技能

【図表4－5】人材育成の3つの柱

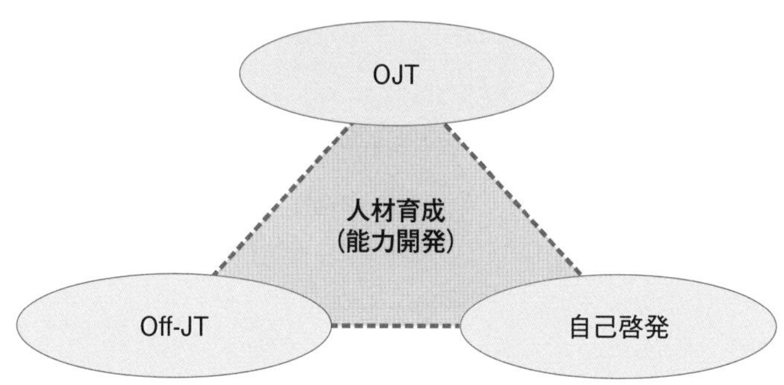

を習得させる「職能別研修」がある。

階層別研修には，新入社員研修，中堅社員研修，管理職研修などがある。**職能別研修**には，営業研修や技術者研修などがある。企業の中には，資格取得への援助，セミナーや講演会への参加などを通じて，社員が自発的に自らを成長させるための**自己啓発**を重視しているところもある（図表4－5）。

6 人的資源管理にかかわる課題

経済のグローバル化，企業間競争の激化と業際化など，企業をめぐる経営環境が変化する一方で，社会が成熟する中で働く人々の価値観や生活の多様化が生じている。このような変化の中で，企業と働く人々の関係性も変わってきており，従来の制度や考え方にはずれが生じている。

ここでは，現在の人的資源管理にかかわるダイバーシティ・マネジメント，ワーク・ライフ・バランス，働き方改革という課題を取り上げる。

（1）ダイバーシティ・マネジメント

組織メンバーの構成に多様性を持たせることにより，組織の活力や創造性，問題解決能力などを高め，競争優位を強化しようとすることを**ダイバーシティ・マネジメント**という。ここで，ダイバーシティ（diversity）とは，「多様性」という意味である。従来，日本企業では，日本人で男性の正社員を中心とする組織という価値観が定着していたが，もっと女性が活用する場を提供する，とくに女性管理職を増やすという方向性が示されている。また，性別の多様化だけでなく，多様性の内容は，人種，国籍，宗教，年齢，障害者雇用の拡充など，さまざまな要素を含んでいる。また，短時間正社員やフレックスタイム制の導入などの労働時間面での多様化も進んでいる。

企業組織におけるダイバーシティとダイバーシティ・マネジメントの重要性が増している背景には，経済と人の移動のグローバル化，優秀な人材の確保，女性の社会進出，少子高齢化に伴う労働人口の減少と高齢者の現役化，顧客ニーズの多様化など，さまざまな要因があると考えられる。

(2) ワーク・ライフ・バランス

ワーク・ライフ・バランスとは，文字どおり，仕事と生活のバランスをとることを意味している。国際的に比較して，日本人は「働きすぎ」「仕事中毒」（ワーカホリック）と指摘されるほど，私生活や家庭生活を犠牲にして仕事や会社を中心に働く日本人が多かったことは事実である。

このような状況下で，過労死，メンタルヘルスの欠如，家庭崩壊などさまざまな問題が発生していた。仕事だけを優先する多忙な生活の結果，安定した家庭生活ができなくなり，これが出生率の低下や少子化などの社会的問題の原因となっているという指摘もある。

国民1人ひとりが仕事と生活の健全なバランスのとれた生き方をするということは，日本社会全体の健全な発展のためにも不可欠とされている。2007年に政府，地方公共団体，経済界，労働界の総意により，「仕事と生活の調和（ワーク・ライフ・バランス）憲章」が策定され，官民あげての取り組みがなされてきた。これは，範囲を拡大して次に述べる働き方改革に受け継がれた。

(3) 働き方改革の取り組み

働き方改革とは，厚生労働省が2019年に発表した定義によれば，「雇用形態による待遇の不合理な格差や長時間労働の是正などにより，誰もが健やかに働ける，働きやすい環境を作り，生産性を向上させようという取り組み」である。政府は，働き方改革によって，働く人々が，個々の事情に応じた多様で柔軟な働き方を，自分で選択できるようになるとしている。

日本は，少子高齢化に伴う生産年齢人口の減少や，働く人のニーズの多様化などの課題に直面している。これらに対応するためには，投資やイノベーションによる生産性向上を図るとともに，就業機会の拡大や意欲・能力を存分に発揮できる環境をつくることが必要とされる。働き手の置かれた個々の事情に応じて，多様な働き方を選択できる社会を実現することが重要とされている。

時間外労働時間（残業時間）の規制などの働き方改革関連法が順次，施行される中，アルバイトや派遣社員など非正規社員に対する待遇差を禁止する同一賃金・同一労働も施行された。さらに，労働時間ではなく，成果を重視していくジョブ型雇用やテレワークの導入など，幅広い働き方改革が進められている。

ジョブ型雇用とは，長らく日本企業に根付いていた新規一括採用や終身雇用，年功序列のように，仕事ではなく会社に帰属することを前提とする**メンバーシップ型雇用**に対応するものである。ジョブ型雇用では，仕事内容に必要な能力やスキルを備えているかを基準として採用や自己啓発的な能力開発を行う。そのメリットは，企業から見れば専門性の高い人材を雇用できる，人材育成の目的・目標が明確になるので研修などの施策が打ちやすい，配置や異動における複雑さが軽減される，などにある。従業員の側にとっても，自分のスキルを磨きやすい，会社が自分に何を求めているのか，どのようなかたちで会社に貢献できているのかがわかりやすいといったメリットがある。その一方で，専門性を高めた人材が転職して外部に流出する可能性や，ジョブ・ローテーションでさまざまな仕事を経験する機会がなくなってしまうといったデメリットもある。

参考文献

今野浩一郎・佐藤博樹『人事管理入門〔第3版〕』日本経済新聞出版社，2020年。
奥林康司・上林憲雄・平野光俊編著『入門人的資源管理〔第2版〕』中央経済社，2010年。

第2章

経営組織の形態

ポイント

◉企業が成長して大きくなるにつれて，組織の職能分化や組織の階層化が進んでいく。
◉基本的な組織形態には，ライン組織，ファンクショナル組織，ライン・アンド・スタッフ組織がある。
◉実際に多くの企業で採用されている組織形態には，職能部門制組織，事業部制組織，カンパニー制組織，持株会社組織がある。
◉上記のほかにも，マトリックス組織，ネットワーク組織，プロジェクト・チーム，プロダクト・マネジャー制などの機動的な組織形態を採用する企業もある。

キーワード

組織の水平的分化と垂直的分化，ライン組織，
ファンクショナル組織，ライン・アンド・スタッフ組織，
職能部門制組織，事業部制組織，カンパニー制組織，
持株会社組織，マトリックス組織，ネットワーク組織，
プロジェクト・チーム，プロダクト・マネジャー制

1 企業組織の職能分化

（1）職能分化とは

企業が成長し，その規模が大きくなると，行われるべき仕事（職能）が多岐にわたるようになる。つまり，職能が分化することになるが，これによって，それぞれの職能ごとに部署や部門が形成されていく。こうした職能分化には水平的分化と垂直的分化がある（図表4－6）。

【図表4－6】組織の水平的分化と垂直的分化（例）

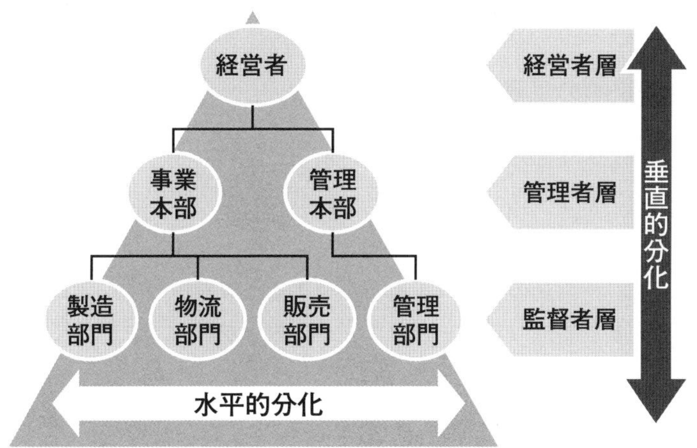

（2）企業組織の水平的分化

個人で起業し，駅前に立地しており，兄弟でアイスクリームを製造・販売している小規模企業があると考えてみよう。

社長である兄は，弟と店頭に立って販売を行うだけでなく，ときどきは銀行から資金を借りるための融資の相談に行ったり，仕入先である乳製品会社などに材料価格の交渉に行ったりする。また，弟のほうは販売以外にも，店内にあるPOP広告（point of purchase advertising：購買時点広告）の作成を行ったりする。この店のアイスクリームは好評で行列ができるようになり，大きな利益が出たため，店舗数を拡大していく。従業員の数も数十名に増え，店舗ごとにアイスクリームを製造していると効率的ではないので，別の場所に工場を建て，そこで製造されたアイスクリームを各地の店舗に配送する体制となる。そして，ネット販売も行うようになって従業員数は百名を超えるようになる。

この時点で，企業としては原材料の調達は購買部が，生産は製造部が，運送は物流部が，営業は営業部がそれぞれ担うことになる。これが水平的分化の例である。また，企業規模が大きくなると経理や人事の仕事を担う総務部，情報機器や情報セキュリティの管理の担う情報システム部なども必要となる。こうした総務部や情報システム部などは，マネジメントや各部門に対して専門的な見地から助言を与える機能を持ち，この機能を担当する従業員らは管理スタッフとも呼ばれている。

（3）企業組織の垂直的分化

企業規模が拡大すると，上記のような水平的分化が進むだけではない。多くの従業員を抱えるようになると，ヒトと仕事をまとめる管理者が必要となってくる。企業の規模が小さいうちは経営者と作業者が存在するだけであるが，上記のアイスクリーム店のように工場を持つまでに規模が大きくなると，作業者を監督する現場監督層（**ロワー・マネジメント**）が現れ，やがて部長や課長などの中間管理層（**ミドル・マネジメント**）が分化する。一方で，経営者層は経営に関する専門的な知識や能力を持った集団として経営層（**トップ・マネジメント**）を形成する。こうして職務上の階層が生じ，組織の垂直的分化が進んでいく（図表4－7）。

（4）組織の分化とマネジメント階層の役割

経営者であるトップ・マネジメントの役割は，企業の経営戦略を策定すること，内部組織を管理し統制すること，企業を取り巻くステークホルダーの利害を調整することなどである。中堅企業～大企業では，社長だけでなく，専務や

【図表４－７】組織の垂直的分化とマネジメント階層（例）

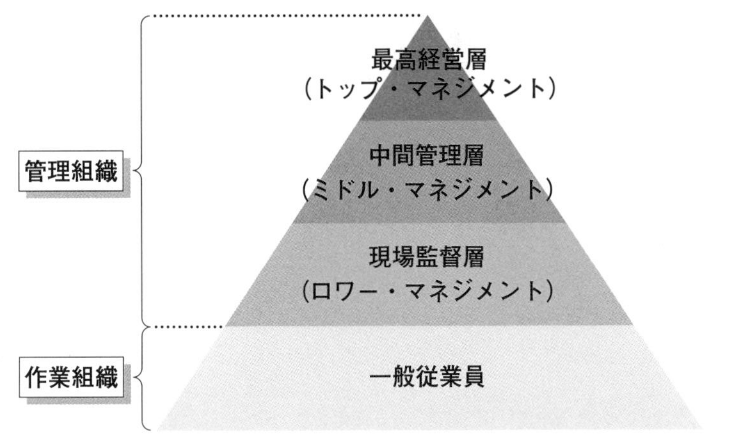

常務などの役職者もトップ・マネジメントに該当する。

一方，ミドル・マネジメントの役割は，トップ・マネジメントが定めた経営方針に従って，各部門の事業計画を策定し，それを実行する際の指揮をとることである。

また，ロワー・マネジメントの役割は，ミドル・マネジメントの指示に従い，現場の業務の指揮・監督を行うことにある。

（５）分業・協業と組織形態

企業のような組織は，分業にもとづく**協業**の体系である。

組織がまだ小さい段階においては，１人ひとりがさまざまな業務を受けもたなければならず，職務の中身が多岐にわたる。しかし，組織の規模が大きくなるにつれて分業がなされていくのである。しかし，個々の従業員や管理者に割り当てられた職務は，単独では成り立たない。ある人が受け持つ職務は，他の人の職務と何らかの関わりがあり，それらがうまく連動していくことで業務全体がスムーズに流れていく。そこで，組織メンバーの間で職務をうまく調整していく「協業」という機能が必要になってくる。調整を担うのは，業務全体を把握し，一定の権限を持つ上位者，すなわち管理者であることが多い。

組織における分業と協業のバランスを保つためには，どのような組織構造（あるいは組織形態）を選ぶかが重要になる。組織形態を考えるうえで不可欠なのが，権限と責任の関係である。また，どの程度の分業を進めるかによっても組織の編成は変わってくる。

2 具体的な組織形態

（1）組織編成の基本原理

一般的にいわれる「組織の管理原則」には，①指揮・命令の一元性，②専門化，③統制範囲の限界，④権限・責任の一致，という原則がある。

①**指揮・命令の一元性**：1人の部下に対する組織上の命令は1人の上司から発せられなければならないという原則

②**専門化**：組織として協業を行い，多くの製品やサービスを提供するには分業が必要であるという考え方

③**統制範囲の限界**（**スパン・オブ・コントロール**，監督範囲適正化）：1人の監督者が管理できる部下の数には限界があるという原則であるが，実際に何人が限界なのか，ということは業種や業態，企業によって異なる

④**権限・責任の一致**：管理者は責任を有する一方で同等の権限が与えられなくてはならないという原則であるが，この4つ目の原則は，権限移譲の原則とされる場合もある

以降に挙げる基本的な組織形態の中で，ライン組織は「指揮・命令の一元性」を，ファンクショナル組織は「専門化」を厳密に適用した組織形態であるといえる。また，ライン・アンド・スタッフ組織は，ライン職能とスタッフ職能を組み合わせた組織形態であり，ライン組織とファンクショナル組織の長所を融合したものである。

（2）基本的な組織形態

分業がある程度進んだ企業の多くで採用されている基本的な組織形態には，ライン組織，ファンクショナル組織，ライン・アンド・スタッフ組織がある。

❶ライン組織

a）ライン組織と組織の管理原則

部下が自分の職務のすべてに関して１人の上位者から指示・命令を受ける構造となっているのが**ライン組織**である。ライン組織の特徴は，組織編成の基本原理である「指揮・命令の一元性」と「統制範囲の限界」を貫いている点にある。

命令系統が一元化されていて，１人の管理者が指示・命令を行う部下の数には限界があるとすると，結果としてライン組織はいくつかの階層を持つピラミッド型の構造になる。そして，そのピラミッドは従業員数の増加に比例して大きくなるのが一般的である。

ライン組織では命令系統が明確であり，従業員の人数が多くなり，組織が多階層化しても命令系統が直線的につながっているため，「直系組織」とも呼ばれる。また，指揮命令が組織に行き渡ることから，軍隊で使用されることも多く，「軍隊式組織」と呼ばれることもある（図表４－８）。

b）ライン組織の長所

ライン組織は次のような長所を持つとされる。

①１人の管理者から指示が発令されるため，命令が統一しやすく，混乱が生じにくい

②職務のすべてを１人の管理者がマネジメントするため，各々の活動の調整が容易で，業務が円滑に進みやすい

③トラブルが生じた場合でも，責任を持って対処するのはただ１人の管理者であり，権限と責任が明確である

④権限をもつ管理者の方針や考え方が組織全体に行き渡るため，規律や秩序が維持されやすい

c）ライン組織の短所

一方で，ライン組織には以下のような短所もあるとされている。

①組織の規模が拡大して部下が増えたり，業務が複雑になったりすると，1人の管理者が全体を掌握することが難しく，管理者にとって負担が大きくなる

②規模の大きな組織では，すべての職務に精通していて，部下をまとめていくだけの管理者を育成することが容易ではなくなる

③組織が拡大して職制上の階層が多くなると，情報伝達や意思決定が遅くなりがちになる

④ピラミッド型の組織においては，どうしても縦割り組織となりやすい。横方向のコミュニケーションが取りにくく，水平方向の情報共有がされないセクショナリズムに陥りやすい

❷ファンクショナル組織

a）ファンクショナル組織の成り立ち

組織が大きくなり，業務が複雑化していくと，さまざまな職能から成る分業化が進んでいく。ここで「職能」とは，組織の目的を達成するために必要となる役割や機能のかたまりであり，役割や機能を果たすためには特定の知識やスキルが必要となる。

権限と責任を職能別に切り分け，分業化によって細分化された職能に応じた専門性の原則にもとづいて編成した組織が**ファンクショナル組織**である。

ファンクショナル組織においては，部下が職務遂行上で必要とするいくつもの専門的スキルに対して，それぞれ専門性を持った上位者から指示・命令を受ける。上位者の側から見れば，自分の専門の職能に関してだけ，たくさんの部下に対して指示を発することになる（図表4－8）。

現在の企業組織において，厳格に専門性の原則だけを貫いたファンクショナル組織はあまり例を見ない。しかし，科学的管理法で知られるテイラー（Taylor, F. W.）が提唱した**職能的職長制度**はファンクショナル組織の典型例とされる。上位者が多様な知識やスキルを持たなくてはならないライン組織に比べて，ファンクショナル組織における管理者は自らの専門性の範囲内だけで

【図表4－8】ライン組織とファンクショナル組織

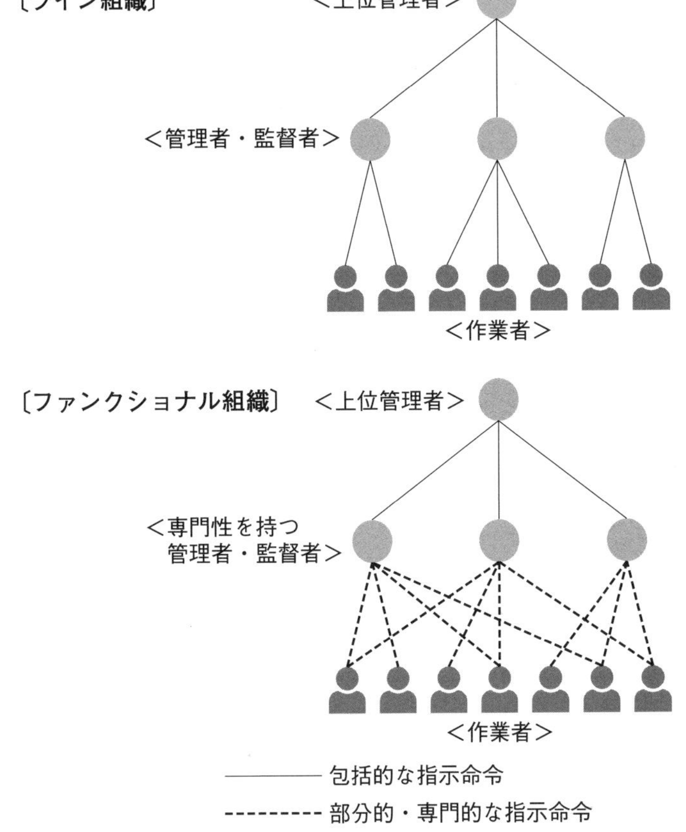

知識とスキルを保持していればよい。したがって，ファンクショナル組織においては管理者の負担が軽減される。

第5部で詳しく説明する「科学的管理法の父」と呼ばれるテイラーは，製造現場にいる作業者と同じように現場管理者に対しても課業（タスク）を設定した。現場管理者の仕事は作業者よりも複雑で多岐にわたるが，テイラーは現場管理者の業務を丹念に調べ上げ，工場全体における実行機能と計画職能を区別して，課業を網羅した。そして，それらの課業をいくつかの専門の職能に分割し，個々の現場管理者に割り当てた。その際に，現場管理者よりもさらに上位に位置する管理者を設置し，現場管理者をマネジメントするようにしたのである。

b）ファンクショナル組織の長所

ファンクショナル組織には次のような長所があるとされる。

①管理者の専門能力を十分に活用して業務を遂行させ，部下に対して専門の知識やスキルを授けることができる

②管理者は自分の専門職能についてのみ指示を発令するため，管理者の負担が軽減できる

③管理者にとって多様な知識やスキルの獲得が必要でないことから，管理者の育成が容易である

④組織の規模が拡大しても，階層が多くなりにくいので，管理者間や作業者間でのコミュニケーションが促進され，情報の伝達や共有が容易である

c）ファンクショナル組織の短所

一方で，ファンクショナル組織には次のような短所が指摘されている。

①部下にとっては，職能ごとに複数の管理者から指示が発令されるため，命令が統一されず混乱を生じやすい（ライン組織と大きく異なる点）

②それぞれの管理者の方針や考え方が異なる場合，部下が混乱することも考えられ，規律や秩序が乱れやすい

③業務を円滑に進めるためには，管理者たちが協力しなければならないが，これを調整するには，管理者層のさらに上位にいる管理者の調整能力が問われることになる

④トラブルが生じた場合に，その責任の所在がどこにあるか，誰がトラブルに対処するか，という権限と責任の関係が曖昧（あいまい）になりがちである

❸ライン・アンド・スタッフ組織

a）ライン・アンド・スタッフ組織の成り立ち

ライン組織は「指揮・命令一元化の原則」が，ファンクショナル組織は専門性の原則が，それぞれ組織編成の原理となっている。2つの原則は，相反する

面があるが，両者の長所をあわせ持つ組織として，現在多くの企業で採用されている組織形態が**ライン・アンド・スタッフ組織**である（図表4－9）。

ライン・アンド・スタッフ組織は，管理者をライン管理者とスタッフ管理者に区別した組織形態である。**ライン管理者**は，ライン組織と同じように，業務の全体について作業者に対して諸々の決定をし，指示・命令をする。スタッフ管理者は，自らの専門職能に関してのみ，その知識とスキルを活用してライン管理者や作業者に対して助言や支援をする。このようにすることで，指揮・命令の一元性を維持して，ライン管理者による規律と秩序を徹底させ，混乱が生じるのを防ぎながら，同時に，スタッフ管理者の専門能力を活用することができる。

ライン・アンド・スタッフ組織は，もともと軍隊組織において，司令官（すなわちライン管理者）に助言する参謀（あるいは参謀組織としてのスタッフ部門）を設置したのが始まりだと言われている。

b）ライン・アンド・スタッフ組織の特徴

ライン組織とファンクショナル組織の両方の長所を活かそうと，実際に多くの企業で採用されているライン・アンド・スタッフ組織であるが，ライン管理

【図表4－9】**ライン・アンド・スタッフ組織**

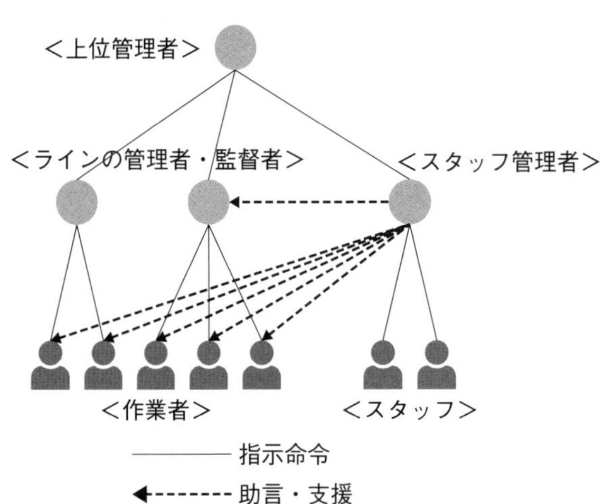

者とスタッフ管理者がコミュニケーションをよくとり，日常からしっかりと意思疎通しておかなければ混乱が生じてしまうリスクがある。ライン管理者がスタッフ管理者を軽視すれば，専門性の高い助言や支援が活かされず，専門知識やスキルがムダになってしまう。逆に，スタッフ管理者が権限を逸脱してライン部門に対して指示や命令を行うようになると，組織としての命令系統に混乱が生じることになる。

図表４－10において，３つの基本的な組織形態の長所と短所をまとめておく。

【図表４－10】基本的な組織形態とそれらの長所・短所

	長所	短所
ライン組織	• 指示・命令が伝達しやすい • 権限・責任関係が明確で，組織的混乱が少ない	• 権限委譲がないと，上位者の業務負荷が大きくなり，本来の管理的業務が疎かになる • 組織拡大に伴い，上下間や横のコミュニケーションが阻害される
ファンクショナル組織	• 管理者が特定分野の情報，技術，知識を身につけやすい • スペシャリストとしての養成がしやすい	• 指示・命令系統が複数となるので，部下の業務遂行に混乱が生じやすい • 中間管理職の間の調整という新たな仕事が必要になる • 責任の所在が曖昧になり，無責任体制を醸成することになる
ライン・アンド・スタッフ組織	• 命令一元化の原則により，経営方針の統一や組織的秩序が保持される • 専門化のメリットにより，組織に蓄積される知的財産が増大し，競争優位を確保できる	• ラインとスタッフの間の権限・責任関係を調整する必要がある • 組織が拡大すると，規則によって組織の統一を図ろうとするため，組織が硬直化する

（3）実企業における組織形態

先に説明した組織の基本形態をもとにして，実際の企業においては，規模や業種などに応じて，さまざまな組織形態がみられる。多くの企業で採用されている組織形態としては，❶職能部門制組織，❷事業部制組織，❸カンパニー制組織，❹持株会社組織がある。

❶職能部門制組織

a）職能部門制組織の成り立ち

たとえば製造業者の場合，研究開発部門，製造部門，販売部門，総務部門など，職能に応じた組織の水平的分化が行われている。こうした職能ごとに，組織単位を編成するのが**職能部門制組織**である（図表4－11）。

実際の企業では，部門の名称は「部」，「課」，「グループ」など，企業によってさまざまであるが，開発部，製造部，販売部などのように企業の収益に直接的な影響を及ぼす部門を総称して直接部門またはライン部門と呼ぶ。一方，人事部，総務部，経理部など，直接部門をサポートする部門のことを間接部門またはスタッフ部門という。企業によっては，間接部門として経営企画部や調査部などを有するが，これらを管理スタッフ部門と呼んで，人事部や総務部などの専門スタッフ部門と区分する場合もある。

b）職能部門制組織の長所

職能部門制組織の長所は，以下のような点にある。

①直接部門にせよ，間接部門にせよ，職能で切り分けられた部門のメンバーはそれぞれの職能についての専門的な知識とスキルを蓄積しやすく，専門家を育成しやすい。

②組織全体で見た場合，職能が分散・独立しているので，ヒト・モノ・カネという経営資源の重複が起こりにくい。つまり，部や課などの小さな組織単位がそれぞれ同じような専門的人材を抱える必要がないので，会社が各部門の経営資源を共有していることになり，結果として効率的に規模の経済を追求しやすくなる。

③各部門が専門性を有する一方で，部門長よりさらに上位者であるトップ・

【図表4－11】職能部門制組織

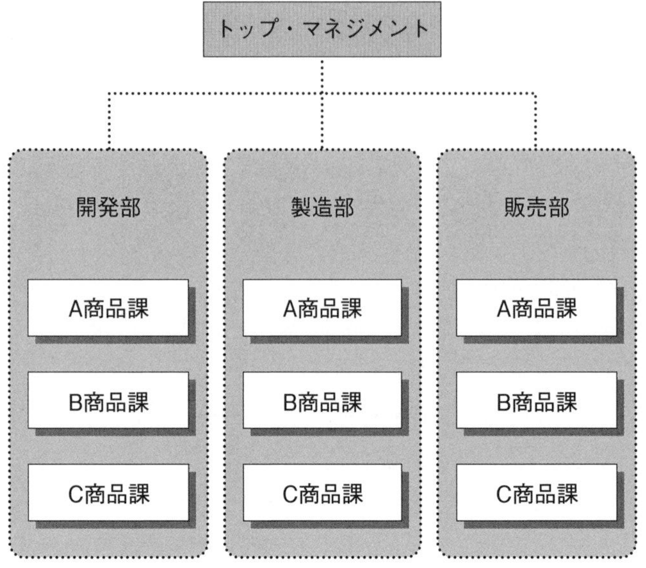

マネジメントの存在が重要となり，トップ・マネジメントは部分最適よりも全体最適を考えて経営の舵(かじ)を取ることができる。

c）職能部門制組織の短所

一方で，職能部門制組織には以下のような短所が指摘されている。

①前記の長所③の逆で，トップ・マネジメントに能力が足りない場合，日常的な業務に関する意思決定に忙殺され，本来やらなければならない戦略的な意思決定がおろそかになってしまう可能性がある。

②企業内の職能分化が進んでいるので，部門間の連携が悪いと全体の業務遂行に支障をきたすことがある。たとえば，ある製品について営業部が収集した市場情報が開発部に届かず，顧客の生の声が既存製品の改良や新製品の開発に反映されるまで情報の伝達に時間がかかり，顧客のニーズに応える製品をタイムリーに市場に送り出すことができなくなる。

③製品の売れ行きが芳しくなかったり，トラブルが生じたりしても，どこに責任があるのか，どの部門が対処すべきなのか，といった権限と責任の所

在が曖昧となる場合がある。

以上のような職能部門制組織の長所と短所からわかるように，職能部門制組織は，職能ごとに部門を編成することで専門性を追求するとともに，権限をトップ・マネジメントに集中させること（**集権化**）によって，規模の経済や業務遂行の効率性を追求した組織である（図表4－12）。

【図表4－12】**職能部門制組織の長所と短所**

長所	短所
• 専門的な知識やスキルが獲得しやすい • 専門家を育成しやすい • 経営資源（ヒト・モノ・カネ）の重複が起こりにくい • 規模の経済を追究しやすい • トップ・マネジメントによる全体最適が重要となる	• 部門間の連携が悪いと全体の業務に支障をきたす • 製品のトラブルなどについて，責任の所在が曖昧となる • 業務遂行について，権限が曖昧となる • トップ・マネジメントに戦略的意思決定を担う能力がないと，日常的業務に忙殺されてしまう

❷事業部制組織

a）事業部制組織の成り立ち

事業部制組織とは，製品ごとや地域ごとに切り分けられた「事業部」が，それぞれに開発部門，製造部門，調達部門といった専門性のある職能を保有し，事業部の中でほとんどの業務を独立して遂行できるような自己完結的組織である。

実際には，スタッフ部門を含む専門職能のほとんどを事業部内に持ち，各事業部がライン・アンド・スタッフ組織となっている企業もあれば，製造や販売などライン部門は事業部ごとに保有するが，人事や経理などスタッフ部門は独立した管理部門として企業内に１つだけ存在する企業もある（図表4－13は後者の例）。

【図表4－13】事業部制組織

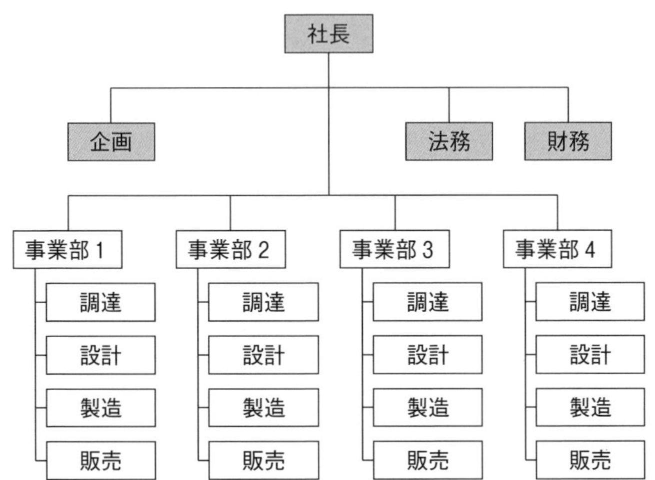

（出所） H. ミンツバーグ著，北野利信訳『人間感覚のマネジメント』ダイヤモンド社，1991年，242頁。

b）プロフィット・センターとしての事業部制組織

各事業部はいわば小さな会社のような組織になっており，事業部のトップである事業部長は，本社のトップ・マネジメントに対して，各々の事業部から上がる利益についての責任を負う。ここで利益とは，収益から費用を差し引いた部分であるが，こうしたことから各事業部のことを**プロフィット・センター**（利益責任単位）と呼ぶことがある。事業部長は利益に関する大きな責任を負うことになるが，その責任に応じた権限も本社のトップ・マネジメントから大幅に委譲されている。つまり，事業部制組織は，組織規模の大きな企業に見られる組織形態であり，職能部門制組織と比べてさらに分権化が進んだ組織ということができる。

各事業部がプロフィット・センターの機能を果たす事業部制組織と比べると，前出の職能部門制組織においては製造，販売，総務などの各部門は，専門領域についての権限を持つものの，自らの専門性を超えた責任を負うことはない。たとえば，製造部門には生産した製品の顧客への販売価格を決める権限はなく，製造にかかるコストについてだけ責任を有するので，**コスト・センター**と呼ばれる（コストとは費用のこと）。逆に，販売部門では製品の販売価格の決定権限はあるが，製造費用についての責任を負うことはできないので，**レベニュー・センター**と呼ばれる（レベニューとは収入のこと）。

c）事業部制組織の長所

事業部制組織には次のような長所があるとされている。

①各事業部の中にほとんどの専門職能が存在するため，事業部長のもとで業務が円滑に進みやすい

②企業全体から見れば，１つひとつの事業部は小さな会社のようなものなので，事業部内の情報共有や情報伝達がスムーズに行われる

③各事業部はそれぞれ異なる顧客層を持っていて，その市場への対応に専念できるので，顧客ニーズの変化や競合企業の戦略など，外部環境の変化に対して機敏に対応できる

④利益責任を有する事業部長に大幅な権限委譲が行われるため，本社のトップ・マネジメントは日常的な意思決定から解放され，戦略的な意思決定に専念できる。すなわち，トップ・マネジメントの負担が軽減される

⑤事業部長の権限と責任は明確であり，事業部間での競争意識が高まるので，社内における競争原理がはたらきやすい

⑥事業部長は，事業ごとの外部環境の変化を読み取り，事業部に配分された経営資源を活用して事業戦略を構築するようになる。そのため，いわばミニ経営者として，将来，企業のトップ・マネジメントになる幹部候補を育成しやすい

d）事業部制組織の短所

上記のような長所が考えられる一方で，事業部制組織には以下のような短所も指摘されている（図表４－14）。

①企業内に多くの事業部を抱える大企業においては，各々の事業部内にさまざまな専門職能を抱えることになるので，企業全体としてみれば，経営資源の重複が発生している。そのため，規模の経済や効率性を追求するには限界がある

②各事業部の競争意識が強くなりすぎると，**縦割り組織**の弊害が生まれ，経営資源や情報の共有によるシナジー（相乗効果）が生まれにくくなる

【図表４－14】事業部制組織の長所と短所

長所	短所
• 専門職能に精通した事業部長のもとで，業務が円滑にすすむ • 事業部内の情報共有や情報伝達がスムーズに行われる • 事業部ごとに，顧客ニーズの変化や競合企業の戦略などの外部環境の変化に機敏に対応できる • 事業部長に大幅な権限移譲がなされ，トップ・マネジメントは戦略的な意思決定に専念できる • 事業部間での競争原理がはたらき，社内が活性化する • 将来の幹部候補生として，事業部長を育成しやすい	• 事業部の数が多くなると，経営資源の重複が起こる • 規模の経済や効率性を追求するには限界がある • 各事業部の競争意識が強くなりすぎると，縦割り組織の弊害が生まれる • 事業部長が優秀な部下を囲い込んでしまうと，人事の硬直化を招く • 会社全体の利益よりも事業部の利益を優先するセクショナリズムが起こる • 事業部長が短期的な売上・コストの目標達成に走ると，長期的視点からの人材育成や設備投資がなされない

③事業部を横断するような異動がないと，事業部長が優秀な部下を囲い込んでしまい，いわゆる人事の硬直化を招いてしまう

④各事業部が，会社全体の利益よりも事業部の利益を優先する，いわゆる**セクショナリズム**に陥るリスクがある

⑤本社から過度の利益目標が課されると，事業部長が短期的な売上アップやコストカットに走り，長期的視点からの人材育成や設備投資がなされない

❸カンパニー制組織

a）カンパニー制組織の成り立ち

カンパニー制組織は，企業の中にいくつかの「カンパニー」という組織単位を有する組織形態である。各カンパニーは，事業部制組織における事業部と比べて独立採算性がより強く，カンパニー制への移行は社内分社化と呼ばれることもある。

カンパニー制組織は，事業部制組織における各事業部がさらに独立性を高め

た組織ととらえることができる。カンパニーと呼ばれる組織単位は，ライン部門だけでなくスタッフ部門を有する。カンパニーの長（カンパニー・プレジデントと呼ぶ企業もある）には，事業部長よりも強大な権限が委譲される。

本社（カンパニーに呼応してコーポレートと呼ぶ企業もある）は，各カンパニーに社内資本金として擬似的に投資し，各々のカンパニーから利益の配当を受ける。このように，カンパニー・プレジデントは，事業部長とちがって，損益計算書に表れる利益責任だけでなく，貸借対照表を作成して経営成績と財政状態をコーポレートに報告しなければならない。つまり，カンパニーは，プロフィット・センター（利益責任単位）であるとともに，**インベストメント・センター**（投資責任単位）でもある（図表4－15）。

b）カンパニー制組織の特徴

カンパニー制組織には以下のような長所があるとされる。

①カンパニー・プレジデントが強大な権限と重大な責任を持つため，権限と責任の所在が明瞭であり，意思決定が迅速になる

②カンパニー・プレジデントは，まさに擬似的な経営者といえる存在であり，事業部制組織と同様に，将来の経営者層を育成することができる

このように，事業部制組織よりも単位組織の独立性が強いカンパニー制組織であるが，企業全体としての経営資源や情報の共有化が阻害される場合がある，経営資源の重複があるなど，事業部制組織の場合と同様の短所が考えられる。また，各カンパニーがスタッフ部門を有しているため，企業全体としてみた場合にどうしてもスタッフ部門で働く人の数が多くなり，人件費などのコストがかさむという側面もある。

【図表4－15】カンパニー制組織

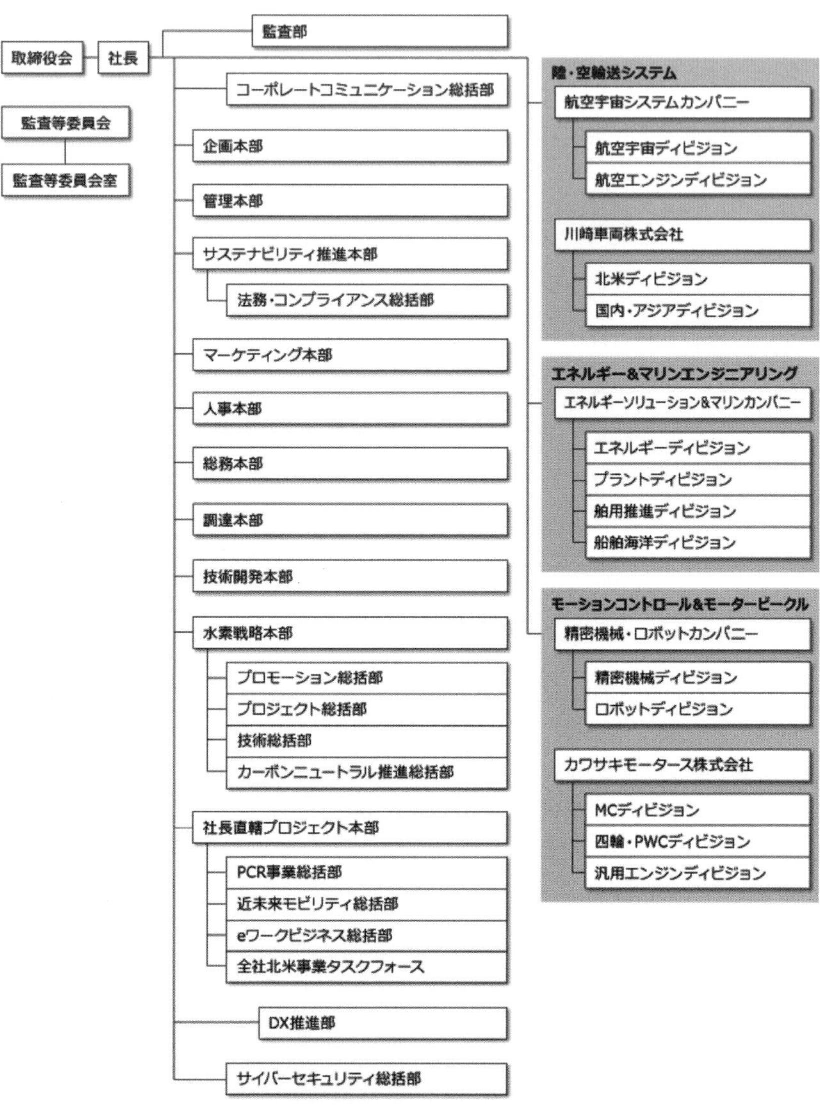

川崎重工業株式会社におけるカンパニー制組織
（注） カンパニー制組織の一部には，法的な別会社（川崎車両株式会社，カワサキモータース株式会社）が組み込まれた形となっている。
（出所） 川崎重工業株式会社ホームページ（2021年11月30日現在）

❹持株会社組織

a）持株会社組織の成り立ち

社内に独立性の高い組織単位を作るカンパニー制に対して，法的に独立した会社をいくつか作り，本社が持株会社となってグループ企業をまとめ，本社が株式を所有することで実際に製造や販売，サービス提供などの事業を行う傘下の企業を支配する組織形態が**持株会社（ホールディング・カンパニー）組織**である。独立性の高い組織を作ることを分社化というが，カンパニー制を「社内分社化」，持株会社組織を「社外分社化」と考えることもできる（図表４－16）。

持株会社には，傘下にある企業を支配することや企業グループ全体の戦略を策定することだけを目的とし，主たる事業を営まない**純粋持株会社**と，自らも主たる事業を営む**事業持株会社**がある。前者の純粋持株会社については，第２次大戦前の財閥のような過度の支配の集中を防ぐために，独占禁止法第９条によって長らく禁止されていたが，1997年から解禁となった。

持株会社が傘下にある事業会社の株式を100％近く所有している場合には，

【図表４－16】**持株会社組織**

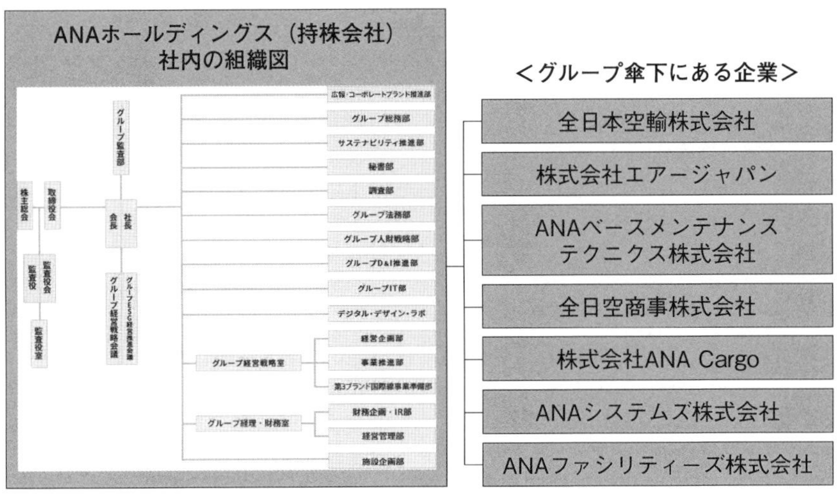

（出所）　ANA ホールディングス株式会社ホームページをもとに筆者作成（2021年４月１日現在）（傘下にある企業名は，一部のものである）。

個々の事業会社が外部の企業や投資ファンドなどからの介入（株式総会における発議や買収工作など）を受けない。

b）持株会社組織の特徴

どちらも分社化の一形態と考えられることから，持株会社組織をカンパニー制組織の延長とみなす考え方もある。しかし，本社の傘下にあるとはいえ，各事業単位が法的に独立した企業である持株会社組織はカンパニー制組織にはない特徴をもっている（図表4－17）。

①カンパニー制組織とは異なり，持株会社組織では，傘下にある企業ごとに給与体系などの労働条件を変えることができる。カンパニー制組織では，利益を上げている事業とそうでない事業があったとしても，労働条件を大きく変えるわけにはいかない。

②各事業会社が法的に独立しているため，外部環境が変化したときに，売却や撤退がしやすい。

③他社を買収したり，他社から事業譲渡を受けたりする場合において，少なくとも短期的には異なる企業の組織文化を融合しなくてもすむ。

【図表4－17】カンパニー制組織と持株会社組織の特徴

カンパニー制組織	持株会社組織
• 事業部制に比べると，各カンパニーの独立性は高いが，その独立性は持株会社組織ほどではない • 各カンパニーは「カンパニー」と名乗っていても，1つの企業であり，部門ごとの賃金体系を変えることはできない • 企業組織全体としての組織文化は，持株会社組織よりも保持しやすい	• 持株会社の傘下にある会社は，法的には独立した企業である • 傘下にある企業ごとに給与体系などの労働条件を変えることができる • 外部環境が変化したときに，事業（傘下にある企業）の売却が行いやすい • 新たに企業を買収した後において，グループ全体の組織文化への融合は容易ではない • 経営統合が行いやすく，リストラクチャリングやリエンジニアリングを実行しやすい

企業組織の統合という視点からすると，持株会社組織では経営統合がしやすいとされている。たとえば，複数の企業が１つの持株会社を新たに設立し，技術提携や共同開発を進めれば，競争力強化や経営効率化をめざすことができる。他社と合併したり，他社を買収する場合は，人事制度や組織文化の統合が課題となったり，それぞれの企業ブランドが拡散してしまうといった課題が生じるが，持株会社を設立して行うかたちの経営統合ではそうした問題を回避できる。このような特徴から，持株会社組織は，思い切ったリストラクチャリング（事業構成の再構築）やリエンジニアリング（根本的な業務革新），事業再編を実行しやすい組織であると考えられる。

（４）機動的な組織形態

企業によっては，先に述べた職能部門制組織や事業部制組織以外にも，経営環境とその変化に対応するために，機動的な組織編成としているところもある。こうした機動的な組織として，以下に，❶マトリックス組織，❷ネットワーク組織，❸プロジェクト・チーム，❹プロダクト・マネジャー制を取り上げて説明する。

❶マトリックス組織

a）マトリックス組織の成り立ち

カンパニー制組織や持株会社組織は比較的大きな規模の企業に採用されることが多いが，多くの製品やサービスを抱え，生産や販売の地域も複数にわたるグローバル企業において採用されるケースがあるのが，**マトリックス組織**である。

図表４－18のように，マトリックス組織は文字どおり，２つの座標軸を持つ格子状のマトリックスとなっている。座標軸の例としては，職能部門制組織の専門職能マネジャーの命令系統に製品・サービスなどに関するプロジェクト・マネジャーの命令系統を組み合わせるとか，事業部制組織の製品・サービスのマネジャーの命令系統に地域ごとの本部からの命令系統を組み合わせる，といったパターンが考えられる。

b）マトリックス組織の特徴

マトリックス組織は，専門性と効率性を同時に追求しようとする組織形態であり，職能部門制組織と事業部制組織のそれぞれの長所をあわせ持った組織といわれる。さらに，うまく運営すれば市場への適応性や機動性も発揮される。また，事業部制組織と比べて，上司が部下を１人で囲い込もうとすることが難しくなるため，人材の流動化によっていろいろな経験をしてもらえるという長所もある。

一方で，下位者（メンバー）は，２人以上の上位者（マネジャー）から命令を受けることになる。これを**ツー・ボス・システム**と呼ぶが，これは組織の管理原則の１つである命令一元性の原則に反しており，指揮命令の混乱が生じやすいばかりか，部門長間の権力争いになりかねないリスクをはらんでいる。また，権限と責任の所在が曖昧になりやすく，社内の調整に時間がかかってしまうと市場への対応に関する意思決定が遅くなるという側面もある。

【図表４－18】**マトリックス組織**

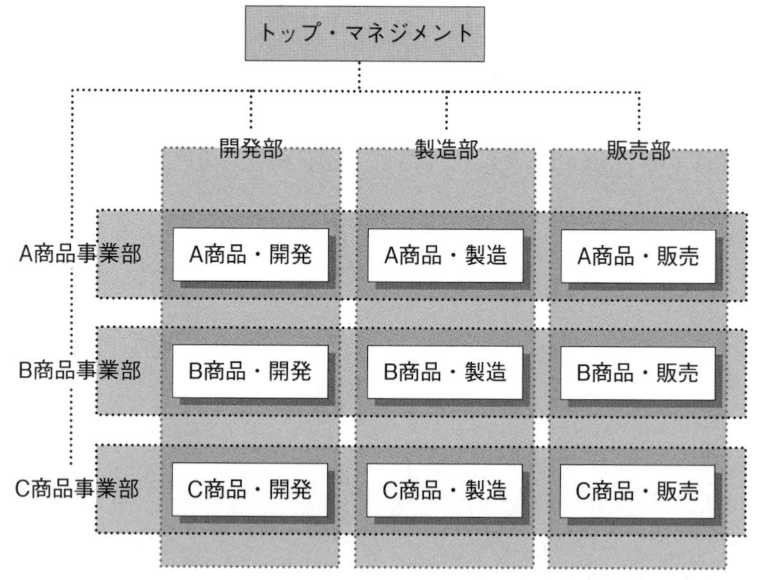

❷ネットワーク組織

a）ネットワーク組織の成り立ち

経営環境が加速度的に変化する中で，組織がその変化に対応していくためには，組織内のコミュニケーションをより円滑にする必要がある。職能部門制組織や事業部制組織など，従来の経営組織は大なり小なり縦割り組織の弊害（セクショナリズム）が生じる可能性を持つ。この課題に対して，コミュニケーションの円滑化を目的として生み出されたのが**ネットワーク組織**である。

b）ネットワーク組織のパターン

ネットワーク組織は，①内部組織におけるネットワークと，②企業組織間のネットワークに大別することができる。

①内部組織におけるネットワークとは，命令系統の一元性を重視するピラミッド型構造の従来型組織に対して，組織内における命令関係や上下関係をゆるめた組織である。階層性を希薄化するため，個人や個々の組織単位の独自性，意思決定などの自主性，水平方向（横方向）の連携のしやすさなどが重視されたフレキシブルな組織となっている。また，それぞれの職能部門間連携をネットワーク化することによって，社内の情報の流れが円滑化され，顧客ニーズへの対応や顧客への情報発信が迅速化される。

②企業組織間のネットワークとは，異なる外部組織どうしの情報交換を中心とし，個々の企業が特定の技術や機能，能力などにもとづいて連携する形態である。それぞれの企業が有するコア・コンピタンス（中核的な能力）を活用し合うことによって，経営資源の補完効果やシナジーを発揮することがそのねらいである。

c）ネットワーク組織の形態

ネットワークの形態には，次のようないくつかのパターンがある（図表4－19）。

【図表４－19】ネットワーク組織のさまざまな形態

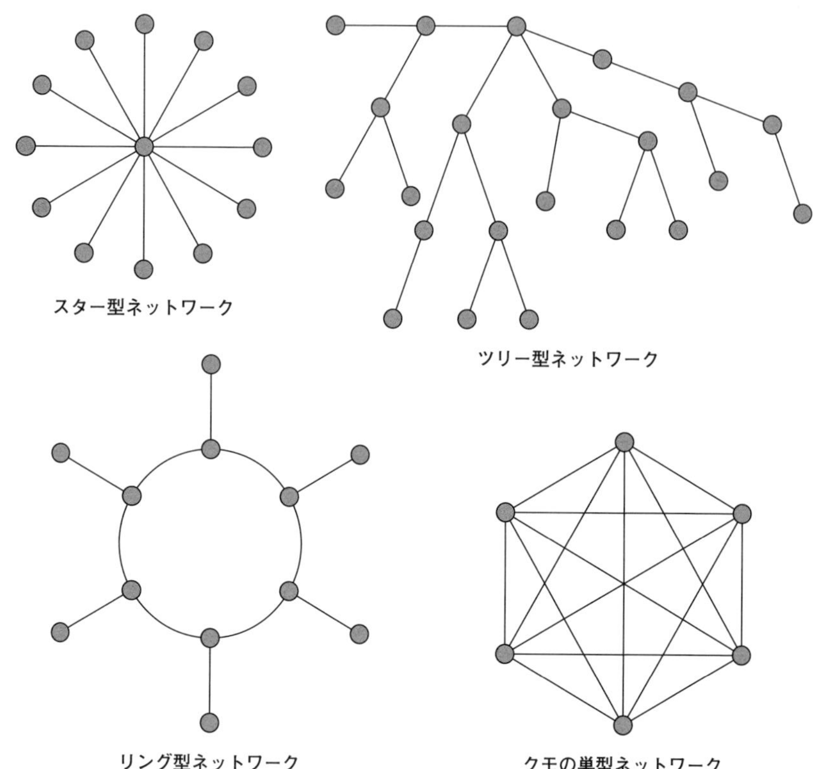

①スター型ネットワーク：比較的小規模なネットワーク・システムであり，１つの核となる組織やシステム，あるいは情報システムにおいて中央制御装置などを中心として放射状の接続を行うもの。企業組織間のネットワークにおいて，中核となる企業が存在し，ネットワーク全体のコントロールを行っている場合などが該当する。

②ツリー型ネットワーク：組織やネットワークの接続にあまり規則性がなく，組織の追加や切り離しが容易なシステムである。当初はスター型ネットワークであったものが，組織の追加や切り離しを繰り返すとこのような形態になる。

③リング型ネットワーク：ループの輪（リング）状に接続された組織の構成をさす。

④クモの巣型ネットワーク：それぞれの組織が他の組織と密接に連携する形態である。

❸プロジェクト・チーム

a）プロジェクト・チームの成り立ち

プロジェクト・チームは，プロジェクトとして位置づけられる特定の目的を達成するために，専門性を有するメンバーを組織横断的に招集して組織されるものである。プロジェクトの企画や進行は期間や予算が限定されており，目的を達成すると解散される。

プロジェクト・チームに似た組織形態に，**タスク・フォース**がある。タスクとは特定の課題のことで，タスク・フォースではプロジェクト・チームと比較して，限定的な課題に対してより少人数で取り組み，期間もより短期的であることが多い。実際には，プロジェクト・チームとタスク・フォースの区分は曖昧で，企業ごとにその呼び名が異なる場合もある。

b）プロジェクト・チームの特徴

プロジェクト・チームは，企業内にあるさまざまな部門から専門家を集めるため，組織としての専門性が高い。また，選抜されたメンバーは少数精鋭であり，機動性が高い。そして，目的が最初から明確になっているため，モチベーションが高まりやすい。さらに，プロジェクトの進捗状況に応じて構成メンバーを入れ替えることができるので，柔軟性も高い。

そうした長所がある反面，もともと異なる部門出身で，知識やスキルも異なるメンバーの集団なので，円滑なコミュニケーションが取れるのかどうかが課題となりやすい。また，もともと所属する部門の意向がプロジェクトの目的や成果にネガティブな影響を与えてしまうこともある。そして，メンバーはプロジェクトの解散時に元の部門に戻るのであるが，その間のブランクから生じる情報やスキルの遅れなどをどう埋め合わせるか，といった問題もある。

c）プロジェクト・チームにおけるリーダーシップの重要性

プロジェクトをうまく運営し，目的を達成に導くためには，第5部第1章で説明するPDCAサイクルにもとづくマネジメントが必要である。

まず，与えられた問題解決のための準備や調査が行われ，プロジェクトのゴールについての具体的なイメージや概念が共有されなければならない。次に，プロジェクトを実行するための計画化と組織化が必要である。さらに，実際に動き出したプロジェクトが計画どおりに進行しているかどうかについてのチェックや他の部門や他企業との調整が必要である。そして，最終段階ではプロジェクトのプロセスや成果についての評価が行われる。

プロジェクト・チームの管理者（プロジェクト・リーダー）には，このような管理過程を進めるスキルが求められると同時に，メンバーに対する動機づけを行うことが求められる。

❹プロダクト・マネジャー制

a）プロダクト・マネジャー制の成り立ち

職能部門制組織や事業部制組織に見られるセクショナリズムの弊害を防ぐために採用される組織形態には，プロジェクト・チーム以外にも**プロダクト・マネジャー制**がある（図表４－20）。

【図表４－20】**プロダクト・マネジャー制**

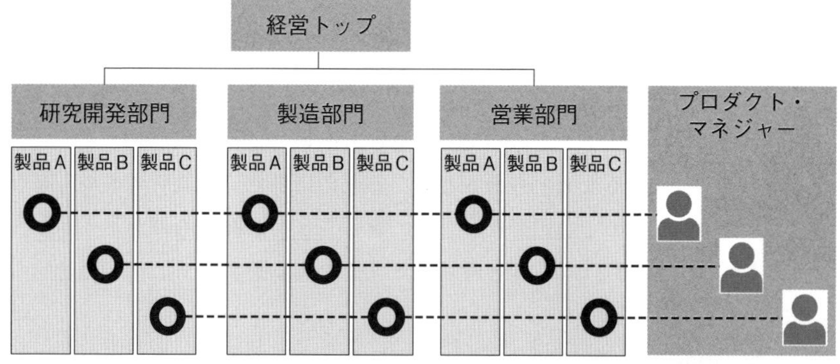

b）プロダクト・マネジャーが果たす機能

プロダクト・マネジャーは，1つの製品，ブランド，サービスに関して，「企画開発→製造→販売促進→市場情報の収集→製品の改良や次期製品の開発」という一連の業務を一貫して管理する役目を担う。職能部門制組織や事業部制組織では各職能部門が自部門にとって利害を最優先させ，情報のやりとりや業務の流れが滞る傾向（セクショナリズム）がある。たとえば，企画開発部門はコストに鈍感で顧客に受け入れられるよりも自らが作りたい試作品を作ってしまう。製造部門は生産コスト低減や製造効率ばかりを考え，顧客が求める製品の多機能化を受け容れようとしない。販売促進部門は売れ筋の製品やブランドばかりに注力してしまい，顧客が企業に求める製品の多様性に応えようとしない。

このような弊害は1つの製品やサービスを一貫して管理するプロダクト・マネジャーを設置することで解消することができる。なお，実際の企業においては，ブランドが対象となる場合はプロダクト・マネジャーのことをブランド・マネジャーと呼ぶこともある。

3 経営戦略と組織形態の関係

（1）実際の企業における組織形態

これまで企業の代表的な組織形態として，職能部門制組織や事業部制組織，カンパニー制組織，マトリックス組織などについて説明してきた。ただし，こうした組織形態の種類と実際の企業における組織形態の呼び名は必ずしも一致しない。

たとえば，企業自身が事業部制組織を名乗っていても，実際には職能部門のことを事業部と呼んでいるだけで，組織論の視点からすれば職能部門制組織となっている企業がある。また，企業自身はカンパニー制組織を名乗っていて，各カンパニーの独立性が高いことを謳っていても，実態としては事業部制組織と変わらない企業がある。さらに，販売地域ごとに事業部制組織を採用している一方で，生産部門は社内に1つしかなく，その生産部門の内部は職能部門制組織となっている企業があるなど，実際の企業における組織の実態はさまざまである。

(2) チャンドラーの多角化戦略研究と事業部制組織

第2部第5章の冒頭で，チャンドラーが20世紀中期におけるデュポン社など米国の巨大企業の成り立ちについて研究し，「組織は戦略に従う」という命題を明らかにしたことを説明した。ここでいう「戦略」とは当時，多角化や多国籍化を進めていた多くの巨大企業による多角化戦略であり，そうした企業が採用していた組織形態は事業部制組織であった。

チャンドラーによれば，巨大企業の成長の歴史には共通性が見られる。まず生産量の拡大によって管理部門（スタッフ部門）を有するようになる。次いで，地理的な拡散によって地域ごとに生産や販売の拠点を持つようになる。そして，開発，調達，製造，販売などの職能が分化して職能部門制組織を採用するようになり，やがては製品が多角化することによって事業部制組織を導入するようになるという。こうしたチャンドラーの研究を受けて，職能部門別組織から事業部制組織に転換した企業も多かったという。

(3) 企業の組織形態と経営戦略の関係

チャンドラーが指摘したように，事業部制組織を採用している企業は，その発展段階の中で多角化戦略を採用し，事業ごとに異なる経営環境の変化に対応すべく，分権化された組織を持つ。そこでは，職能部門制組織やファンクショナル組織において重視される効率性や専門性よりも，市場への適応性や機動性が優先的に追求される。また，どの程度事業部長に権限を委譲するか，逆に，どの程度本社のトップ・マネジメントに権限を留保させるかについては，既存事業と新規事業にどの程度関連性があるのか，によって決まる。つまり，権限移譲の程度は，企業の多角化戦略が関連型多角化である場合には権限移譲は少なく，非関連型多角化である場合には権限移譲が進むのである。

そして，事業部制組織よりもさらに権限移譲が進んだカンパニー制組織や持株会社組織においては，単位組織への権限移譲がさらに進む。これは経営環境の激しい変化に対応する戦略を実行しなければ生き残っていけない企業行動の結果といえる。とくに純粋持株会社の場合には，ホールディング・カンパニーの機能は企業グループ全体の戦略策定と経営資源の配分に特化するまでになる。

参考文献

伊丹敬之・加護野忠男『ゼミナール経営学入門〔第3版〕』日本経済新聞出版社，2003年。
大坪稔『日本企業のリストラクチャリング―純粋持株会社，分社化，カンパニー制と多角化』中央経済社，2005年。
加護野忠男「職能別事業部制と内部組織」『国民経済雑誌』vol. 167，No. 2，神戸大学，1993年，35-52頁。
佐久間信夫編『現代経営学』学文社，1998年。
佐久間信夫・坪井順一編著『現代の経営組織論』学文社，2005年。
吉村孝司編著『マネジメント・ベーシックス』同文舘出版，2003年。

第 5 部

マネジメント理論はどう展開してきたか

経営管理論・経営組織論

経営学の歴史は，20世紀初頭において，経営コンサルタントとなったテイラーや自ら経営者として活躍したファヨールが，後に経営管理論と呼ばれる分野の知見をまとめたことに始まる。その後，経営管理論はバーナードやサイモンが体系化を行うが，やがて，モチベーション論やリーダーシップ論に受け継がれ，その後は組織のあり方を研究する組織文化論や組織間関係論などに展開していく。

第 5 部では，第 1 章でテイラーやファヨールの伝統的管理論について学び，第 2 章では人間関係論について取り上げる。続く第 3 章ではバーナードやサイモンによる近代的な管理論について，第 4 章では行動科学にもとづくモチベーション論やリーダーシップ論について学習し，第 5 章では比較的新しい組織論の分野について概観する。

第1章

伝統的な管理論

ポイント

◉テイラーは，当時の工場経営で問題となっていた組織的怠業を解決するために，課業の管理や職能的職長制度，差別出来高払い制度など実践的な施策を講じた。

◉ファヨールは，企業における管理活動についての見識を深め，管理原則や管理過程について体系的な考えを示した。

◉テイラーやファヨールの知見は，経営に関する理論の体系化に貢献しただけでなく，今日の工場経営や経営管理において，作業研究や組織の管理原則，マネジメント・サイクルなどの面で活かされている。

キーワード

科学的管理法，組織的怠業，課業，時間研究，動作研究，計画部，職能的職長制度，差別出来高払い制度，６つの管理活動，管理原則，管理過程，スパン・オブ・コントロール，権限受容説，権限職能説，PDS サイクル，PDCA サイクル

1 科学的管理法

(1) テイラーの考え方とアプローチ

❶テイラーの生い立ちと時代背景

1911年に『科学的管理の原理』で自らの考えを著した**テイラー**は，**“科学的管理法**の父”と呼ばれるように，現代の企業経営につながる経営管理論の礎を築いた人物である。

1856年に米国東部にあるフィラデルフィアに生まれたテイラーは，敬虔（けいけん）なクエーカー教徒である父母を持ち，幼い頃から怠けることを嫌い，勤勉さをよしとする家庭環境で育った。米国だけでなく，フランスやドイツ，イタリアなどの海外でも教育を受け，ハーバード大学に進学することにしていたが，目を悪くして進学を断念し，製造現場の機械工としてキャリアをスタートした。

日給で働く現場の作業者から始めて，20歳代半ばで現場監督者である職長となり，生産現場でさまざまな経験を積んだ。一方で，工学修士の学位を得るなど研究にも熱心であったテイラーは，さまざまな作業実験を行い，進んで製造機械や作業工程の改善に取り組んだ。こうした実験や研究の成果として，多くの特許を取得した結果，テイラーは後にコンサルタントとして独立することになる。

❷組織的怠業と成り行き管理の問題

テイラーが工場で職長をしていた当時の製造現場における大きな問題の1つは，**組織的怠業**であった。そこでは，個々の現場監督や作業者の勘や経験だけに頼った**成り行き管理**が行われ，習慣化してしまった作業のやり方を改善することはほとんどなかった。

また，作業の成果である出来高に応じて賃金を支払う単純出来高払い制が採用されていたが，管理者が1日の公正な仕事の量を把握していないため，出来高払いの根拠となる賃率（作業量1単位当たりの賃金率）が定められていなかった。こうした状況では，労働者と企業側（労使）双方が納得できる賃率の基準はなかった。その結果として，単純出来高払い制のもとでは生産効率が上がって生産量が増えると，賃金も比例して上がってしまうことになる。そのため，監督者はたびたび賃率の切り下げを行って，賃金総額を抑えるしかなかった。

❸作業研究と課業管理

上記のような現状に対して，テイラーはまず，労働者が1日に達成すべき標準作業量である**課業**を算定することにした。その際に用いられた手法が，作業研究である。

作業研究は，「時間研究」と「動作研究」から成る。

時間研究とは，ストップウォッチを用いて，作業に必要な標準時間を正確に算定することである。

動作研究とは，個々の作業を細かな動作に分解し，無駄な動作を省いたり，別の動作に置き換えたりすることによって，効率的な作業方法を探求することである。こうした作業研究の手法は，現在でも工場における生産工程の改善活動などに活かされている。

テイラーの時間研究は，単に作業に要する時間を測定するのではなく，「最善の方法」と「最適な道具」を用いて行われた。そして，作業に要する時間を測定し，これにもとづいて，作業の目標となるべき標準作業量としての「課業」を導き出した。

一方，標準作業量については，「一流の労働者」が健康を損なうことなしに継続して行うことのできる作業スピードを基準として決められた。ここで，「一流の労働者」とは，「人並み外れた高い能力の持ち主」という意味ではなく，「作業に対する適性と意欲を備えた労働者」という意味である。

テイラーは，管理者の職務の1つは，作業者個々の適性に適った仕事を見つけて，ここで言うところの「一流の労働者」になるよう動機づけたり，支援をしたりすることである，と考えていた。

（2）テイラーが考案した管理制度

❶差別出来高払い制度（賃率を異にする出来高払い制度）

作業者に支払う賃金額の決定にあたっては，当時主流であった「単純出来高払い」による制度ではなく，テイラーは**差別出来高払い制度**を採用した。これは，課業を達成できた労働者には高い賃率を適用する一方で，課業が達成できなかった労働者には低い賃率を適用する制度である。賃金は職種や職位に対してではなく，個人の努力に対して支払われるべきであるというのがテイラーの考え方であった（図表５－１）。

【図表５－１】テイラーの科学的管理法のまとめ

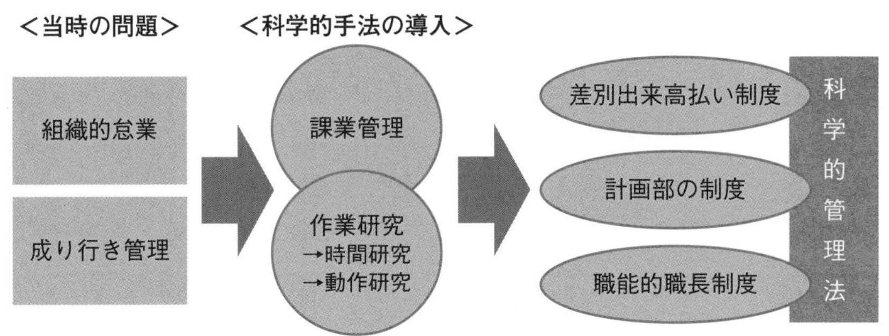

❷計画部の制度

テイラーは，時間研究や課業の設定など科学的分析や計画立案の仕事を「計画部」という部門に集中させた。そして，課業の内容や作業方法，許容される作業時間などの情報は「指図票」を通じて労働者に伝えられた。労働者はこの指図票のとおりに仕事を進め，決められた作業方法に従って，あらかじめ決められた時間内に作業を完了することが求められた。

このように，計画部の持つ「計画機能」と，作業に携わる現場の労働者の果たす「執行機能」を明確に分離したことが，テイラーによる科学的管理法の１つの特徴である。当時の工場労働者の多くは作業スキルや経験がほとんどない未熟練工であり，計画機能と執行機能を分離することが，生産効率を向上させるには望ましい方法であった。

その一方で，自分自身が工場現場の仕事を熟知していたテイラーは，現場の労働者であっても生産性の向上に役立つアイデアを持っていることは承知していた。そこで，労働者からの提案に耳を傾け，実際に効果があるかどうかを試してみることを推奨し，実際に効果があれば，提案した労働者には報酬を与えるべきである，と述べている。ただし，テイラーは労働者があらかじめ決められた標準的な作業方法に従わず，勝手なやり方で作業することは許さなかった。

❸職能的職長制度

テイラーはまた，工場管理の面では，1人の職長（現場監督者）が多数の労働者に対して指示・命令を出す従来の「万能的職長制度」に代えて，職長の仕事を専門化させた**職能的職長制度**を提唱した。

テイラーは，順序や手順を決める係，指図票を作成する係，時間や原価を算出する係，工場訓練をする係というように，計画職能を4つに細分化した。そして，それぞれの係を担う者として，専門性の高い職長を配置した。現場職能についても，準備係，速度係，検査係，修繕係という4つの細分化された職能それぞれに職長を置いた。1人の職長が必ず1つの職能だけを担当するとは限らないが，職能が専門化されたことにより職長の負担は軽減され，職長の養成や確保が容易になった。

ところが，専門領域があまりに細分化されたため，現場で発生するさまざまな問題に対応できるような管理者の育成ができず，この職能的職長制度はあまり普及しなかった。

（3）テイラーの残した成果と現代の工場管理

科学的管理法の生みの親であり，米国経営学のルーツとも言えるテイラーの思想は，現代の工場や事務作業などのマネジメントにおいて，以下のようなかたちで活かされている（図表5－2）。

①仕事や業務を分解・分析し，徹底的にムダを排除して最善の方法を追求するというアプローチは，単に作業の科学的管理や職務設計の先駆けというだけでなく，最新の生産システムの設計にも継承されている。

【図表5－2】テイラーの科学的管理法導入前と後

	従来の管理体制	テイラーの科学的管理法
製造現場の管理	勘や経験に頼った成り行き管理	科学的算定による課業の設定時間研究や動作研究
賃金	単純出来高払い	差別出来高払い制度
組織	計画機能と執行機能が混在	独立した計画部の設置（計画機能と執行機能の分離）
工場の管理体制	万能的職長制度（なんでもこなせる職長）	職能的職長制度（専門性の高い職長）

②職能的職長制度にみられるような「職能的専門化の原理」という考え方は，専門的知識の活用や熟練形成の短期化，人材調達の容易化を可能にするものであることから，ライン・アンド・スタッフ部門におけるスタッフ部門の役割に応用され，現在でも企業の組織形態を検討する際に活かされている。

③作業方法や道具などを徹底して標準化することは，大量生産方式やマニュアルにもとづく作業プロセス遂行の前提となっている。

④時間研究や動作研究など，科学的な知見にもとづく現場作業の分析手法は，作業効率を上げるための分析方法として現在でも用いられており，**VE**（Value Engineering），**VA**（Value Analysis）と呼ばれる改善活動に活かされている。ここで，VEとは開発・設計段階において製品の機能に見合ったコストダウンを図る活動のこと，VAとは量産段階にある製品について品質を損なわない範囲でコストダウンを図る活動のことである。

⑤テイラーは，基本的には労使が協調して改善を進めていくべきであり，そのためには現場にも権限を与えるべきだと考えていた。このような考え方は，現場の作業者が自らの権限で改善を行う小集団活動やKAIZEN活動に受け継がれている。

⑥科学的管理法の現場改善手法としてのエッセンスは，単純化（simplification），標準化（standardization），専門化（specialization）と

いう３つの要素に集約されるが，これらは現在でも「合理化の３S」と呼ばれ，生産工程の改善などで用いられている。

2 ファヨールの管理過程論

（1）ファヨールの考え方とアプローチ

テイラーとほぼ同時代に，米国とはまったく別の場所で経営管理の基本的な考え方をまとめていた人物が**ファヨール**（Fayol, J. H.）である。彼は1841年，コンスタンチノープル（現トルコのイスタンブール）に生まれたが，家系はフランス中部の出身で，製鉄所の技師であった父を持つ。ファヨール自身は当時花形産業であった鉱山の技師を勤めた。技術的な知識だけでなく，現場管理者としての経験を磨いた彼は，1888年には社長となり，30年間専門経営者として活躍し，多角化経営を進めて優良企業を築き上げた。

ファヨールは，長年にわたる経営者としての経験を徐々に経営理論としてまとめあげ，主著『産業ならびに一般の管理』（1916年）として発表した。当初，彼の著作はあまり知られていなかったが，1949年に英訳版が広く出版され，その後の管理過程論や管理原則論の先駆者として，「近代経営論の真の父」や「管理原則の父」と呼ばれるようになった。

（2）ファヨールと経営管理

❶経営にとって不可欠な活動

ファヨールは，企業はさまざまな活動が有機的につながっている組織体であると考え，企業経営にどれ１つ欠かせない活動として，次の６つを挙げている。

①技術活動（生産，加工）

②商業活動（購買，販売，交換）

③財務活動（資本の調達と最適な使用）

④保全活動（財産と従業員の保護）
⑤会計活動（財産目録，貸借対照表，原価，統計など）
⑥管理活動（計画化，組織化，命令，調整，統制）

現在の企業組織において，これら6つの活動は，①が製造部門，②が購買部門や販売部門，③～⑤は人事部門や総務部門，経理部門といった各部門がそれぞれ担っている。これに対して，⑥管理活動は企業組織全体にかかわる活動であることに特徴がある。つまり，ファヨールは①～⑤の業務的な活動と，⑥管理活動を明確に区別したと考えることができる。

また，上記の6つの活動のうち，①～⑤までの活動は経営資源のうち，モノやカネを主な対象としているが，⑥管理活動は主に人間や組織を対象としている。そして，管理活動には，組織の規模が大きくなるにつれて，また，組織における階層が上位になるほど重要性を増すという特徴がある。

❷管理原則

企業だけでなく，行政機関やNPOなどのあらゆる組織には，組織を束ねて目的を遂行するために管理の原則が必要とされる。ファヨールの時代には，経営者が自らの経験にもとづいて，こうした原則をそれぞれに実践していたと思われるが，ファヨールは自らの経験を通して最もよく用いた**管理原則**として，以下の14の項目を挙げている。

①分業：労働の専門化によって能率向上を図ること
②権限・責任：上司は命令する権限を有するが，同時に権限行使に伴う責任を担うこと
③規律：企業と従業員の協約を尊重しながら規律を確保すること
④命令の一元性：部下はただ1人の上司から命令を受けること
⑤指揮の一元性：個々の活動についての指揮者と計画は1つだけであること
⑥個人的利益の全体的利益への従属：企業全体の利益を優先させること
⑦報酬：公正で労働意欲を高めるだけの労働の対価を支払うこと
⑧集権化：分権化と集権化という相反する原理をどの程度行うかは，企業環境や上司と部下の関係における程度問題であること

⑨階層組織：命令の一元性を尊重しながらも，組織全体として迅速な伝達を確保するために「架橋」が用いられること（図表5－3参照）
⑩秩序：物的秩序（設備の設置場所など）と人的秩序（人材の配置）は適材適所で行うこと
⑪公正：従業員に対する思いやりをもって公正に物事を行うことで，公正さが実現すること
⑫従業員の安定：仕事に慣れるまでは異動は行わず，従業員としての地位を安定させること
⑬創意：自ら考えて実行に移すことを奨励すること
⑭団結心：過度の分業に陥ることなく，組織としての一体感を持つために，従業員の分裂や文書の濫用を避けること

⑨の階層組織に登場する**架橋**とは，図表5－3で示したような2つの系統を持つ組織における，同じ階層どうしのコミュニケーションを意味している。

仮に，Eという階層にいる人が別の部署で同じような階層にいるeとの間で何かを決めなくてはならない場合を想定する。ここで，管理原則の1つである「命令の一元性」（上司と部下の直接の報告や承認）に忠実に従うとすれば，E→D→C→B→A（経営者）→b→c→d→eのようなルートをたどることになり，意思決定が遅れてしまうだけでなく，途中で情報がゆがめられてしまう可能性もある。

【図表5－3】ファヨールの考えた「架橋」の役割

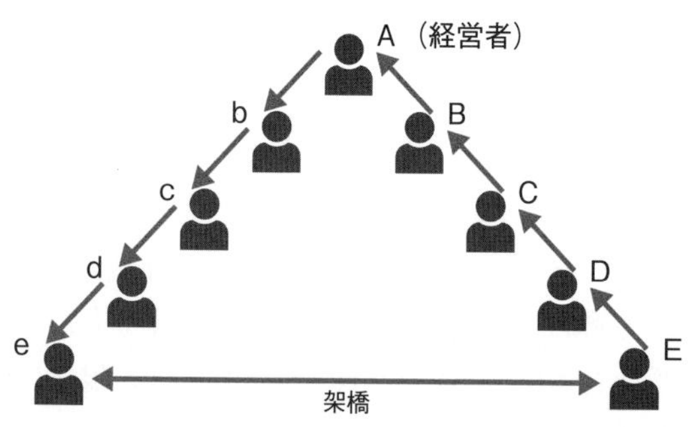

そこで，「命令の一元性」を尊重しながらも，２つの組織階層の中で同じような階層にある者どうしがコミュニケーションを図ることで，迅速な意思決定を行い，業務を円滑に進める必要があることにファヨールは気づき，そうしたコミュニケーションを「架橋」と呼んだのである。

❸管理の諸要素

ファヨール自身は，現在の企業経営で用いる「管理プロセス（管理過程）」という表現は用いていないが，「管理の諸要素」として，管理活動を担う５つの要素を挙げた（図表５－４）。

①計画化：将来のことを探究し，活動計画を作成すること
②組織化：企業における物的および社会的な二重の構造を形成すること
③命令：従業員を機能させること
④調整：すべての活動・努力を結合・統一化し調和させること

【図表５－４】ファヨールの管理過程論（まとめ）

６つの企業活動	14の原則
①技術活動（生産，加工） ②商業活動（購買，販売，交換） ③財務活動（資本の調達と最適な使用） ④保全活動（財産と従業員の保護） ⑤会計活動（財産目録，貸借対照表，原価，統計など） ⑥管理活動（計画化，組織化，命令，調整，統制）	①分業 ②権限・責任 ③規律 ④命令の一元性 ⑤指揮の一元性 ⑥個人的利益の全体的利益への従属 ⑦報酬 ⑧集権化 ⑨階層組織 ⑩秩序 ⑪公正 ⑫従業員の安定 ⑬創意 ⑭団結心
管理過程	
①計画化 ②組織化 ③命令 ④調整 ⑤統制	

⑤統制：すべての事柄が確立された規準や与えられた命令に従って行われるように監視すること

ファヨールがこのような管理原則を一般化したことは，管理する能力が個人の資質によるものと考えられていた時代には，画期的なことであった。そして，ファヨールは，定型的な方法論を用いて管理者になる人材を教育する「管理者教育」の重要性を強調した。

3 ファヨールにつづく管理過程論とマネジメント・サイクル

（1）ファヨール以降の管理過程論

ファヨールによって示された管理職能の分析や管理プロセスの定型化，管理原則の明確化などのアプローチは，**管理過程論**として継承され発展していった。

管理プロセス（管理過程）については，図表5－5のように，後の研究者や実務家がいくつかの要素を挙げている。

【図表5－5】代表的な管理過程論における管理プロセス

ギューリック（Gulick,L.／1937）	ニューマン（Newman,W.H.／1951）	クーンツとオドンネル（Koontz,H.&O'Donnell,C／1955）
①計画化 ②組織化 ③人員配置 ④指揮 ⑤調整 ⑥報告 ⑦予算編成	①計画化 ②組織化 ③資源の結合 ④命令 ⑤統制	①計画化 ②組織化 ③人員配置 ④指揮 ⑤統制

このように，管理プロセスの要素についてはさまざまな考え方があるが，「計画化」「組織化」「統制」という3つの要素はほぼ共有されていて，これらが最も基本的な管理職能と考えられる。現在，一般的に管理原則として考えらえている要素は，①指揮・命令の一元性，②専門性，③統制範囲の限界，④権限・責任の一致である（④は権限委譲とされることもある)。

これらの管理原則のうち，③統制範囲の限界の原則は，英語をそのまま使って「スパン・オブ・コントロール」とか「監督範囲適正化の原則」とも呼ばれる。また，④権限・責任の一致の原則に関連して，権限がどのような由来で発生するかについては，次のような3つの考え方がある。

①**権限授与説**：権限は上位者から授与されたものであり，職位に一致するという考え方である。権限は上司だから当然に持つと考える立場である。科学的管理法や管理過程論のような伝統的管理論が前提としている。

②**権限受容説**：権限は，下位者が受け容れることで初めて生じるものであるという考え方である。近代的管理論のバーナードが主張する（第3章第1節参照)。

③**権限職能説**：権限は上位者の持つ能力のゆえに生じるという考え方である。行動科学にもとづく管理論の先駆者であるフォレットの立場である（第4章第1節参照)。

管理過程論はその後，1960年代になって，行動科学，意思決定論，システム論などの成果を取り入れ，内容を充実・深化させていった。しかしその反面，多様なアプローチが混在する状態が生じた。管理過程論の代表的な研究者であったクーンツは，1961年に「マネジメント・セオリー・ジャングル」と題する論文を発表した。そこで彼は，当時のマネジメント研究が管理過程学派，経験学派，人間行動学派，社会システム学派，意思決定学派，数理学派などに細分化されてしまい，互いに理解することが不可能な「意味論のジャングル」に陥っている現状について危機感を持って訴えた。彼は翌年，カリフォルニア大学においてシンポジウムを開催し，彼自身の立場である管理過程学派の枠組みの中に他の学派を取り入れることによって「管理の統一理論」を確立しようとしたが，彼の意図は支持されず，問題提起は立ち消えになった。

（2）マネジメント・サイクル

管理過程論で共通しているのは，管理の要素は計画化に始まり，組織化を経て，統制に至る「プロセス」であるということであり，こうしたプロセスは再び次の計画化につながる周回状の「サイクル」となっている。

こうした考え方は現在においても，企業などの組織管理の実務で活かされており，PDS サイクルや PDCA サイクルとして知られている（図表５－６）。

PDS サイクルとは，plan（計画化）→ do（実行）→ see（評価・見直し）という一連のマネジメントのプロセスを意味する。また，**PDCA サイクル**とは，plan（計画化）→ do（実行）→ check（評価）→ act（改善）という一連のマネジメントのプロセスを意味する。

【図表５－６】現在の組織経営における一般的なマネジメント・サイクル

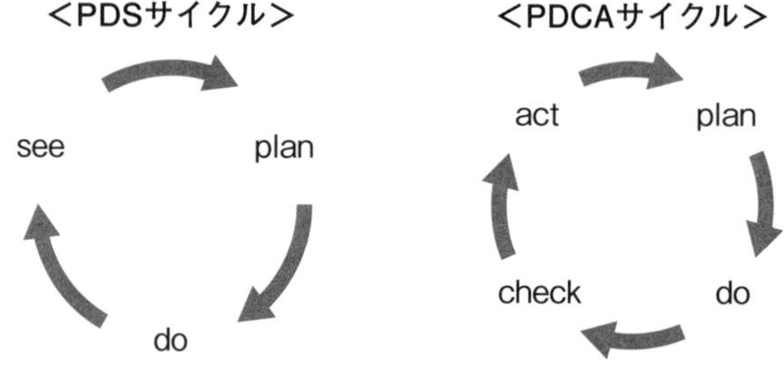

（3）管理過程論に対する批判

前記のように管理過程論の成果が現在の組織経営において実用的に活かされている一方で，後に挙げるサイモン（Simon, H. A.）は次のような点を指摘して管理過程論のアプローチを批判している。

①用語や概念の定義が曖昧で，管理に対する統一的概念が欠けている

②いくつもある管理原則が相互に矛盾する点がある

③科学的，経験的な検証がされていない

④経営の実践的な場面で有効性があるかどうかが検証されていない

（4）マネジメントと管理のちがい

経営学の用語としてだけでなく，企業経営の実務においては「マネジメント」という言葉がよく使われる。

すでに第1部第1章で説明したが，**マネジメント**（management）は，日本語では「管理」と訳されるが，「マネジメント」と「管理」には使う人によって意味内容にちがいがあり，必ずしも「マネジメント＝管理」という関係にあるとは限らない。それは，「管理」という言い方から，企業組織上の上位にある者が下位にある者に対して，強制力をもって統制をする，というニュアンスを感じる人がいるからであろう。また，マネジメントには「経営」という意味が含まれる場合があり，管理という表現よりも意味の幅が広いことが多いともいえる。

いずれにせよ，「マネジメント」や「管理」などの経営用語は，どのような意味で使われているのか，使いたいのかを考えて用いる必要があろう。

参考文献

F. W. テイラー著，有賀裕子訳『新訳 科学的管理法―マネジメントの原点』ダイヤモンド社，2009年。

F. W. テイラー著，上野陽一訳・編『科学的管理法』産業能率短期大学出版部，1969年。

H. ファヨール著，山本安次郎訳『産業ならびに一般の管理』未来社，1972年。

第2章

ホーソン実験と人間関係論

ポイント

◉1920年代～30年代にかけて，心理学や生理学の知見にもとづき，ホーソン実験という経営学史に残る大規模な実証的研究が行われ，その結果が人間関係論としてまとめられた。
◉ホーソン実験を契機に展開された人間関係論は，理論的にも実践的にも現代の経営学に大きな影響を与えた。
◉科学的管理法は，合理的で打算的な経済人仮説にもとづいているが，人間関係論は社会性を持つ社会人仮説にもとづいており，インフォーマル組織の存在や他人との関係性が生産性に影響を与えることが示された。

キーワード

ホーソン実験，照明実験，継電器組立実験，面接実験，
バンク配線作業観察，モラール，
非公式組織（インフォーマル組織），人間関係論，
経済人仮説と社会人仮説，提案制度，
従業員意識調査（モラールサーベイ）

1 ホーソン実験

（1）ホーソン実験とは

ホーソン実験は，労働環境などの物理的作業条件が労働者の作業能率にどれだけ影響するかを明らかにするために，1924年から1932年という長期間にわたって，米国ウエスタン・エレクトリック社のホーソン工場で行われた大規模な調査と実験である。ホーソン実験と言っても１つの実験ではなく，以降のような数々の実験から成っている。

❶照明実験

ホーソン工場において最初に行われた試みは，照明の明るさと個人の作業能率の関係を調べる**照明実験**であった。作業者を，照明を変えて作業をするグループと，一定の照明のもとで作業をするグループに分け，互いの作業能率を比較したが，照明と作業能率の間に明確な相関関係は認められなかった。

つまり，照明のような物理的な作業条件が生産性に影響を与えるという科学的管理法の有効性が認められなかったのである。その結果，「何が生産性に影響を与えるのか？」を調査するため，メイヨー（Mayor, G. E.）やレスリスバーガー（Roethlisberger, F. J.）などハーバード大学のスタッフが招へいされ，以下に挙げる実験が次々と行われていった。

❷継電器組立実験

継電器とは，いわゆるリレーのことであり，電気を使った機器の制御を行う部品である。

継電器組立実験では，６人の女子工員を対象に，賃金の支払い方法や休憩時間の導入，軽食の支給，部屋の温度や湿度などいくつかの作業条件と作業能率の関係を調べた。すると，こうした作業条件を改善すると生産性が向上したのは事実であるが，そうした条件を元に戻しても生産性が低下することがなかった。つまり，結果的には，照明実験と同じように物理的作業条件と作業能率の相関関係は見い出すことができなかったのである。

メイヨーらはこうした結果が生じた要因を次のように分析した。

- 実験の対象となった工員は熟練工やその仲間など選抜されたメンバーであり，自分たちが選ばれたことに誇りを持っていた
- ハーバード大学という当時からトップクラスであった大学の調査に協力できるということ自体に働きがいを感じていた
- 彼女らは最初から実験の目的を知らされており，生産性の結果についての評価も知らされていた
- 6人の工員は共通の友人であり，仲間意識が強かった

そして，仕事への自負，責任感，人間関係（友情），事前情報や事後評価などが選ばれた集団としての士気（**モラール**）を高め，たとえ労働条件が悪化しても生産性が下がらなかったのだと結論づけられた。

❸面接実験

職場における監督方法の改善を意図して，2万人以上の従業員に**面接実験**が行われた。面接は，あらかじめ準備した質問に答えるという形式ではなく，自由な日常的な会話をする雑談を交えた形式で行われたことから，従業員は不平や不満を正直に話し，自分にとっての問題や課題を認識できた。一方で，面接する側として参加した監督者はリーダーとしての良い訓練を積むことができた。そして，そうした面接を広範に実施したこと自体が生産性を向上させていることがわかったのである。

こうした結果から，従業員の行動は人間としての感情の影響を大きく受けることや，従業員個々の職務に対する態度を理解するためには，彼らを集団的・社会的な存在としてとらえなければならない，ということが明確になったのである。

❹バンク配線作業観察

面接調査が匿名で行われたため，集団の人間関係をさらに具体的に調べるために行われたのが，**バンク配線作業観察**である。

これは，14人の男子従業員を対象として行われ，作業者どうしの人間関係が詳細に観察された。その職場では，働けば働くほど賃金が上がる出来高払い賃金制度が導入されていたにもかかわらず，生産高は低迷していた。調査の結果，集団には職務遂行上の公式組織だけではなく，個人間の相互作用などから自然に形成される仲間組織が存在し，仲間組織内における暗黙のルールが生産性を抑えていることがわかった。こうした暗黙のルールとしては，「仕事を頑張りすぎるな」「仕事を怠けすぎるな」「上司に告げ口をするな」「偉そうに振舞うな」という仲間内の感情にもとづくものが挙げられる。

このような仲間組織は非公式組織（**インフォーマル組織**）と呼ばれるが，非公式組織が生産性に影響していることが突き止められたのである（図表5－7）。

【図表5－7】**ホーソン実験とその成果**

実験名	実験の成果（わかったこと）
照明実験	• 照明の明暗という単純な作業条件は，労働者の作業能率に影響しない
継電器組立実験	• 仕事への自負，責任感，人間関係などが集団としての士気（モラール）を高める • 労働条件が悪化しても上記の要件が確保されていれば，生産性は下がらない
面接実験	• 従業員の行動は人間としての感情の影響を大きく受ける • 従業員の態度を理解するには，集団的・社会的なアプローチが必要である
バンク配線作業観察	• 仲間集団のような非公式組織（インフォーマル組織）が生産性に影響する

（2）ホーソン実験の意義

ホーソン実験以前は，作業者を個別に分析するアプローチが主流であった。それは，人材の適性や配置を中心とする心理学的な研究にせよ，物理的な作業条件が作業の能率にどう影響するかという生理学的な研究にせよ，同じであった。しかし，ホーソン実験をきっかけとして，こうした研究は集団や組織などを対象とする社会的なアプローチに転換していった。

また，従来の研究では人間の合理的な判断や職務上の公式組織のあり方が強調されてきたが，ホーソン実験という大規模な実証的研究が行われたことによって，人間の感情や職場における非公式な人間関係に着目した研究が行われるようになった。

2 人間関係論

ホーソン実験をきっかけとして，経営学における人間観は大きく変わり，その後は人間の感情やインフォーマル組織に関する研究が盛んになった。そのようなアプローチを総称して**人間関係論**という。

（1）科学的管理法と人間関係論

人間関係論では，それまで主流であった科学的管理法のように人間が合理的に行動し，打算的な存在であるという**経済人仮説**が否定された。人間はむしろ，職務遂行においても感情に左右され，連帯感をもって行動するという**社会人仮説**が人間関係論の前提となっている。

科学的管理法との比較において，人間関係論の特徴をまとめると図表５－８のようになる。

その後，人間関係論は社会心理学者，社会学者，人類学者などの参画を得て発展し，提案制度，従業員意識調査（**モラールサーベイ**），人事相談制度，苦

【図表5－8】科学的管理論と人間関係論の比較

	科学的管理法	人間関係論
理論の前提となる人間に対する考え方（人間観）	・合理的 ・打算的 （経済人仮説）	・感情的 ・連帯的 （社会人仮説）
労働者の動機づけとなる要因	賃金など経済的インセンティブ	仲間との協調などのモラール
組織のとらえ方	職務上の公式組織	非公式組織 （インフォーマル組織）

情処理制度など，多くの実践的な人事政策を生み出した。

（2）人間関係論への批判

上記のように，ホーソン実験や人間関係論は経営理論の展開に大きな意義を持った。しかし，その一方で，人間行動における非論理的・感情的な側面を一面的に強調している，という批判がある。また，根本的に「労働者が満足していること」と「生産性が高いこと」が同じであるという前提自体が誤っている，という指摘もある。さらに，人間関係論の研究が進むにつれてさまざまな手法が開発されたが，それらは経営者が労働者を操縦するためのものであるという批判もされた。

こうした批判は，その後の近代管理論や行動科学的管理論の展開に活かされることとなる。

参考文献

G. E. メイヨー著，村本栄一訳『新訳 産業文明における人間問題』日本能率協会，1967年。

第 3 章

近代的な管理論

ポイント

- ◉人間協働の学として知られるバーナードの組織論は，科学的管理法や人間関係論を引き継いでいた当時の組織論に「バーナード革命」と呼ばれるほどの大きな影響を与えた。
- ◉バーナードの組織論は，全人仮説にもとづき，組織を協働体系ととらえることや，公式組織の成立条件を特定したことなどに特徴を持つ。
- ◉サイモンは意思決定論的な組織論を唱え，制約された合理性にもとづいて意思決定を行う経営人仮説を前提としている。

キーワード

全人仮説，協働体系，公式組織成立の 3 要素，
組織の有効性と組織の能率，意思決定論的組織論，
事実前提と価値前提，経済人仮説と経営人仮説，
制約された合理性，最適化原理と満足化原理，
コンティンジェンシー理論

 バーナードの協働体系的組織論

（1）経営管理論の流れ

経営管理論は，19世紀末～20世紀初頭において，テイラーの科学的管理法やファヨールの管理原則論に始まる。これらを伝統的管理論と呼ぶが，その後，ファヨールの考え方は管理過程論に引き継がれる一方で，科学的管理法に対するアンチテーゼとしてメイヨーに代表される人間関係論が現れた。そして，20世紀中盤には後に近代的管理論と呼ばれる体系的な組織論が生まれるが，その中心人物がバーナードとサイモンである。

（2）バーナード理論の基礎

❶バーナード理論の経歴

バーナード（Barnard, C. I.）は，苦学してハーバード大学に進学したが中途退学し，米国電話電信会社（AT&T）に入社した。1927年に，AT&T の関連会社であるニュージャージー・ベル電話会社の社長に就任して以降，21年間経営者の地位にあった。社長としての経験を踏まえ，ハーバード大学のローウェル研究所で行った８回の連続公開講義を基に著したのが主著『経営者の役割』（1938年）であった。これは，当時の組織論に「バーナード革命」と呼ばれるほどの影響力を持ち，バーナードは近代組織論の先駆者とされるようになった。

彼の組織理論は，人々の協働関係をいかに作り出し維持するかという観点から構想されている点に特徴があり，「人間協働の学」と呼ばれている。

❷バーナード理論における人間観

組織論では，そもそも「組織を構成する人間はどのような存在であるか？」という人間観によって考え方が異なる。テイラーに代表される科学的管理論で

は，人間は合理的に考える打算的な存在であり，賃金や労働条件のような経済的なインセンティブ（誘因）次第で考えを変えるものであるという人間観を前提としていた（経済人仮説）。また，メイヨーやレスリスバーガーが行ったホーソン実験につづく人間関係論においては，人間は感情的で仲間意識に引きずられる社会的な存在であるという人間観があった（社会人仮説）。

これらに対して，バーナードが想定する人間観は**全人仮説**と呼ばれている。全人仮説とは，人間は自由な意思や選択力，意思決定力を持つ存在と考える立場である。

❸協働体系としての組織

バーナードは全人仮説にもとづき，人間を自律的な存在であると考えた。しかし，その一方で，１人ひとりの人間の能力には限界があるため，その限界を克服して大きな目標を達成するためには，組織における「協働」が不可欠となる，という考えに至った。バーナードは，教会，政党，友愛団体，政府，軍隊，企業，学校などの組織はすべて「協働体系」であるととらえた。

協働体系とは，「少なくとも１つの明確な目的のために２人以上の人々が協働することによって，特殊の体系的関係にある物的，生物的，個人的，社会的構成要素の複合体」と定義される。バーナードによれば，人間の社会は相互に関連し合う多様な協働体系によって構成されている。人々は協働体系に帰属し，協力し合うことによって，個人の力では不可能な大きな事業を成し遂げるが，これらの協働体系を持続させることは決して容易なことではない。

（３）バーナード理論の骨子

❶公式組織成立の３要素

バーナードは，企業のような公式組織が成立するための３つの要素として，①共通目的，②貢献意欲，③コミュニケーションを挙げた（図表５－９）。

「共通目的」が存在することは公式組織が成立する前提条件であり，組織に属する多数の人々の努力を結集し，同じ方向に向かって進んでいくためには共通する目的は不可欠である。そして，組織の目的を実現するためには，個々のメンバーが自らの知識や能力を提供しようとする「貢献意欲」が必要である。

【図表5－9】バーナードの考える公式組織成立の3要素

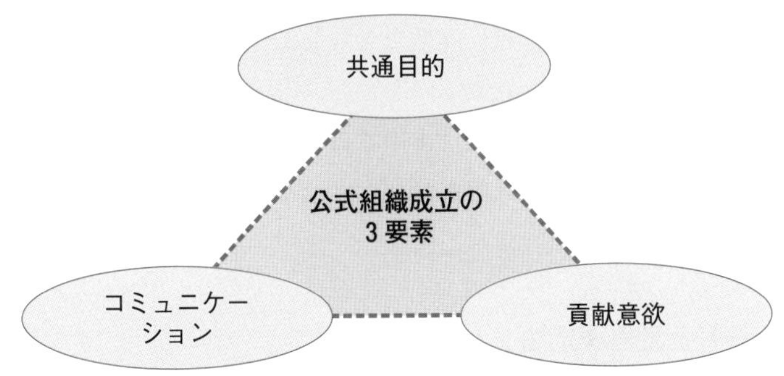

さらに，多くの人々が存在する組織においては調整活動が必要となるが，ここで「コミュニケーション」が効果を発揮する。

❷組織存続の条件

組織が成立し，その目的を達成するためには，共通目的を明らかにし，メンバーの貢献意欲を喚起し，コミュニケーションを円滑にする必要がある（すでに説明した公式組織成立の3要素）。バーナードは，組織が存続していくためには，**組織の有効性**と**組織の能率**を高め，組織からの誘因≧組織への貢献という関係を維持していくことが必要であると考えた。

組織の有効性（effectiveness）とは，目的の達成度を尺度として組織を客観的に評価することであり，協働体系としての組織が掲げる目的が達成されたかどうか，ということである。

一方，組織の能率（efficiency）とは，バーナード独特の用語であり，組織が協働体系を維持するに足るだけの「満足」をメンバーに提供する能力である。

協働体系である企業組織は，個々のメンバーの集合体である。組織に参加するメンバーの動機は個人的なものであるから，協働体系から「満足」を引き出せないメンバーは，自分の貢献を控えるか（積極的に仕事をしない），協働に参加することをやめてしまう（会社を辞める）。組織が目的を達成するためには，先に述べた「誘因≧貢献」の関係を維持し，メンバーの「満足」を高めて貢献意欲を引き出さなくてはならない。

言い換えれば，組織が個人に提供する誘因と，個人が組織に提供する貢献のバランスがとれてはじめて個人は満足し，協働体系が維持され，組織が存続する。組織の目的が達成されれば，組織に参加している個人の動機も満たされ，有効性と能率が両立することになる。しかし，現実的には目的を達成する過程で，当初は想定されていなかった「求めざる結果」を伴う。たとえ目的は達成されても，求めざる結果が重大であれば大きな不満足を生むことになり，有効性と能率は両立しなくなる。

❸バーナードと意思決定論

バーナード以前は，管理というものは，組織内の人々に仕事をさせる行為であると考えられていた。これをバーナードは，人々をある行動に導く選択のプロセスであると考えた。つまり，管理者とは，組織メンバーが望ましい行動をするように，いくつかの選択肢の中から意思決定をする存在であるということになる。このような意思決定論的な組織論は，バーナードにつづくサイモンに引き継がれていく。

2 サイモンの意思決定論的組織論

(1) サイモンの功績

バーナードの理論を継承し，組織論や経営学だけでなく，経済学，政治学，心理学，コンピュータ科学，認知科学などの幅広い分野で研究成果を残したのが，**サイモン**（Simon, H. A.）である。彼が確立した理論は，バーナードの理論とあわせて近代組織論の主要な部分をなすことから，バーナード＝サイモン理論と呼ばれることもある。

組織論の分野におけるサイモンの代表的著作は『経営行動』（1945年）や，マーチ（March, J. G.）との共著『オーガニゼーションズ』（1958年）などである。それだけでなく，サイモンは「人工知能の父」としても知られ，1975年には，コンピュータ分野のノーベル賞といわれる「チューリング賞」を，1978年にはノーベル経済学賞を受賞している。

（2）論理実証主義にもとづく意思決定論的な組織論

サイモンはバーナードと同じように，組織は協働体系であると考える一方で，組織は意思決定の複合体系であると考えていた。サイモンによれば，組織は「意思決定とその実行のプロセスを含めた，人間集団におけるコミュニケーション及び関係のパターン」であり，「相互関係を持つ役割のシステム」である。そして，意思決定に至るにはさまざまな前提があるが，この前提を，客観的，経験的に正しいということがわかる**事実前提**と，人によって正しいかどうかが異なる**価値前提**に明確に区分した。たとえば，経営者や管理者は目的を定めて行動し，リーダーシップを発揮するが，何を目的とするかということは人の価値観や状況によって異なる，価値前提である場合が多い。

サイモンは，価値前提と事実前提を明確に区別したうえで，仮説や理論から価値前提を排除し，科学的に説明可能な事実前提だけにもとづいて意思決定を行うべきであるという「論理実証主義」を主張した。

（3）経営人仮説

テイラーの科学的管理法における人間観は，合理的で打算的な経済人（経済人仮説），人間関係論における人間観は，感情的で集団行動を重んじる社会人（社会人仮説）であったが，サイモンが前提とした人間観は**経営人仮説**（または管理人仮説）と呼ばれる。

ここで経営人とは，ある程度の自由な意思や選択にかかる意思決定力をもっている一方で，情報収集能力には限界があり，すべての情報や結果を知ることはあり得ないという人間像である。実際に，経営者や管理者が行う意思決定は，専門性，権限関係，コミュニケーション，インフォーマル（非公式的）な関係性から影響を受ける「**制約された合理性**」にもとづいている。つまり，実際の組織には完ぺきな合理性というものがなく，経営者や管理者は限られた情報の中で意思決定を行わなくてはならないということである。

【図表5－10】経済人仮説と経営人仮説の比較

	経済人仮説	経営人（管理人）仮説
唱えた人（考え方）	テイラー （科学的管理法）	サイモン （意思決定論的組織論）
情報の収集	すべての情報を知り得る	一部の情報しか知り得ない
意思決定のプロセス	合理的で，打算的である	限定的で，主観的な合理性にもとづく
意思決定（代替案の選択）	最善の代替案を選択できる （最適化原理）	満足し得る行動を選択する （満足化原理）

このような考え方は，テイラーの経済人仮説が，経営者や管理者はすべての情報を知っていて，ゆえにいつでも客観的で合理的な判断ができると仮定したことと対照的である。最終的な意思決定については，経済人仮説では常に最善の選択ができるが（**最適化原理**），経営人仮説では主観的に納得できるような満足のいく意思決定を行う（**満足化原理**）とする（図表5－10）。

3 近代的組織論以降の展開

バーナードやサイモンに始まる近代的組織論は，企業の中でどのような意思決定が行われているかというプロセスを明らかにする意思決定論にもとづいていた。

組織論の分野では，その後，組織や管理に関する一般原則がどの企業にも当てはまるはずである，という前提そのものが疑問視されるようになり，1960年代以降，望ましい管理のあり方は企業や組織が置かれた環境や状況のもとで異なる，という立場に立った**コンティンジェンシー理論**に移っていく。さらに1970年代になると，企業などの組織を外部に対して開かれたオープン・システムとしてとらえる組織間関係論が現れるなど，組織に関する研究は多様化していった。

意思決定論の分野では，その後のコンピュータ科学の発展に伴って，1960年代以降，組織自体を情報処理の体系としてとらえる立場を確立したサイアート（Cyert, R. M.）やマーチ（March, J. G.）の研究などに引き継がれていく。

参考文献

C. I. バーナード著，山本安次郎・田杉競・飯野春樹訳『新訳 経営者の役割』ダイヤモンド社，1968年。

H. A. サイモン著，松田武彦・高柳暁・二村敏子訳『経営行動―経営組織における意思決定プロセスの研究』ダイヤモンド社，1989年。

J. G. マーチ＆H. A. サイモン著，土屋守章訳『オーガニゼーションズ』ダイヤモンド社，1977年。

第4章

行動科学にもとづく動機づけとリーダーシップの理論

ポイント

◉フォレットは，意見や立場のちがいなどから発生するコンフリクトに対しては，統合が最も建設的な解決策であるとした。

◉何が人を動機づけ，モチベーションを高めるかについては，欲求階層理論やＸ理論／Ｙ理論，動機づけ＝衛生理論などの研究が知られている。

◉集団や組織を目標に向けて導くリーダーシップの研究は，リーダーの資質に関するものに始まり，優れたリーダーに共通してみられる行動パターンを明らかにしようとするアプローチに展開していった。

キーワード

統合の哲学，コンフリクト，権限職能説，欲求階層理論，Ｘ理論とＹ理論，目標管理制度（MBO），動機づけ＝衛生理論，リーダーシップ，システム４理論，連結ピン，権限受容説，５つの社会的勢力

 フォレットによる統合の哲学

（1）フォレットと組織コンフリクト

❶フォレットの経歴

科学的管理法が広まりを見せ，これに批判的な側面を持つ人間関係論が現れた時代に，職業紹介所のケースワーカーとして活動する中で経営者との交流が生まれ，管理や組織について洞察力に富む見解を述べたのが**フォレット**（Follett, M. P.）である。

彼女自身が行動科学者と位置づけられているわけではないが，企業におけるモチベーションやリーダーシップの重要性を説いたという点で，後の行動科学にもとづく経営管理論の発展に大きな影響を与えた。

❷組織で起こるコンフリクト

企業組織など人間の集団内では，さまざまな意見や考え方，立場のちがいなどからコンフリクト（conflict）が発生する。**コンフリクト**とは，軋轢，摩擦，不一致，対立，確執などの意味を持つが，経営理論においては「コンフリクト」とカタカナで表現することが多い。

通常，コンフリクトは組織から排除すべきこととして考えられがちである。しかし，コンフリクトは意見や利害のちがいから生じるものであり，組織にとって避けられないものであって，むしろ積極的，建設的に利用して組織の発展に活かすべきである，というのがフォレットの考えであった。

（2）統合の理論

❶コンフリクトの解決策

フォレットによれば，コンフリクトを処理するには次に挙げる3つの方法があり，「統合」こそが最も建設的な解決方法である。

①支配：一方が他方を抑圧する最も単純な方法であるが，パワー関係が逆転すれば支配関係も逆転するので，長期的には成功しない
②妥協：両方が要求の一部を犠牲にして折れ合うかたちであるが，両方に不満が残るので，暫定的な解決にとどまる
③統合：両方の要求が同時に実現されるような解決策を生み出す

組織にとって最善のコンフリクト解決策である統合を実現するためには，次の4つのことが必要である。
①互いの相違点を明確に表面化する
②表面に現れるシンボルや言葉を精査し，相手の要求を分解することで，根底にある真の要求を探し出す
③相手の対応を予想する
④互いの立場を固定的に考えず，柔軟に対応する

実際に統合を実現しようとすれば，さまざまな障害が存在している。
たとえば，統合を実現するリーダーには高度の知力，鋭い洞察力などが求められる。これに比べると，支配によるコンフリクトの解消のほうが一見，かんたんなように見える。とくに，抽象的に議論をする傾向があり，使用する言葉が闘争的で，リーダーが部下を操縦しようとするような，支配に慣れた組織においては，統合を実現するための訓練や協調的思考が欠如していることも多い。
このように，フォレット自身は，コンフリクトを統合という考え方で常に解決できるとは考えていなかった。統合を実現するためには高度の知力や鋭い洞察力，協調的思考力などが双方に必要となるからである。そして，現実的にはどちらかの意見が正しいはずだという二者択一的状況に陥ったり，組織上のパワーが強い側の意見が通ったり，安易に妥協してしまうということが起こる。統合を志向して，より良い解決策を導き出すためには，指揮命令関係のあり方も改める必要がある。

❷命令の非人格化と状況の法則

命令系統が単純なかたちで連なっているピラミッド型組織においては，命令するものと指示される者という上下関係ができやすい。フォレットによれば，こうした上下関係にもとづく命令には，次のような問題があるという。

①命令に盲目的に従うということが人間の自律欲求に反するため，コンフリクトが生じやすい
②指示を受ける人が自分の仕事に対する誇りを失う
③仕事に対する満足感を失い，責任感を減退させる

これに対してフォレットは，命令というものはリーダー個人が出すものと考えるのをやめ（命令の非人格化という），命令は状況が求めているものであると解釈することによって（状況の法則と呼ぶ），リーダーと部下を含むその問題に関わるすべての人が問題解決策を導き出すように取り組むことが重要であるとした。

また，命令に関してフォレットは，上記のような命令の非人格化と状況の法則だけでなく，①指揮命令だけに頼ることなく，職務技術教育を充実させること，②命令するだけでなく，その理由や目的を明示することが必要であるとしている。

（3）権限職能説

一般には，リーダーに当然に与えられた権利であるとされることの多い「権限」について，フォレットは権限が職能から生じ，職能と不可分に結びついているという考えを述べており，これを**権限職能説**という（権限授与説，権限受容説については259ページ参照）。彼女は，権限には知識や経験などの裏付けが必要であり，職位上の階層性は無関係であるとする。

もちろん，リーダーの意思決定がなされなくてはならない場面はあるが，意思決定の結果としての権限だけを過度に強調するのではなく，意思決定のプロセスには複数の人々が関与しているため，権限や責任も協働的なかたちで組織に根付いているというのが彼女の考え方である。

（4）フォレットの果たした意義

フォレットの考えは，体系的な経営理論というよりは，平易にまとめられた実践的な行動原理という色彩が強い。現に，彼女の関心事は経営だけにとどまらず，歴史や法律，政治学など社会全般にわたるものであった。

また，フォレットは，経営者と労働者が対立するのではなく，参加的民主主義の理念を実践するものとして従業員参加制度を評価している。従業員が意思決定や計画化に参加したからといって，その分経営者の仕事が減るわけではないが，成功している企業では，働く人たちの持つ知識を体系的・継続的に活用し，進取の精神や想像力を発展させて絶えず経営能力を全体として増大させている，という考え方はその後の動機づけ理論やリーダーシップ理論に影響を与えた（図表5－11）。

【図表5－11】フォレットの統合の哲学

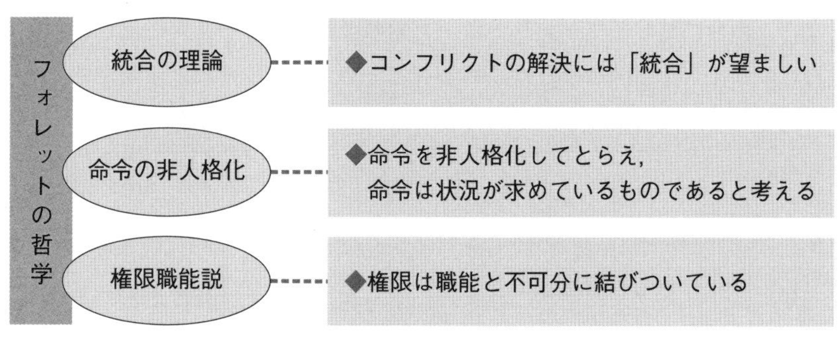

2 動機づけ理論

（1）動機づけとモチベーション

今日，企業が組織としての目標を達成し，成果を上げるためには，個々の従業員や管理者のモチベーションが向上するような動機づけが重要ということは，誰もが認めるであろう。「動機づけ」とは，組織メンバー１人ひとりに働きかけ，仕事へのやる気を持たせることである。また，個人が動機づけられることや，動機づけられた個人が持つ意欲のことを**モチベーション**という。

動機づけ理論の基礎は，「人間はどのような欲求を充足するために行動するのか」という観点から，欲求の種類や構造などを明らかにしようとする「内容論」というアプローチにある。つまり，内容論は，「人は何によって動機づけられるのか？」という答えを求める研究分野であった。数ある研究の中でも，❶マズローの欲求階層理論，❷マグレガーのＸ理論／Ｙ理論，❸ハーズバーグの動機づけ＝衛生理論がよく知られている。

（2）代表的な動機づけ理論

❶マズローの欲求階層理論

a）５つの欲求階層

個人を動機づける要因である「欲求」をいくつかの階層としてとらえ，モデル化した理論として最もよく知られるのが，**マズロー**（Maslow, A. H.）の**欲求階層理論**である。彼は，人間の多様な欲求を５つにグループ化し，基本的な低次の欲求からより高次の欲求へと階層構造を持つと仮定するモデルを提示した。

５つの欲求階層とは，次のとおりである。

①**生理的欲求**：食欲や睡眠など人間の生存にかかわる欲求

②**安全欲求**：身の危険を避け，自己保存や安心を確保する欲求

【図表５－12】マズローの欲求階層理論

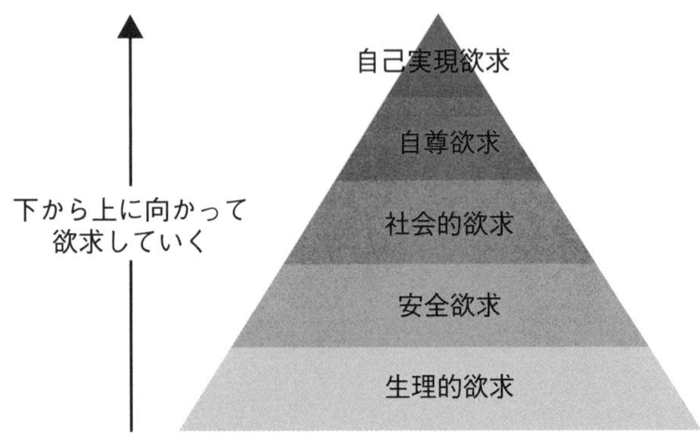

③**社会的欲求**：集団への帰属や仲間との人間関係，愛情などを求める欲求（愛情と所属の欲求とも呼ばれる）

④**自尊欲求**：他人から自分の存在や自分が優れていることを認めてほしいという欲求（自我の欲求とも呼ばれる）

⑤**自己実現欲求**：自分らしく生き，自分の能力や可能性を発揮したいという欲求

これら５つの欲求の関係は，生理的欲求が最も基本的な低次の欲求であり，自己実現欲求が最も高次な欲求であると考えられたため，図表５－12のようにピラミッド型に表現されることが多い。

b）マズローの欲求階層理論の特徴

マズローの欲求階層理論の特徴は，人間の欲求は低次のものから順次，より高次の段階へと上昇していき，欲求の方向が不可逆的であるという点にある。つまり，働く人にとって，まず何よりも生命を維持するために生理的欲求が満たされなければならないが，その欲求が充足されると関心は安全欲求に移る。そして，安全欲求が満たされた人は社会的欲求を抱くようになる，ということである。

そして，「欲求の方向が不可逆的である」というのは，いったん充足された欲求は動機づけの力を失うということであり，高次の欲求が充足されない場合でも下位の欲求に戻ることはない。ただし，最上位にある自己実現欲求だけは，満たされるとさらに関心が強化される成長動機であり，動機づけの効果に限界がないとされている。

c）マズローの欲求階層理論への批判

マズローの欲求階層理論は，その単純明快な論理ゆえに広く知られている。一方で，「なぜ5つの欲求にまとめられるのか」「5つの欲求はそれぞれ独立したものではなく，相互に依存しているのではないか」「人間の欲求は低次から高次へという方向に一方通行で移行するとは限らない」といった批判がされている。

❷マグレガーのX理論・Y理論

a）マグレガーの考え方とX理論の人間観

マズローとほぼ同時代人であった**マグレガー**（McGregor, D.）は，伝統的な管理原則が重視する規律や統制，命令などによる管理に否定的であった。

彼は，伝統的な管理方法が前提としている考え方を**X理論**と呼んだ。このX理論は，以下のような特徴を持ち，いわば性悪説にもとづく人間観であるといえる。

①人間は生まれつき仕事が嫌いで，できるなら仕事はしたくないと思っている

②たいていの人は，強制，統制，命令され，処罰すると脅されない限り，組織の目標を達成するために十分な力を発揮しない

③普通の人は命令されるほうが好きで，責任を回避したがり，あまり野心を持たず，何よりも安全を望んでいる

④ほとんどの人は，組織上の問題解決に必要な想像力に欠けている

b）Y理論の人間観

マグレガーは，伝統的な管理方法がX理論の人間観に立っているために，命令や統制，規律などに頼るものになってしまったと考えた。しかし，人々の生活水準や教育水準が向上し，欲求が高度化してくると，こうした管理の有効性が薄れてくる。そして，新しい管理方法は次のような特徴を持つ**Y理論**にもと

づくものでなくてはならないとした。

①仕事で心身を使うのは遊びや休憩と同様に人間の本性であり，人は生まれつき仕事が嫌いなわけではなく，条件次第で仕事は満足の源泉になる
②人は，自分がすすんで身を委ねた目標のためには，自ら努力して働くものである
③献身的に目標達成に尽くすかどうかは，それを達成することによって得られる報酬次第であり，最高の報酬は自己実現欲求の充足である
④状況次第で，人はすすんで責任を取ろうとする
⑤企業内の問題を解決するために必要な，高度の想像力や創意工夫をこらす能力はたいていの人に備わっており，一部の人だけのものではない

c）Y理論の意義

マグレガーはこのような，いわば性善説にもとづく人間観を重要視し，企業において，従業員の知的能力はほんの一部しか活かされていないと考えた（図表5－13)。マグレガーのY理論にもとづく人間観は，科学的管理法の経済人仮説，人間関係論の社会人仮説に対して，自己実現人仮説と呼ばれることがある。

こうした人間の自律性にもとづく現代的な管理方法としては，従業員の自主

【図表5－13】 X理論とY理論の比較

	X理論	Y理論
人間観	•性悪説にもとづく行動 •人間は生まれながらに怠け者である •命令や強制をされないと働かない	•性善説にもとづく行動 •人間は生来働くことが好きである •命令されなくても自主的に行動する
管理手法	•命令や指示による管理 •いわゆるアメとムチの管理	•自主的な目標設定 •自己啓発と自己管理 •従業員参画制度 •目標管理制度

性を重んじる従業員参画制度がある。また，職務要件や目標設定，業績評価などを管理者が一方的に行うのではなく，従業員とともに考える**目標管理制度**（MBO）を採用する企業も多い。

❸ハーズバーグの動機づけ＝衛生理論

a）ハーズバーグの実証的なアプローチと衛生要因

ハーズバーグ（Herzberg, F.）は，エンジニアや会計士200名ほどに面接を行い，仕事上でどのような状況で満足感や幸福感を感じたか，そして，どのような状況で不満足や不幸を感じたか，について調査・分析した。その結果，人々が職務上の満足を感じる要因と不満を感じる要因は，それぞれ別個の要因であることを発見した。

不満を生み出す要因は，会社の政策や管理・監督方法，監督者や同僚・部下との対人関係，作業条件，給与などであった。これらの要因は，**衛生要因**と名づけられた。衛生要因は，職務上の不満足を和らげ，働きやすい職場環境を保つためにはある程度の水準に維持することが必要であるが，衛生要因を強化したところで，従業員の仕事に対する積極的な動機づけを生むものではない。

なお，「衛生」と名づけられたのは，衛生要因の特性を公衆衛生と健康の関係にたとえたからである。身の回りを衛生的に整えてどんなに清潔にしていたとしても，病気にかからないとは限らない。つまり，衛生的であることは病気になるかならないかということに関して，必要条件ではあるが十分条件ではない。同じように，衛生要因は働く人の満足度に対して，必要条件であるとはいえるが，十分条件にはなっていないのである。

b）動機づけ要因

一方，満足を生み出す要因は，達成感，承認，仕事そのもの，責任，昇進，成長などであり，これらは**動機づけ要因**と呼ばれた。従業員を動機づけようとすれば，こうした動機づけ要因に訴えかけなくてはならない（図表５－14）。

ハーズバーグは，伝統的な管理方法は管理方法や作業条件などを重視する人間関係論にしても，監督者や同僚・部下との対人関係の重要性を論じただけで，衛生要因に偏ったものであると考えた。そして，動機づけ要因にもとづく管理の実践方法として，**職務充実**の重要性を指摘した。

【図表5－14】ハーズバーグによる動機づけ要因と衛生要因

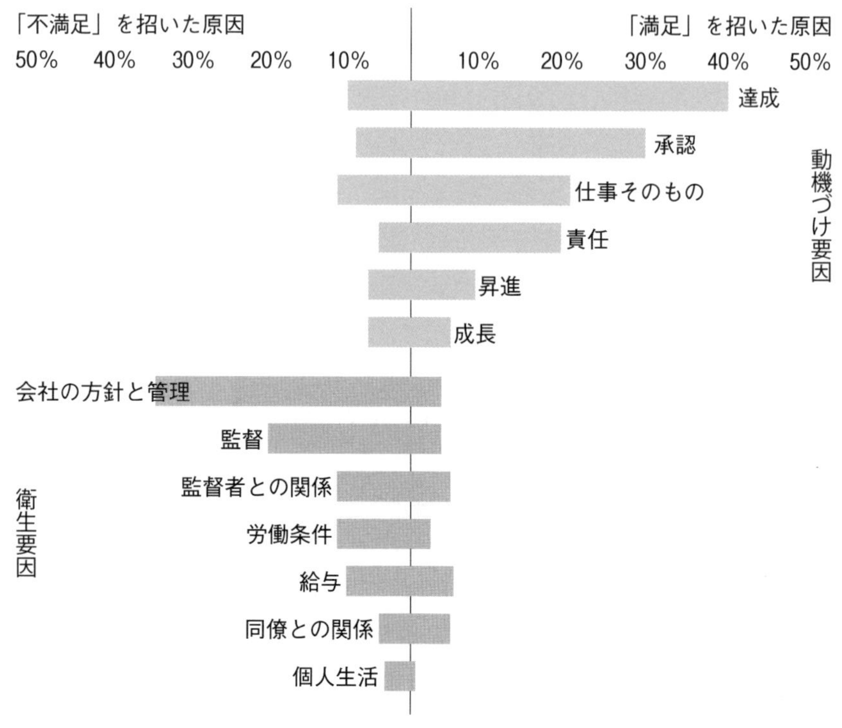

職務充実とは，管理者や従業員の職務権限と責任範囲を拡大し，裁量の幅を広げることによって，動機づけや業務遂行の意欲を高めようとする人事管理策である。

❹内容論の意義と内容論に対する批判

動機づけに関する内容論の研究成果は，現在のマネジメントや人事管理に活かされている。

たとえば，マズローの欲求階層理論は，現在でも初任管理者に対する研修などで動機づけ理論の基本として教えられている。また，マグレガーのY理論にもとづく目標管理制度（MBO）を取り入れている企業は少なくない。そして，ハーズバーグが考えた職務充実に即して，管理者や従業員に対する権限移譲（**エンパワーメント**）を進める企業も多い。

その一方で，動機づけの内容論は，欲求が単純に直接的に動機づけにつながると安易に考えている，欲求や充足要因を固定的にとらえる傾向があること，実際には動機づけの効果が個人によって異なるのはなぜか，が説明できないことなど，いくつかの批判もある。こうした批判の中には，動機づけ要因は一般的なものであり，「なぜ同じ要因を与えられても人によって動機づけのレベルが異なるのか？」を説明することができない，というものもある。そこから，後に，動機づけが生じるプロセスやメカニズムを明らかにしようとする，動機づけの過程論と呼ばれるアプローチが生まれていく。

（3）リーダーシップ論

❶リーダーシップとは

リーダーシップとは，指導者としての統率力や指導力，および，そうした力を発揮するのに必要な資質や能力を意味する。リーダーシップは，企業だけでなく，スポーツチームや学校，行政機関など，目的や目標を持つ集団や組織に広く求められるものである。

企業においては，主に管理者や監督者，プロジェクトチームを取りまとめる人などが対象となることが多いが，実際にはリーダーシップを発揮しない（または，できない）管理者がいる反面，管理者でない人がリーダーシップを発揮することもある。通常，リーダーシップは地位（課長，部長など）に関連していると考えられているが，実践的には職制上の地位や役職にとらわれることなく，その時々に必要とされている知識や経験，情報などを持つ人がリーダーシップを発揮することも少なくない。

❷リーダーシップの特性論

a）リーダーシップ論の先駆け

「リーダーシップ」というと，まず思い浮かぶのが「どんな人がリーダーに適しているのか？」とか「リーダーにふさわしい資質とは何か？」という質問である。

リーダーシップに関する研究は，成功した優れたリーダーが備えている個人的特性を明らかにすることから始まった。こうしたアプローチを「特性論」または「資質論」と呼ぶ。この特性論は「リーダーシップの有効性は，リーダーの個人的特性によって規定される」という仮説にもとづいている。

b）リーダーに必要な特性

リーダーに必要な資質は何か？を考えるアプローチは古くからあり，たとえば管理原則で有名なファヨールは，管理者に必要な資質や能力として次の6項目を挙げている。

①健康，たくましさ，器用さ（肉体的資質）
②学習能力，判断能力（知的資質）
③気力，堅実さ，責任感，犠牲的精神（道徳的資質）
④一般教養
⑤専門知識
⑥経験

また，1930年代から1940年代にかけては，リーダーシップの源泉を個人の資質や能力に求める多くの研究が行われた。

たとえば，ストックディル（Stockdill, R. M.）は，1904年から1948年まで，120件以上の調査を検証した結果として，リーダーに求められる資質として，次のような特性を挙げた。

①知性，機敏性，，発言力，決定力などの一般的特性
②知識や体力に関する実績
③信頼性，忍耐力，自信，責任感
④活動力，社会性
⑤他者からの好感

c）特性論の問題点

結果的に，このような特性論アプローチでは，優れたリーダーとそうでないリーダーを区別できるような，共通した個人的特性を特定することはできなかった。それは，優れたリーダーに求められる特性や資質が，集団や組織のタ

イプや状況によって異なるからである。たとえば，企業経営者と野球チームの監督ではリーダーに求められる資質にちがいがある。また，同じ企業経営者であっても，業界や企業の成長ステージ（創業まもないか，成長段階にあるか，安定しているか）などに応じて，求められるリーダー像が異なるはずである。

こうして，1940年代後半から，リーダーシップ研究は，リーダーの個人的特性ではなく，リーダーの行動パターンやリーダーシップのスタイルを明らかにするものに移っていった。しかし，現在でも「リーダーにふさわしい資質や特性は何か？」ということが議論されることは多い。

❸リッカートのシステム４理論

a）リーダーシップの行動論

「優れたリーダーとそうでないリーダーの間には，行動パターンに違いがあるはずである」という前提のもと，優れたリーダーに共通してみられる行動パターンを明らかにしようとするアプローチを行動論，もしくは類型論という。

ここでは，行動論における初期の代表的な研究として，**システム４理論**を取り上げて説明する。

b）システム４理論とは

1940年にプルデンシャル生命保険株式会社においてホーソン実験と同じような実験を行った**リッカート**（Likert, R.）は，賃金のような条件を同じにして，監督者が生産性に与える影響を調べた。彼は，組織における動機づけ，コミュニケーション，相互作用，意思決定，目標設定，統制などの特徴にもとづいて，組織におけるリーダーシップのタイプを次に挙げる４つに分類した。そして，この集団参画型であるシステム４が最も優れたリーダーシップのあり方であると結論づけた（図表５－15）。

①システム１（独善的専制型リーダーシップ）

②システム２（温情的専制型リーダーシップ）

③システム３（相談型リーダーシップ）

④システム４（集団参画型リーダーシップ）

システム１やシステム２は，独善型か温情型というのちがいがあるにせよ，

【図表5－15】リッカートのシステム4

＜リーダーシップのタイプ＞	＜意思決定＞	＜マネジメント＞
◆システム1：独善的専制型	トップダウン	管理と統制
◆システム2：温情的専制型	↕	↕
◆システム3：相談型		
◆システム4：集団参画型	集団的	自発的

いずれもトップダウンで決定し，厳格な管理と統制にもとづく服従が求められる。このような管理のもとでは，短期的ならば高い生産性を実現することは可能な場合があるものの，コミュニケーションが成り立たず，リーダーたる上司や会社に対する不満や不信感が生じ，結果として欠勤や離職が多くなり，生産性の低下を招くことになる。

システム3では，部下にも組織の意思決定への参加が認められ，リーダーから部下への配慮もあるが，それらは限定的である。

そして，システム4では，すべてのメンバーが自発的に高い業績目標を掲げ，集団をベースにした意思決定や管理が行われ，自分が組織の中で支持され，価値ある存在とみなされているという実感（支持的関係の原則という）が行き渡っている。

c）連結ピンとしてのリーダーの役割

グループダイナミックス（集団力学）の研究にも従事していたリッカートは集団参画型のリーダーシップが発揮される組織において，管理者たるリーダーは**連結ピン**の役割を果たしているとした。

連結ピンとは，図表5－16のように，下部組織においてはリーダーであるが，より上位にある組織では下部組織とのつなぎ役となり，組織全体が円滑に機能することに貢献する存在である。リーダーが連結ピンの役割を担う組織においては，コミュニケーションが活性化してリーダーに対する好意的態度や高い信

【図表５－16】リッカートの連結ピン

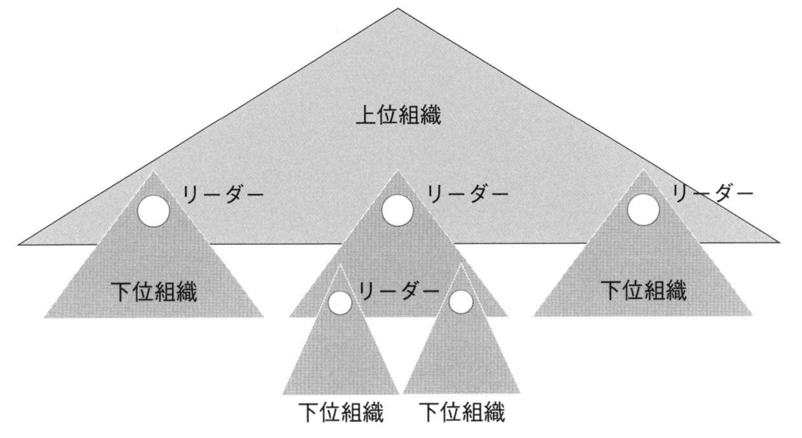

頼感が生まれ，結果として集団帰属意識が高くなり，長期間にわたって高い生産性を維持することができる，という。

❹その他のリーダーシップ論

a）バーナードの考えるリーダーシップ

近代的組織論の先駆者として知られ，「組織とは目的を持った協働体系である」という立場をとるバーナードは，経営者の役割は，組織内部が機能する状態に組織を維持することにあると考えた。その結果，協働の成否を左右する最も重要な要因はリーダーシップであり，リーダーシップにとって最も重要なことは「道徳的な信念を創造すること」であると主張した。

個人や組織は複数の異なる道徳的な基準を持っており，個人間や個人と組織の間で道徳観が異なることによって，組織メンバー間にコンフリクト（葛藤，対立）が生じる。こうした道徳観に起因する対立を克服するためには，リーダー自らが新たな道徳的な信念を作り出し，組織メンバー間の協働を引き出すことにあるとされた。

また，リーダーの持つ権限について，バーナードは，伝統的管理論の考える「権限授与説」に対して，**権限受容説**の立場をとっている。権限受容説とは，

【図表５－17】リーダーのパワーを生み出す５つの社会的勢力

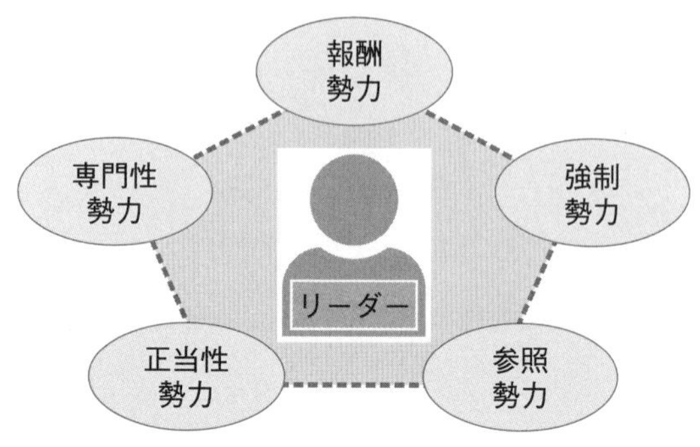

リーダーが持つ権限は部下に受け容れられてはじめて効力を持つという考え方である。

b）リーダーのパワーを生み出す５つの社会的勢力

心理学者のフレンチ（French, J. R. P. Jr.）とレイブン（Raven, B. H.）は，組織のリーダーが持つパワーの源泉は，①**報酬勢力**，②**強制勢力**，③**参照勢力**，④**正当性勢力**，⑤**専門性勢力**，という５つの社会的勢力（social powers）であるとした（後に⑥情報勢力を追加）。彼らは，組織における社会的影響過程において，リーダーが持つパワーの源泉は，受け手の認知に依存するものと考えた（図表５－17）。

たとえば，報酬勢力とは，受け手が望むことを提供できるかどうか，というリーダーの能力や立場にかかわっている。また，強制勢力とはリーダーの意思に従わないと制裁などを受けるであろうという受け手の認識から生まれる。

受け手が「自分もこうなりたい」と思えるようなリーダーは参照勢力を持っている。受け手が「上司の言うことだから従おう」と考える場合は，その上司は正当性勢力を有する。受け手にとって，十分な知識や技能を備えているリーダーは専門性勢力を有することになる。

c）コッターのリーダーシップ論

コッター（Kotter, J. P.）は，リーダーシップとマネジメントはそれぞれ独立したプロセスであると考え，予算化や計画化を目的とするマネジメントと，

【図表5－18】コッターの考えによる管理者の果たすべき2つの機能

マネジメント機能	リーダーシップ機能
①計画立案と予算作成	①ビジョンの設計
②組織化と人材配置	②組織メンバーの心の統合と権限委譲
③管理と問題解決	③動機づけと啓発
④既存システムの運営	④組織の変容
⑤複雑な環境への対応	⑤変革をなし遂げる力量
⑥合理的な管理	⑥心と組織文化へのアピール

（出所） 鈴木秀一『入門　経営組織』新世社，2002年をもとに一部修正。

方向やビジョンの策定を目的とするリーダーシップは別々のものであると考えた（ただし，両者が補完的な関係にあることも強調している）。

コッターの考えによれば，マネジメント機能は，計画の立案や予算作成を行い，いかに組織化と資源配分を行うかという機能であり，現状の企業活動を効率的に遂行することに役立ち，公式的な組織階層を通じて作用するものである。一方のリーダーシップ機能とは，組織変革を成し遂げるためにビジョンを明確に示し，組織メンバーを動機づけ，啓発する機能であり，将来の企業活動を発展させていくのに役立ち，非公式的な人間関係を通じて作用するものである。

コッターは，企業を変革する管理者には，マネジメントの機能だけでなく，リーダーシップの機能が求められるとした（図表5－18）。

コッターを始め，戦略論で知られるミンツバーグなどは，伝統的リーダーシップ論に対して，仕事やフォロワー（部下など）に働きかける対内的なリーダー行動に主たる関心が向けられていると指摘した。そして，対外的なリーダー行動や戦略・革新指向のリーダー行動にもっと関心を向けることの重要性を強調した管理者行動論を唱えている。

参考文献

A. H. マズロー著，小口忠彦監訳『人間性の心理学』産業能率短期大学出版部，1971年。
D. マグレガー著，高橋達男訳『企業の人間的側面』産業能率短期大学，1966年。
F. ハーズバーグ著，北野利信訳『仕事と人間性』東洋経済新報社，1968年。
F. レスリスバーガー著，野田一夫・川村欣也ほか訳『経営と勤労意欲』ダイヤモンド社，1965年。
G. E. メイヨー著，村本栄一訳『新訳 産業文明における人間問題』日本能率協会，1967年。
J. P. コッター著，梅津祐良訳『企業変革力』日経 BP，2002年。
P. グラハム著，三戸公・坂井正廣監訳『MP フォレット 管理の予言者』文眞堂，1999年。
R. リッカート＆ G. リッカート著，三隅二不二監訳『コンフリクトの行動科学―対立管理の新しいアプローチ』ダイヤモンド社，1988年。

第 5 章

比較的新しい組織論の分野

ポイント

◉1960年代以降,「有効な管理や組織のあるべき姿は, 1つの理想像があるのではなく,状況によって異なる」というコンティンジェンシー理論の研究が盛んになった。

◉組織をオープン・システムとしてとらえ,利害関係のある外部組織との関係性からとらえるアプローチが組織間関係論である。

◉組織メンバーに共有された価値観や信念,行動規範などを組織文化と呼び,経営理念や社是・社訓,シンボルマークなどのかたちで明文化されたり,規則,慣例,儀礼などのかたちで制度化される場合がある。

キーワード

コンティンジェンシー理論,機械的組織と有機的組織,オープン・システムとしての組織,組織間関係論,資源依存パースペクティブ,自律化戦略,協調戦略,政治戦略,組織文化,異文化経営

1 組織のコンティンジェンシー理論

(1) コンティンジェンシー理論とは

近代的組織論においては，「唯一の正しい原則」（ワン・ベスト・ウェイ）を追求してきた。しかし，1960年代以降は「有効な管理や組織のあり方は状況によって異なる」というコンティンジェンシー理論の研究が盛んになった（図表5－19）。

コンティンジェンシー（contingency）とは，「状況次第である」とか「条件次第で変わる」という意味である。そのため，組織のコンティンジェンシー理論は「状況適合理論」や「条件適合理論」とも呼ばれる。

組織に関するコンティンジェンシー理論の代表として，ここでは，バーンズとストーカーの研究，ウッドワードの研究，ローレンスとローシュの研究を取り上げる。

一口に「コンティンジェンシー理論」といっても，どのような状況や条件に適合するかという点は以下のようにさまざまである。

(2) バーンズとストーカーの研究

バーンズ（Burns, T.）とストーカー（Stalker, G. M.）は，スコットランドにあるこれからエレクトロニクス産業に参入を目論んでいる企業20社を調査した。

そして，技術や市場の変化が小さい安定した環境では，職能が専門化・細分化されていて，権限と責任の関係が明確で，縦方向の命令系統がしっかりしている**機械的組織**が有効であることを突き止めた。逆に，技術や市場の変化が大きい不安定な環境では，状況に応じて臨機応変に対応できるように権限・責任関係が弾力的に運用され，横方向のコミュニケーションがとれた**有機的組織**が有効であることを実証的に見い出した。

（3）ウッドワードの研究

ウッドワード（Woodward, J.）は，イギリスのサウスエセックス地域に所在する製造業100社を対象にした実証的研究に臨んだ。

そして，生産技術の技術的複雑性が増大するにつれて管理階層が増え，トップレベルの統制範囲や管理者比率が大きくなることを突き止めた。その一方で，ミドルレベルの統制範囲や労務関連コストの比率は低下した。こうした研究成果から，注文服や電子工学設備のような単品生産の場合と，石油や化学工業のような大規模装置産業では有機的組織が適合し，自動車や鋳鉄のような大量生産を行っている企業には機械的組織が適合していることが認められた。

バーンズとストーカーの研究では，経営環境を漠然と安定している場合（機械的組織が適合する）と不安定な場合（有機的組織が適合する）に分けたのに対して，ウッドワードの研究では，経営環境の中でも限定した技術という要素に対する組織の適合性が考えられ，必要な技術の複雑さが単品生産のように単純な場合と装置産業のように高度な場合には有機的組織が適合し，技術の複雑さが中程度であれば機械的組織が適合することを突き止めた。

（4）ローレンスとローシュの研究

ローレンス（Lawrence, P. R.）とローシュ（Lorsch, J. W.）は，プラスチック製造業，食品製造業，コンテナ産業における環境への適合のしかたやコンフリクト解消法について実証的研究を行った。

彼らは企業全体だけでなく，組織内のさまざまな部門に着目し，同じ企業の中でも部門によって管理やリーダーシップにちがいがあることを見い出した。同じ企業内であっても製造部門は外部の技術的な変化に適応しなくてはならないのに対して，販売部門は顧客の嗜好の変化に対応しなくてはならないことから，そうしたちがいが生じると考えられる。

また，プラスチック産業のように経営環境の不確実性が高い産業では組織構造の分化が進み，より複雑な統合メカニズムや高度なコンフリクト処理が必要になる。その一方で，コンテナ産業のような安定的な経営環境では組織構造の分化はあまり進まず，統合のメカニズムが発達する，と結論づけた。

【図表5－19】経営管理論と組織論の時代的流れ

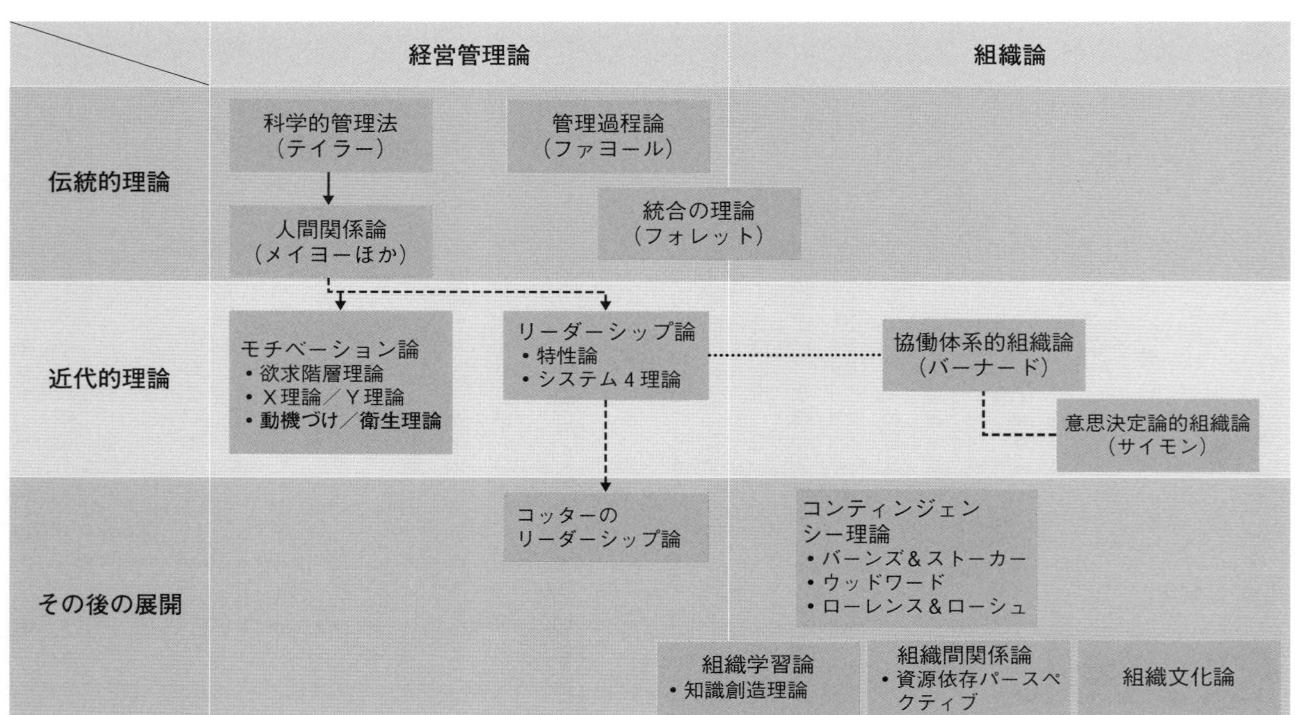

（注）この表は，管理論・組織論の分野における代表的な理論を学習者にわかりやすいように体系立てて並べたものであり，個々の理論の時代的な前後関係や類型化については必ずしも正確ではない部分もある。

2 組織間関係論

（1）組織間関係論の成り立ち

組織のコンティンジェンシー理論では，伝統的な管理論のように組織を静的で閉じた世界ととらえるのではなく，環境の変化に応じて変化するオープン・システムととらえることに特徴があった。同じように，組織をオープン・システムとしてとらえながらも，環境というものを利害関係のある外部組織との関係性から考えるアプローチとして**組織間関係論**が生まれた。組織のコンティンジェンシー理論では，外部の経営環境に対して一企業である組織の側が働きかけて変化させることはできないと想定しているが，組織間関係論では外部の経営環境である他の組織に対して，個々の企業が働きかけることを前提としている点が異なる。

組織間関係論の代表的な考え方として，ここでは資源依存パースペクティブを取り上げる。

（2）資源依存パースペクティブ

「なぜ企業のような組織は他の組織（別の企業やNPO，行政機関など）と関係するのか」という組織間関係が成立する理由についての見解の１つが**資源依存パースペクティブ**である。ここで，パースペクティブ（perspective）とは，「(物事に対する) 見方や視点」という意味で使われている。

フェッファー（Pfeffer, J.）とサランシック（Salancik, G. R.）は，企業のような組織が存続するためには，必要な資源を他の組織から獲得しなくてはならないために，組織間関係が成り立つと考えた。

彼らによれば，組織は他の組織に依存して組織間関係を構築する一方で，そうした依存関係から自律したいという志向を持っている。そのため，自らの組織がなるべく自律的になろうとする力もはたらいている。そこで，たとえば，他の組織への過度の依存を回避したい企業は，相手企業を合併・買収するという行動に出るのである。

資源依存パースペクティブによれば，他の組織への依存が生み出す不確実性に対処するため，企業は自律化戦略（内製化，合併・買収，垂直的統合など），協調戦略（合弁プロジェクト，役員の派遣，契約による調整など），政治戦略（第三者による調整，ロビー活動など）という3つの戦略を採用するという。

3 組織文化論

（1）組織文化論の成り立ち

経営学においては1980年代以降，組織文化論が重要なテーマとして数々の研究が行われた。ここでは，まず組織文化とその効用は何かについて考え，数ある組織文化論の理論の中で，組織文化の4つの類型化について取り上げる。

（2）組織文化とは

組織文化とは，組織メンバーに共有された価値観や信念，行動規範などである。それらは，組織メンバーの考え方や行動様式を根本的な部分で規定している。組織の価値観や信念，行動規範といったものはかたちでとらえることが難しいものであるが，経営理念や社是・社訓，会社綱領などで明文化している企業が多い。

こうした組織の価値観などは，規則，慣例・慣行，儀礼・儀式などで具体的に制度化される場合がある。また，会社のマークやシンボルカラー，ブランドのロゴ，制服など，目に見えるかたちで組織文化が表れる場合もある。

（3）組織文化の効用

組織文化は，組織のアイデンティティー（同一性）を明確にし，組織メンバーの思考や行動の方向性をあわせ，組織のまとまりを強固にする働きを持つ。

組織文化は，創業者やヒーロー視されるような経営者が残した言葉や行動様式が次第に組織に定着して形成されることもある。ひとたび組織文化が定着すると，長い期間にわたって組織メンバーの思考や行動を規定することになる。組織文化は強固な安定性や継続性を持つので，変えるのが難しいことが企業にとっての変革やイノベーションの妨げになる場合がある。しかし，経営者などが強いリーダーシップを発揮すれば，組織文化を変革することは可能である。長らく官僚主義に陥って停滞していた巨大企業ゼネラル・エレクトリック社を迅速な行動力やチャレンジング・スピリットあふれる企業に改革したジャック・ウェルチなどはそうした変革を成し遂げた経営者といえる。

（4）ディールとケネディの研究

❶強い組織文化の要素

組織文化論（企業文化論ともいう）が盛んになる契機となったのがディール（Deal, T. E.）とケネディ（Kennedy, A. A.）の著作『シンボリック・マネジャー』（1983年）である。

ディールらは80社近い企業の調査にもとづき，めざましい業績をあげている企業は，明確に表現された文化的信念や理念など，「強い企業文化」を持っていることを明らかにした。彼らは，文化の要素として，企業環境，理念，英雄，儀礼・儀式，文化のネットワークを挙げている。

❷組織文化の類型

ディールとケネディはまた，「活動に伴うリスクの程度」と「意思決定や戦略の成否の結果が現れる速さ」という２つの基準にもとづいて，企業文化を次のような４つに分類した（図表５－20）。

ａ）タフガイ・マッチョ文化（高リスク／速い結果）

常に高いリスクを負い，行動の成否が速やかに得られる個人主義の世界であり，警察，外科医，建設，化粧品，経営コンサルティング，映画，出版，スポーツなどの娯楽産業に見られる。この文化は，リスクを負うという強みを持つ反面，長期的投資は後回しにされるという弱点がある。

b）よく働き・よく遊ぶ文化（低リスク／速い結果）

陽気さと活発さが支配する文化であり，従業員はほとんどリスクを負わず，結果は速やかに現れる。この文化は不動産，コンピュータ，自動車販売，訪問販売，事務用品製造，小売りなどの業界によく見られる。精力的で仕事熱心という強みがある反面，熟慮に欠ける難点がある。

c）会社を賭ける文化（高リスク／遅い結果）

意思決定に大金がかかるが，成否の見通しが立つまで数年を要するような業界における文化である。採鉱・精錬，石油採掘，投資銀行，航空機製造などの業界に見られる。この文化は長期的視点に立ち発明や科学的進歩を導き，国の経済発展を助長するが，動きや決断が遅いという弱点がある。

d）手続きの文化（低リスク／遅い結果）

仕事の進め方において手続きを最優先する官僚主義の文化であり，銀行，保険，政府機関，電力，製薬などの業界に見られる。手続きが厳密であるため，技術的に完璧であるという強みはあるが，環境変化への対応は遅れがちという弱点がある。

【図表5－20】ディールとケネディの考えた4つの企業文化

		意思決定や戦略の成否の結果が現れる速さ	
		速い	遅い
活動に伴うリスクの程度	高い	<タフガイ・マッチョ文化> • 個人主義 • 持続力よりもスピード • 厳しい内部競争	<会社を賭ける文化> • 慎重な気風 • 集団・会議を通じた分析的決定 • 情報重視
	低い	<よく働き・よく遊ぶ文化> • 努力に価値を置く • 集団一体感 • スタミナ	<手続きの文化> • 手続き重視 • 慣例に従う • 技術的な完璧さ

（出所） 石井淳蔵ほか『経営戦略論〔新版〕』有斐閣，1996年，158頁をもとに一部修正。

（5）ホフステードによる異文化経営の研究

❶多国籍企業における文化の違い

異文化経営の先駆的研究者として知られるホフステード（Hofstede, G.）は，1968年と1972年に，多国籍企業であるIBMの世界40か国の現地法人社員（11万人以上）に対するアンケートを行った。その目的は，多国籍企業の企業文化の下で働く世界各地の社員について，国民文化の違いがどのように組織に影響を与えるかを調べることにあった。

❷多国籍企業における文化の類型

ホフステードは，文化を「集団やカテゴリーごとに集合的に人間の心に組み込まれたもの」「集団的なメンタル・プログラム（メンタル・ソフトウエア）」（1995年）と定義し，次のような6つの指標を用いて各国の文化を測定した。

a）権力格差指標

組織の下位にいる構成員が権力の分布が不平等であることを受け入れる程度で，次の3つの設問で測定される。

- 上司と意見が一致しない場合，社員は自由に表現できるか
- 上司の意思決定のやり方が専制的か温情的か
- 上司のどのような意思決定のやり方が部下に好まれるか

権力格差指標が高いのは，ラテン諸国とアジア，アフリカであり，低いのはアメリカ，イギリス，ヨーロッパ諸国（ラテン諸国を除く）であるとされた。

b）個人主義指標

個人主義とは，個人間のつながりが弱く，自分のことは自分でするという考え方である。反対の概念は集団主義であり，集団主義において，人は集団に組み込まれて，集団に忠誠を誓う代わりに保護されるという関係が強い。

個人主義が強い企業組織では，余暇，自由度，挑戦などを重視され，集団主義が強い企業組織では，研修，職場の物理的条件，技能の活用などが重視される。調査の結果，個人主義指標が高いのは欧米諸国であり，低いのは中南米諸国であるとされた。

c）男性度指標

男性度とは，自己主張が強くたくましく，高収入，仕事での承認，昇進，挑戦などの物質的成功を重視する傾向である。反対に，謙虚で優しい，上司や同僚との協力，快適な家庭環境，雇用の安定など生活の質を重視する傾向は男性度が低いとされる。調査の結果，男性度指標が一番高いのは日本とされ，オーストリア，イタリア，スイスなども高いとされた。一方で，男性度指標が低いのはデンマーク，オランダ，ノルウェー，スウェーデンなど北欧諸国とされている。

d）不確実性回避指標

不確実な状況や未知の状況，つまりリスクに対して脅威を抱く程度を表している。具体的には，仕事上のストレス，規則に対する志向性，希望する勤続年数などで測定される。

調査の結果，不確実性回避指標が高いのはラテンアメリカとラテン系ヨーロッパ諸国，地中海沿岸諸国，日本，韓国などとされている。

e）長期志向指標

忍耐，秩序や肩書きの重視，倹約，恥の文化などで構成された指標であり，「儒教ダイナミズム」とも呼ばれているように，中国，香港，台湾，日本，韓国など東アジアの国において高くなっている。

f）享楽的対抑制的指標

ものごとを楽観的にみて楽しむことを重視する文化か，それとも悲観的にみて欲求を抑えることを重視する文化か，というちがいである。中南米や欧米の諸国において，前者の傾向が強いとされる。

❸異文化シナジー

前述したホフステードの研究は，調査規模が大きく，調査対象者の職種，年齢，性別などのデータがきちんとそろっている点が評価されている。その反面，調査対象が１社であり，必ずしも各国の典型的な文化的特性を示しているとはいえない点や，調査データが1970年～80年代に集められたものであり，その後の経済社会のグローバル化を反映していない点など，いくつかの問題が指摘されている。

【図表５－21】文化的多様性のメリット（異文化シナジー）とデメリット

異文化シナジーのメリット： マルチカルチャー主義から組織が得る利益	文化的多様性のデメリット： マルチカルチャー主義が引き起こす組織的コスト
意味の拡大 ・多様な視点 ・新しいアイデアに対するオープンさ ・多様な解釈 選択肢の拡大 ・創造性，柔軟性，問題解決の増大	意味の統一の困難さ ・ミスコミュニケーション ・１つの合意に達する困難性 行動の統一の困難さ ・具体的行動への合意が困難

（出所） N. J. アドラー著，江夏健一・桑名良晴監訳『異文化組織のマネジメント』セントラル・プレス，1998年，97頁をもとに一部修正。

そこで，ここではホフステードの研究に加えて，アドラー（Adler, N.J.）が提示した異文化シナジーという考え方について紹介する。

アドラーは，多文化主義が組織行動に与える影響について研究し，組織内の文化的多様性がもたらす相乗効果（異文化シナジー）が組織にメリットを生む場合もあれば，デメリットとなる場合もあるとした。異文化シナジーは，多様な視点や創造性，柔軟性，問題解決の選択の多様性などの利益を組織にもたらすが，その一方で，その多様性自体が曖昧さ，複雑さ，混乱を増大させ，合意の困難さなどのデメリットをもたらすことにもなる（図表５－21）。

アドラーによれば，文化的多様性がもたらすデメリットを最小限に抑え，互いの価値観の相違を**異文化シナジー**に高めるためには，人類がみな同じはずであるという同質性ではなく，むしろ文化的に異なる多くのグループが存在するという異質性を価値観の前提とする必要がある。また，「どちらの文化が優れている」といった優劣を競うものではないという考え方（文化相対主義）にもとづく思考が重要である。そして，文化多様性のデメリットである意思伝達の混乱や意思疎通の不全（ミスコミュニケーション）を発展的に解消する方法として，まずはコンフリクトが起こっているという状況を認識し，コンフリクトが発生した原因を相互学習し，異文化の背景を持つ者が互いに貢献できることを検討して相互支援に踏み出すというプロセスを提示している。

参考文献

今野浩一郎・佐藤博樹『人事管理入門』日本経済新聞社，2003年。
入山章栄『世界標準の経営理論』ダイヤモンド社，2019年。
梅沢正『組織文化 経営文化 企業文化』同文舘，2003年。
桑田耕太郎・田尾雅夫『組織論』有斐閣アルマ，2010年。
E. H. シャイン著，金井壽宏監訳『企業文化—生き残りの指針』白桃書房，2004年。
G. ホフステード著，岩井紀子・岩井八郎訳『多文化世界—違いを学び共存への道を探る』有斐閣，1995年。
N.J. アドラー著，江夏健一・桑名良晴監訳『異文化組織のマネジメント』第２刷，セントラル・プレス，1998年。
T. E. ディール＆ A. A. ケネディ著，城山三郎訳『シンボリック・マネジャー』新潮文庫，1987年。

索　引

英　数

あ　行

か行

さ　行

た　行

な 行

は 行

ま 行

や 行

ら 行

わ 行

試験ガイド

マネジメント検定試験（旧称：経営学検定試験）

マネジメントに関する基礎・専門的知識，経営課題解決能力が一定水準に達していることを全国レベルで資格認定する検定試験です。Ⅲ級，Ⅱ級，Ⅰ級のグレード構成と新設「マスター」資格の構成となっています。

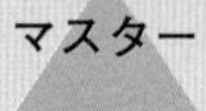

◆試験のレベル・試験形式（公開試験はCBT試験で実施）

グレード	レベル	試験形式
Ⅲ 級	•経営学（マネジメント）に関する基礎・基本的知識を習得しているかを判定。 •経営学やマネジメント関連学部の大学生が，習得しておくべきレベルの知識が求められます。	①出題形式　多種選択問題（4肢択一）50問 ②試験時間　60分 ③受 験 料　6,600円（消費税込み） ④受験資格　制限なし
Ⅱ 級	•マネジメントに関する知識，課題を解決するために必要となる知識を習得しているかを判定。 •ビジネスパーソンが身につけるべき経営知識，問題解決に関する知識が求められます。	①出題形式　多種選択問題（4肢択一）100問 ②試験時間　120分 ③受 験 料　11,000円（消費税込み） ④受験資格　制限なし
Ⅰ 級	•ビジネスシーンで直面する諸課題に対して，最適な理論や思考法をもとに，解決策を提案できる知識を習得しているかを判定。 •Ⅱ級公式テキストの全分野に加え，最新のビジネストレンド等にも対応できる課題解決力が求められます。	①出題形式　事例研究問題（記述式）1題2問 ②試験時間　60分 ③受 験 料　22,000円（消費税込み） ④受験資格　制限なし

マスター	新設される「マスター」の試験内容は現在検討中。詳細は決定次第，順次HPに掲載予定。 試験形式や試験内容など，詳細についてはマネジメント検定HP（https://www.mqt.jp/）をご確認ください。

●試験日

• 公開試験（Ⅲ級・Ⅱ級・Ⅰ級）

毎年6月～7月と11月～12月の期間で，Ⅲ級，Ⅱ級は約1か月，Ⅰ級は約2週間を予定しています。

• 団体試験（対象：Ⅲ級試験のみ）

大学等において試験実施を検討する場合，「Ⅲ級試験」実施についてご相談を承ります。

原則，公開試験期間内，会場確保，試験監督の手配，10名以上の受験者が必要となります。

詳細の確認，ご相談は検定事務局までお願いします。

●試験会場

•「Ⅲ級」，「Ⅱ級」，「Ⅰ級」試験は，全国300か所以上のCBT試験機関の全国テストセンターで実施します。

•「マスター」試験は，マネジメント検定HP（https://www.mqt.jp/）をご確認ください。

◆お申し込み方法

マネジメント検定HP（https://www.mqt.jp/）の受験案内を確認いただき，所定の手続きにてお申し込みください。

◆お問い合わせ先

一般社団法人日本経営協会　検定事務局

〒151-0051　東京都渋谷区千駄ヶ谷3－11－8

TEL　(03) 3403－1472　FAX　(03) 3403－1602

https://www.mqt.jp/　　E-mail：m-ken@noma.or.jp

●編者紹介

一般社団法人日本経営協会（NOMA）

昭和24年通商産業省（現・経済産業省）認可の社団法人日本事務能率協会として創立。昭和46年に名称を現在の「日本経営協会」に改称し，平成23年（2011年）4月に一般社団法人へ移行。

設立以来一貫して，わが国経営の近代化と効率化のための啓発普及を活動の柱としており，「経営およびオフィスマネジメント」を基軸に，その革新および社会資産の創出ならびに新しい価値創造の推進によって，わが国経済社会の発展と豊かな社会の実現に寄与することを理念・目的としております。

NOMAとはNippon Omni-Management Associationの略称です。

URL https://www.noma.or.jp

一般社団法人日本経営協会　検定事務局
〒151-0051　東京都渋谷区千駄ヶ谷3-11-8
TEL（03）3403-1472　FAX（03）3403-1602
● Email：m-ken@noma.or.jp

マネジメント検定試験公式テキスト（Ⅲ級）
経営学の基本

2003年12月25日　第1版第1刷発行
2005年9月25日　第1版第12刷発行
2006年3月1日　第2版第1刷発行
2009年2月10日　第2版第43刷発行
2009年12月1日　第3版第1刷発行
2012年9月10日　第3版第40刷発行
2013年1月5日　第4版第1刷発行
2014年8月30日　第4版第15刷発行
2015年2月10日　第5版第1刷発行
2017年5月30日　第5版第33刷発行
2018年2月15日　第6版第1刷発行
2021年9月25日　第6版第57刷発行
2023年2月1日　第7版第1刷発行（改題改訂）
2024年6月15日　第7版第17刷発行

編　者　一般社団法人
日本経営協会
発行者　山本　継
発行所　㈱中央経済社
発売元　㈱中央経済グループパブリッシング
〒101-0051　東京都千代田区神田神保町1-35
電話　03(3293)3371(編集代表)
03(3293)3381(営業代表)
https://www.chuokeizai.co.jp
印刷／東光整版印刷㈱
製本／誠製本㈱

＊頁の「欠落」や「順序違い」などがありましたらお取り替えいたしますので発売元までご送付ください。（送料小社負担）

ISBN978-4-502-43511-9　C3334